POBREZA E SERVIÇO SOCIAL
DIFERENTES CONCEPÇÕES E COMPROMISSOS POLÍTICOS

EDITORA AFILIADA

Conselho Editorial da
área de Serviço Social

Ademir Alves da Silva
Dilséa Adeodata Bonetti
Elaine Rossetti Behring
Ivete Simionatto
Maria Lúcia Carvalho da Silva
Maria Lúcia Silva Barroco

Dados Internacionais de Catalogação na Publicação (CIP)
(Câmara Brasileira do Livro, SP, Brasil)

Siqueira, Luana
    Pobreza e serviço social : diferentes concepções e compromissos
políticos / Luana Siqueira. – 1. ed. – São Paulo : Cortez, 2013.

    ISBN 978-85-249-2059-2

    1. Assistência social – Brasil 2. Brasil – Política social 3. Pobres –
Brasil 4. Previdência social – Brasil 5. Serviço social – Brasil I. Título.

13-06992   CDD-362.50981

Índices para catálogo sistemático:

1. Brasil : Pobreza : Serviço social   362.50981

LUANA SIQUEIRA

POBREZA E SERVIÇO SOCIAL
DIFERENTES CONCEPÇÕES E COMPROMISSOS POLÍTICOS

1ª EDIÇÃO
1ª REIMPRESSÃO

POBREZA E SERVIÇO SOCIAL: diferentes concepções e compromissos políticos
Luana Siqueira

Capa: de Sign Arte Visual
Preparação de originais: Jaci Dantas
Revisão: Marcia Rodrigues Nunes
Composição: Linea Editora Ltda.
Assessoria editorial: Elisabete Borgianni
Editora-assistente: Priscila F. Augusto
Coordenação editorial: Danilo A. Q. Morales

Nenhuma parte desta obra pode ser reproduzida ou duplicada sem autorização expressa da autora e editor.

© 2013 by Autor

Direitos para esta edição
CORTEZ EDITORA
Rua Monte Alegre, 1074 – Perdizes
05014-001 – São Paulo – SP
Tel. (11) 3864 0111   Fax: (11) 3864 4290
e-mail: Cortez@cortezeditora.com.br
www.cortezeditora.com.br

Impresso na Índia – janeiro de 2015

A Miguel e Carlos pelos laços de
afeto e amizade que nos unem.

CANCIÓN EN HARAPOS

Silvio Rodríguez

Qué fácil es agitar un pañuelo a la tropa solar,
del Manifiesto marxista y la historia del hambre.
Qué fácil es suspirar ante el gesto del hombre
que cumple un deber,
y regalarle ropitas a la pobrecita
hija del chofer.
Qué fácil de enmascarar sale la oportunidad.

Qué fácil es engañar al que no sabe leer.
Cuántos colores, cuántas facetas tiene el pequeño
burgués.
Qué fácil es trascender con fama de original.
Pero se sabe que entre los ciegos el tuerto suele
mandar.

Qué fácil de apuntalar sale la vieja moral,
que se disfraza de barricada,
de los que nunca tuvieron nada.
Qué bien prepara su máscara el pequeño burgués.

Viva el harapo señor,
y la mesa sin mantel.
Viva el que huela a callejuela,
a palabrota y taller.

Desde una mesa repleta cualquiera decide aplaudir
la caravana en harapos de todos los pobres.
Desde un mantel importado y un vino añejado
se lucha muy bien.
Desde una mesa gigante y un auto elegante
se sufre también.
En un amable festín se suele ver combatir

Si fácil es abusar,
más fácil es condenar,
y hacer papeles para la historia,
para que te haga un lugar.

Qué fácil es protestar
por la bomba que cayó
a mil kilómetros del ropero
y del refrigerador.

Qué fácil es escribir
algo que invite a la acción
Contra tiranos, contra asesinos,
contra la cruz o el poder divino,
siempre al alcance de la vidriera y el comedor.

Viva el harapo señor,
y la mesa sin mantel.
Viva el que huela a callejuela,
a palabrota y taller.

Disponível em: <http://letras.terra.com.br/silvio-rodriguez/373216/>.

Sumário

Prefácio
  José Paulo Netto 11

Introdução 15

PRIMEIRA PARTE
Pobreza e riqueza: principais interpretações teóricas

Capítulo 1

O trato da pobreza na tradição liberal 31
  1.1 A riqueza e a pobreza no liberalismo clássico de Adam Smith .. 32
  1.2 Pobreza e seu enfrentamento no liberalismo de Keynes 52
  1.3 O mercado e a pobreza no neoliberalismo de Hayek 66

Capítulo 2

A pobreza e a exclusão na racionalidade pós-moderna 72
  2.1 Principais postulados e inflexões do pensamento pós-moderno 73
  2.2 Boaventura de Sousa Santos e a reinvenção da "emancipação social" 94

Capítulo 3

Outras abordagens sobre a pobreza 112

3.1 A pobreza e o trabalho na Encíclica *Rerum Novarum* 112

3.2 O Banco Mundial e a política de "alívio à pobreza" 117

3.3 Amartya Sen: o neodesenvolvimentismo, o microcrédito e o "empoderamento" 123

3.4 Narayan e a pobreza como uma questão de autoavaliação 140

3.5 Giddens e a "Terceira Via" para a inovação e para a superação da pobreza 143

3.6 Robert Castel e a "desfiliação social" 153

Capítulo 4

A leitura marxista sobre a pobreza: a outra face da acumulação capitalista 161

4.1 Acumulação e pauperização na Lei Geral da Acumulação Capitalista — a "pobreza" na obra de Marx 163

Capítulo 5

Alguns equívocos no tratamento da pobreza: uma análise crítica 184

5.1 A visão *"darwinista"* — a *naturalização* da pobreza 184

5.2 A visão da pobreza como *"disfunção"* — a *autorresponsabilização* e *culpabilização* do indivíduo 188

5.3 A visão *"empirista"* — o *reducionismo* da pobreza à "pobreza absoluta" 193

5.4 A visão *"paternalista"* — a pobreza como resultado da *assistência social* 197

5.5 A visão *"desenvolvimentista"* — a pobreza como uma *fase* ou *"distorção"* do sistema capitalista, passível de solução 199

5.6 A noção de "nova pobreza" 200

5.7 A visão *"territorial"* / *"grupal"* — a pobreza como *risco* ou *exclusão social* 205

5.8 A visão *"multidimensional"* da pobreza 212

SEGUNDA PARTE
A "pobreza" no debate do Serviço Social

Capítulo 1

Questão social, política social e Serviço Social 219

Capítulo 2

O tratamento da pobreza e seu enfrentamento no Serviço Social 232

2.1 A categoria pobreza na bibliografia profissional 233

2.2 A produção teórica sobre a pobreza na revista *Serviço Social & Sociedade* 266

Conclusões 291

Referências bibliográficas 307

Sobre a autora 320

Prefácio

Todos aqueles que se empenham e se comprometem no/com o desenvolvimento do Serviço Social brasileiro — considerando a sua evolução especialmente após os anos 1970, em seus níveis teórico, prático-profissional, ético-político — estão profundamente preocupados com os rumos que, desde o final do século passado (com mais precisão: desde o fim dos anos 1990), vem tomando a formação profissional.

De fato, então se iniciou, no segundo mandato presidencial de Fernando Henrique Cardoso, sob a batuta do seu Ministro da Educação, Paulo Renato de Sousa, um processo de "reforma" (melhor seria chamá-lo *contrarreforma*) do ensino superior, que foi continuado pelos três governos federais (todos comandados pelo Partido dos Trabalhadores) que o sucederam. Substantivamente, e na obediência a preceitos de agências ditas multilaterais como o Banco Mundial, trata-se de um projeto — e, efetivamente, com mais de uma década de implementação, de um *processo* — que redimensiona em larga escala a formação universitária: a pretexto de "adequá-la" aos novos tempos, de "flexibilizá-la" etc., impõe-se um aligeiramento da graduação (e, para tanto, instrumentalizam-se os cursos à distância, que poderiam ter outro direcionamento) e, através da recorrência a critérios quantitativistas, que caracterizam a dominância de um verdadeiro "fordismo intelectual", degrada-se a pós-graduação. Tal processo compromete medularmente a *qualidade* da formação (em todos os seus clássicos constituintes: ensino, pesquisa e extensão) e acompanha-se de um incremento indireto da privatização do ensino superior (que, ademais, no caso brasileiro, abre a via à sua *desnacionalização*, com expressivas participações de grupos empresariais estrangeiros).

É evidente que essa contrarreforma — obviamente sintonizada com orientações de abrangência internacional — afeta deleteriamente o conjunto da universidade brasileira. No caso particular da formação em Serviço Social, que é o que aqui nos interessa, seus impactos já são sensíveis — demonstra-o, por exemplo, na última década, a proliferação sem limites dos seus cursos de graduação (presenciais e à distância) em instituições privadas (cujo estatuto formal de "fundações" está longe de esconder seu caráter de empreendimento voltado para o lucro), que quase sempre se notabilizam por regimes laborais extremamente precarizados para os docentes e pela habilitação em escala industrial de novos profissionais. Na pós-graduação, os esforços exercitados em universidades públicas (e numas poucas unidades originariamente classificadas como comunitárias) para travar as implicações do quantitativismo próprio ao "fordismo intelectual" enfrentam obstáculos de monta e também já são visíveis os seus resultados: cresce o número de dissertações e teses produzidas no ritmo de corridas de velocistas.

A curto prazo, o "fordismo intelectual" operará no sentido de reverter uma das principais conquistas que o Serviço Social brasileiro consolidou ao longo dos anos 1980: *a formação de pesquisadores qualificados*. Consequência do desenvolvimento dos cursos de pós-graduação criados nos anos 1970, as duas décadas seguintes assistiram ao surgimento de uma geração universitária que converteu o campo do Serviço Social em uma *área de produção de conhecimentos* que desbordou amplamente os limites da intervenção profissional, contribuindo para a constituição de um estoque crítico referido a significativas problemáticas da realidade brasileira (*v.g.* a política social, o debate da seguridade social e da assistência), ademais de relacionar-se a temáticas relevantes da teoria social (*v.g.* a "questão social", a democracia, a cidadania, os direitos sociais). Aquela geração mostrou-se capaz e teve condições de reproduzir-se, formando novos quadros acadêmico-profissionais que adensaram a massa crítica em construção. Pois é precisamente a reprodução desses novos quadros qualificados para a pesquisa de ponta que se vê ameaçada pela vigência do "fordismo intelectual" que, privilegiando a rapidez, o imediatismo e o pragmatismo, impedem o acúmulo teórico e cultural, a pesquisa exaustiva e a reflexão acurada.

Estas considerações parecem-me pertinentes quando se tem o prazer (como o que me é concedido pela autora deste livro, cuja trajetória acadêmica acompanho) de apresentar um livro que, elaborado a partir de uma tese de doutoramento, mantém as melhores características da boa pesquisa realizada a partir do Serviço Social — vale dizer, uma pesquisa que *não* se inscreve no circuito do já referido fordismo.

De fato, Luana Siqueira, atualmente Professora Adjunta da Escola de Serviço Social da Universidade Federal do Rio de Janeiro, vem percorrendo um itinerário profissional em que a pós-graduação, do mestrado ao doutorado, figura como momentos de aprofundamento teórico, investigação factual e reflexão amadurecida. No trato do seu objeto de dissertação, um estudo cuidadoso do Programa Bolsa Família infelizmente inédito, revelou-se uma analista minuciosa e com coragem para avançar conclusões polêmicas. Da sua tese de doutorado, extraiu os principais elementos para a elaboração do seu primeiro livro, este *Pobreza e Serviço Social: diferentes concepções e compromissos políticos* — no qual se pode verificar que a jovem docente se mostra como pesquisadora de sólida formação e suficientemente qualificada para enfrentar uma problemática medular do Serviço Social (e não só).

Na primeira parte deste livro, a autora oferece uma síntese das concepções teóricas formuladas sobre o fenômeno da *pobreza*, dos pensadores e proposições clássicos a fontes contemporâneas. O caráter sintético da exposição não esconde que é ela produto de um exame sério de autores e documentos expressivos, escolhidos conforme critérios de significação teórico-histórica e/ou de representatividade e impactos político-ideológicos. É possível discrepar das inferências, algumas audaciosas, que dessas fontes extrai a autora — mas não é possível questionar a pertinência da argumentação expendida por Luana Siqueira.

A segunda parte do livro centra-se na literatura profissional que aborda a problemática da pobreza, inicialmente recenseando criticamente a produção de influentes teóricos do nosso Serviço Social e depois prospectando tendências do debate tal como sinalizadas na documentação divulgada no mais importante periódico profissional brasileiro, a revista *Serviço Social & Sociedade*. Esta segunda parte é certamente o segmento mais polêmico das análises da autora, mas tem, no mínimo, o mérito de demonstrar que, neste âmbito, o pensamento do Serviço Social brasileiro é rico, diferenciado e plural — ou seja, que nele há muita vida inteligente.

As conclusões a que, ao final, chega Luana Siqueira são congruentes e articuladas ao conjunto das suas reflexões — e, como elas, instigantes e problemáticas. Mas, em resumidas contas, não é isto o que se deve exigir de um trabalho intelectual que, ademais, assume uma determinada e explícita perspectiva teórico-política?

A publicação de *Pobreza e Serviço Social: diferentes concepções e compromissos políticos* marca o ingresso de Luana Siqueira no debate, nas polêmicas, nos confrontos — em suma, na construção — do Serviço Social brasileiro. Seja bem-vinda, para proveito de todos nós.

José Paulo Netto
Recreio dos Bandeirantes, maio de 2013

Introdução

A desalambrar*
Daniel Viglietti

Yo pregunto a los presentes
si no se han puesto a pensar
que la tierra es de nosotros
y no del que tenga más.

Yo pregunto si en la tierra
nunca habrá pensado usted
que si las manos son nuestras
es nuestro lo que nos den.

*A desalambrar, a desalambrar,
que la tierra es nuestra, es tuya y de aquel,
de Pedro, María, de Juan y José.*

O presente livro, desenvolvido a partir de tese de doutorado, visa apresentar as diversas formas de abordar a categoria "pobreza" na produção acadêmica do Serviço Social, suas concepções e suas propostas de enfrentamento. O objetivo é, portanto, considerar as formas de compreensão dos assistentes sociais sobre a pobreza, suas causas, tipos de manifestação e seu enfrentamento, apontando os principais traços das perspectivas teórico-metodológicas que incidem nas reflexões da categoria e de outros profissionais com quem o debate profissional mantém interlocução.

---

* Disponível em: <http://letras.terra.com.br/daniel-viglietti/516948/>. Acesso em: jun. 2011.

A pobreza jamais deixou de ser tema de debate do Serviço Social, embora tenha, por momentos, sido tratada ora como tema central da profissão, ora como tema lateral, ora como questão isolada ou natural. Segundo Netto (2007, p. 136), é a chamada "questão social" o "espaço em que a desigualdade se expressa com evidência flagrante e do qual se irradiam as problemáticas centrais de que se ocupa o Serviço Social". Ainda que a pobreza e suas múltiplas determinações sejam ou se configurem como as principais demandas ao Serviço Social, e ainda que ela oriente seu corpo ético, jamais devemos restringir essa profissão a uma intervenção apenas vinculada às camadas "subalternas", ou aos setores empobrecidos, de forma autônoma, pois esta profissão está *geneticamente vinculada à dinâmica capitalista e sua contraditória relação entre pobreza e riqueza* (acumulação), ou seja, aos fundamentos da desigualdade social no Modo de Produção Capitalista (MPC), e às formas de perpetuá-la ou enfrentá-la. Estando a pobreza, no MPC, indissociada da produção e acumulação de riqueza, uma intervenção estatal/institucional efetiva que ao menos diminua os efeitos da desigualdade e da pobreza, *deve impactar em alguma medida a acumulação de riqueza e de capital*; do contrário, tratar-se-ia de uma ação paliativa que, mesmo amenizando as sequelas da pobreza temporariamente e para alguns grupos (o que no plano imediato não é descartável), legitima e reproduz a própria pobreza e a acumulação de capital. Sem fazer qualquer apelo ao silogismo, o que propomos em nossa análise é discutir a *pobreza* na sociedade capitalista articulada à *acumulação* e à *riqueza*.

Nesta pesquisa, orientamo-nos na análise das concepções sobre pobreza e seu enfrentamento, a partir da *hipótese* de que, em contextos históricos diversos, em função de diferentes compromissos políticos dos atores, observam-se características de abordagens e perspectivas teórico-metodológicas distintas que orientam o debate profissional sobre a "pobreza" e sobre seu enfrentamento.

* * *

Tratar da pobreza no Brasil contemporâneo, e das concepções desenvolvidas no interior do coletivo profissional, pressupõe uma clara compreensão tanto dos fundamentos da sociedade capitalista (que explicam as causas estruturais da desigualdade e da pobreza) como do contexto histórico contemporâneo, particularmente no Brasil (no qual elas se desenvolvem e manifestam de diversas formas).

Por tal motivo, apresentaremos sumariamente aqui alguns determinantes centrais do capitalismo na sua fase imperialista/monopolista, e da particularidade do Brasil, país periférico, com um precário desenvolvimento das funções sociais do Estado, particularizando as políticas sociais brasileiras, num contexto determinado de lutas de classes.

Caracterizar, a partir dos fundamentos do Modo de Produção Capitalista (MPC) — a separação do trabalho dos meios de produção, constituindo as duas classes fundantes do capitalismo, a exploração da força de trabalho, o antagonismo e as lutas de classes —, o contexto atual exige a consideração das seguintes determinações:

Primeiramente o *imperialismo* e a relação de *dependência* internacional no capitalismo monopolista. Estudar o MPC, sua gênese e desenvolvimento e suas particularidades, num país neocolonial/periférico, como o caso brasileiro, exige compreender o lugar que ocupa no concerto do capitalismo mundial, conceituando bem a perspectiva de análise mediante a qual se abordará e avaliará o desenvolvimento deste país, como um processo autônomo e natural, ou como um momento de uma relação estrutural de dependência.

O *imperialismo* se caracteriza como uma fase histórica e especial do capitalismo. Segundo Lênin (1996), o que distingue a fase imperialista das fases anteriores é o início do controle da concorrência entre as empresas e o domínio da economia mundial por um pequeno número de monopólios e oligopólios, onde aparece o capital financeiro como articulação dos capitais bancário e o industrial (ver Lênin, 1996).

É nesta fase superior do capitalismo que se opera, entre países centrais e periféricos, um *desenvolvimento desigual e combinado*. Segundo Trotsky (1985), as regiões "coloniais" e "semicoloniais" não poderiam desenvolver a sua história *em separado*, e, portanto, não seria possível superar o *atraso* passando-se a um "estágio" superior ainda dentro dos marcos do capitalismo. O sistema capitalista, em especial a partir de sua fase imperialista, não deixaria mais espaço para esses desenvolvimentos "autônomos", impossibilitando que a história das regiões retardatárias repetisse a história e as etapas das regiões pioneiras do capitalismo.

A superposição dialética entre inovações tecnológicas, políticas e culturais produzidas pelos países *avançados* e relações sociais muitas vezes pré-capitalistas presentes nos ambientes *atrasados* se constituiria na essência *combinada* do desenvolvimento capitalista realizado pelos países retardatários, especialmente pelos "coloniais" e "semicoloniais". Desse modo, os países *atrasados* ingressavam na era industrial mantendo pendentes as soluções das principais tarefas "democrático-burguesas", tais como as questões agrárias. Entretanto, as burguesias periféricas, surgidas tardiamente na arena histórica, atreladas ao capital estrangeiro e aos grandes proprietários rurais, e extremamente temerosas do proletariado, seriam, segundo Trotsky, incapazes de realizar qualquer tipo de revolução "democrática", o que colocava na ordem do dia para os trabalhadores dos países *atrasados* a conquista do poder político. Na concepção de Trotsky, portanto, seria o modo *combinado* como o capitalismo se desenvolvia que designaria o caráter da revolução e os sujeitos sociais revolucionários nos países *atrasados*. A adição do elemento *"combinado"* na *lei do desenvolvimento desigual* de Lênin fez com que Trotsky desse importante síntese de suas concepções na *lei do desenvolvimento desigual e combinado*. Esta concepção vai inspirar a perspectiva que depois, sob diversas abordagens (Celso Furtado, 1978; Cardoso e Faletto, 2004) e em oposição à "teoria desenvolvimentista", vai constituir a "teoria da dependência".

Por outro lado, devemos considerar o papel do *Estado no capitalismo*. Para além das diversas funções de transferência de fundos ao capital, o consumo e estímulos gerais à acumulação capitalista, ideologicamente, o Estado na sociedade capitalista é apresentado como uma instituição desvinculada dos interesses de classes, sendo supostamente responsável por responder a todos os cidadãos. Esse mesmo Estado, ao responder às manifestações da "questão social", sem supostamente contrariar os interesses da burguesia, conciliaria a gratidão de ambas as classes, naturalizando interesses de uma maioria como interesse comum a todos. Tem assim um papel de engajamento da classe trabalhadora no processo de produzir valor (mais-valia) e no processo de legitimação e reprodução da ordem. Assim, a política social por ele desenvolvida deve ser entendida como fenômeno ou instrumento de intervenção estatal nas refrações da "questão social", visando a *ampliação da acumulação* e a *legitimação e consolidação hegemônica* que, contraditoriamente, são permeadas por algumas *conquistas da classe trabalhadora*.

Só a partir destas breves considerações gerais sobre o lugar dos países periféricos em face do imperialismo no processo de desenvolvimento desigual e combinado, e sobre o papel do Estado no monopolismo e particularmente das políticas sociais, podemos considerar o capitalismo no Brasil. Para Fernandes (1975), a análise do capitalismo no Brasil deve ser feita a partir de alguns elementos, dentre os quais: a composição da burguesia nacional e a sua relação com a burguesia dos países centrais, marcando a sua posição "periférica e dependente" com relação a estes últimos.

É em função da nossa via "não clássica" no processo de transição para o capitalismo, e a lenta substituição do trabalho escravo pelo trabalho livre nas grandes unidades agrárias (Prado Jr., 1966), que o Brasil teve uma "complexa articulação de progresso e conservação" (Coutinho, 1990, p. 167 e ss.). O Brasil se insere no capitalismo num processo que combina o *progresso*, pela adaptação ao capitalismo, e a *conservação*, pela permanência de importantes elementos da antiga ordem. Com isto, a origem do capitalismo no Brasil, para Celso Furtado (1978), foi constituída pela "Via Junker", de cima para baixo, sem um processo revolucionário, ou de ruptura. Um processo constituído por alianças entre as burguesias nacionais e internacionais, marcando uma característica particular do capitalismo nacional de *oligárquico e dependente*.

Com isto, durante as décadas de 1950 e 1960, o pensamento acadêmico progressista no Brasil sobre a realidade nacional foi hegemonizado por uma perspectiva analítica que ficou conhecida como "dualista". A estrutura econômica, política e social brasileira era concebida, pelos adeptos dessa perspectiva, em dois polos opostos: um setor "atrasado" e um setor "moderno". Nessa ótica, o desenvolvimento das nações "subdesenvolvidas" era compreendido como uma *etapa* histórica anterior ao moderno capitalismo europeu e norte-americano (Ianni, 1971, p. 135).

Florestan Fernandes (1968), no entanto, descartando as visões dualistas, concebe a realidade brasileira constituída na verdade em uma totalidade dialeticamente contraditória. Para ele, o "arcaico" não impede o desenvolvimento nas regiões onde está presente, mas a sua existência produziria funcionalidade ao capitalismo nas áreas dependentes; o "arcaico" não se apresenta como oposição ao "moderno", e sim seu complemento histórico e socialmente necessário. Para a vitalidade do sistema capitalista imperialista, fazia-se necessária a presença de formas não capitalistas em várias regiões.

O desenvolvimento do capitalismo na periferia não esteve condicionado à "revolução burguesa" no seu sentido clássico. As burguesias periféricas, dada a sua debilidade — lembrando a trajetória da burguesia europeia, a ruptura com o obscurantismo e sua articulação com a ciência e a arte — e dependência, seriam incapazes de realizar transformações "democráticas". No entanto, seriam suficientemente competentes para engendrar estruturas de dominação sobre as massas populares no curso do desenvolvimento capitalista, utilizando-se para isso de formas políticas "autocráticas" e reacionárias. Por seu turno, Cardoso e Faletto (2004), na esteira de Celso Furtado (1978), contrapõem o conceito de "capitalismo subdesenvolvido", promovendo a discussão do "capitalismo dependente".

Desta forma, como afirma Oliveira (2003), o "arcaico" e o "moderno", embora semanticamente opostos, não são elementos que produzem duas realidades distintas; ao contrário constituem *uma única, peculiar e dialética estrutura societal* dos países que chegaram com *atraso* na corrida industrial capitalista. E que por sua vez encontram um espaço profícuo na esfera da acumulação capitalista mundial. Sob esses traços históricos, a economia brasileira se estabelece na sociedade capitalista em uma relação de dependência com a economia mundial, sendo organizada e determinada pelos países centrais, e assim acontece com os outros países periféricos em sua maioria.

Assim, o capitalismo no Brasil e na América Latina, segundo Mazzeo (1997), se desenvolve de forma *oligárquica e dependente*.

Com este substrato histórico, no Brasil, o processo de industrialização teve maior desenvolvimento com a chamada "Revolução de 1930" (ver

Ianni, 1971) e foi marcado pela busca de um modelo alternativo à exportação cafeeira, hegemônica desde o período imperial. O caminho adotado pelo Brasil para a industrialização — descartando a via americana (sustentada no dinamismo capitalista da pequena propriedade agrícola), bem como a via revolucionária (casos francês e inglês) — foi chamada de "via prussiana". O esforço industrializante foi sustentado sobre o tripé capital nacional, capital estrangeiro, capital estatal (Ianni, 1971, p. 145). O rápido crescimento do setor industrial obrigou o Estado a ampliar o investimento em infraestrutura. Começa o "desenvolvimentismo".

Com a crise do capital, a partir de finais dos anos 1960, e do fim do bloco soviético, no final dos anos 1980, o *ideário neoliberal* constituiu-se como projeto (hegemônico) de reestruturação do capital. O neoliberalismo pretende uma reconstituição do mercado diminuindo (e até suprimindo em diversas áreas) a ação social do Estado, visando também a redução do valor da força de trabalho e dos direitos conquistados. Para o neoliberalismo, o mercado passa a ser a instância de regulação e legitimação social.

* * *

A recuperação aqui do processo de instauração e desenvolvimento do capitalismo no Brasil não teve por objetivo apenas uma reflexão acadêmica, mas principalmente pôr em tela as determinações fundamentais da particularidade do processo que tornaram o Brasil um dos países com maior desigualdade social do mundo.

Efetivamente, a desigualdade e a pobreza no Brasil contemporâneo têm seus fundamentos nos determinantes estruturais do Modo de Produção Capitalista (MPC) — a separação do trabalhador dos meios de produção, apropriados pelo capital, a relação salarial que se funda na exploração da força de trabalho —, mas no país elas assumem dimensões e características particulares. Trata-se da desigualdade e da pobreza num país que situa-se em posição *periférica* no capitalismo mundial, que na sua fase imperialista estabelece uma relação de *dependência* no processo de desenvolvimento desigual e combinado (onde boa parte da riqueza aqui produzida é transferida para os países centrais — seja pela transferência de capitais intrafirma, seja pelo pagamento dos juros da dívida externa, seja pela dependência tecnológica e financeira). Trata-se de um país que comanda um processo de industrialização sem derruir as bases oligárquicas e agroexportadoras, caracterizando uma *modernização conservadora*, atrelada aos interesses dos "de cima" (consolidando uma enorme concentração de poder). Paralelamente, a participação do Estado na promoção do desenvolvimento industrial inclui o "engajamento" do trabalhador e a institucionalização e controle dos trabalhadores, inibindo as lutas de classes, o que levou a um sindicalismo considerado "pelego", fortemente cooptado pelo Estado (com o qual a resistência dos trabalhadores e seu poder de pressão na defesa de seus interesses foram fortemente limitados).

Estas características do processo brasileiro, que particularizam e peculiarizam seu desenvolvimento capitalista e industrial, fazem da desigualdade no país uma das maiores no mundo inteiro: a combinação de regiões industriais ("modernas") com grandes extensões territoriais arcaicas (consolidando uma enorme desigualdade rural-urbana), uma legislação trabalhista tímida, formas de exploração de mais-valia absoluta e um enorme exército industrial de reserva (desencadeando a expansão da pauperização absoluta), um crescimento do lucro (e da acumulação) capitalista que não se acompanha de um proporcional aumento salarial nem do desenvolvimento de serviços e políticas sociais estatais significativas (caracterizando a pauperização relativa sem redistribuição de renda).

É esta desigualdade e esta pobreza que constituem o substrato histórico das concepções teóricas, na política, na academia e particularmente no Serviço Social, que em torno delas se desenvolvem.

Assim, resulta importante agora apresentarmos alguns indicadores sobre a pobreza e a desigualdade no Brasil, pano de fundo histórico do nosso estudo das concepções teóricas que fundam as formas de entendimento e seu enfrentamento da pobreza.

Segundo cálculos da FAO (Food and Agriculture Organization — Organização das Nações Unidas para a Agricultura e Alimentação), 854 milhões de pessoas sofrem de fome no mundo (o cálculo se refere ao período 2001-2003, registrando um aumento de 26 milhões em relação ao período 1995-1997). Desse elenco, 820 milhões se encontram nos países "subdesenvolvidos", 25 milhões nos países "em transição" ("ex-países socialistas"), e 9 milhões nos países industrializados. Os dados mostram como a fome no mundo não tem diminuído (Coggiola, 2011, p. 6).[1] Mais alarmantes são os dados do PNUD, que revelam que 2,6 bilhões de pessoas não têm acesso a serviços higiênico-sanitários, e 1,1 bilhão carecem de acesso regular a água potável (ou seja, quase 40%, e mais de 15%, respectivamente, da população mundial). 1,8 milhão de crianças morrem anualmente de diarreia (a cada 20 segundos, uma criança morre por falta de água potável...) (Coggiola, 2011, p. 7).

Para Pochmann (2004, p. 58) 50% da população mundial é aproximadamente o número de pessoas que vivem com menos de 1 dólar por dia. De cada 100 brasileiros, 24 vivem com menos de 2 dólares por dia. A população total residente nos 40 países com os piores valores no Índice de Desigualdade soma 841 milhões de pessoas. Essa soma corresponde a quase 14% da população do planeta. Ou seja, de cada 100 pessoas, 14 vivem em um dos 40 países mais desiguais do mundo (Pochmann, 2004, p. 62). No Brasil, para cada 1 dólar recebido pelos 10% mais pobres, os 10% mais rico recebem 65,8 (ibidem). A extrema pobreza localiza-se, na maioria, nos países do continente africano: 70,2% vivem em um desses países (ibidem).

A desigualdade social no mundo é fruto de uma pequena parcela rica dominando a maior parte da riqueza produzida e uma maioria pobre que divide parcelas menores dessa riqueza. Nos anos 1960, havia, no mundo, 30 pobres na base da pirâmide socioeconômica para cada rico no topo dessa estrutura. Hoje, há 74 pobres para cada rico. No ano 2015, a previsão oficial das Nações Unidas é que essa relação seja de 100 pobres para cada rico no mundo (Coggiola, 2011, p. 15). As desigualdades sociais são mantidas e ampliadas a partir do estímulo e investimentos do Estado no capital financeiro. Em momentos de forte ofensiva neoliberal o Estado deve ser Mínimo só para as políticas sociais, garantindo para o grande capital as medidas esperadas para a acumulação.

No Brasil, segundo a ONU, mais de 10 milhões de famílias não dispõem de recursos suficientes para acesso diário à quantidade de calorias

---

1. A partir de dados e estudos da FAO (2000), do PNUD (Programa das Nações Unidas para o Desenvolvimento, 2000), do Banco Mundial (2000), da Cúpula Mundial da Alimentação (1996/Roma) e de outras organizações sobre a fome no mundo.

necessárias à sua sobrevivência (1.900 calorias/dia/pessoa) (Coggiola, 2011, p. 6).

Fazendo uma comparação entre os governos de FHC e Lula, em 2006, Coggiola (2011) aponta que:

> algumas coisas permanecem basicamente inalteradas: no Brasil, os 10% mais ricos da população são donos de 46% do total da renda nacional, enquanto os 50% mais pobres, ou seja, 87 milhões de pessoas, ficam com apenas 13,3% do total da renda nacional. O Brasil tem 14,6 milhões de analfabetos, e pelo menos 30 milhões de analfabetos funcionais. Da população de 7 a 14 anos que frequenta a escola, menos de 70% concluem o ensino fundamental. Na faixa entre 18 e 25 anos, apenas 22% terminaram o ensino médio. Os negros são 47,3% da população brasileira, mas correspondem a 66% do total de pobres. A renda das mulheres corresponde a 60% da renda dos homens. A tendência histórica de concentração de renda e de propriedade no Brasil é enorme: países com renda *per capita* similar à brasileira têm 10% de pobres em sua população, enquanto o Brasil se situa na casa dos 30%. Segundo dados oficiais, cerca de 55 milhões de brasileiros vivem em situação de pobreza. Destes, cerca de 22 milhões em indigência (Coggiola, 2011, p. 12).

Os dados acerca dos programas sociais, no Brasil, por outro lado, devem ser considerados ao lado de outros, como o lucro médio dos bancos no Brasil, que é de 26% ao ano, enquanto nos EUA varia entre 10% e 15%, sem falar da maior taxa de juros do mundo (Coggiola, 2011, p. 7).

O programa Bolsa Família custou ao governo, em 2005, R$ 5,5 bilhões (aproximadamente US$ 2,3 bilhões), que pagaram entre 15 e 95 reais por mês a 8,7 milhões de famílias, ou seja, perto de 35 milhões de pessoas. Mas, só em 2006, o setor financeiro recebeu R$ 272 bilhões, em conceito de pagamento dos juros das dívidas (que, no Brasil, estão estatizadas), quase 50 vezes o que se gastou com o programa Bolsa Família. No Brasil, a dívida consome 42% do orçamento federal: os serviços da dívida pularam de 16% do orçamento federal, em 1995, para 42%, em 2005, ou de R$ 26 bilhões para R$ 257 bilhões anuais.

De acordo com o sindicato dos auditores-fiscais, em 2005, o governo federal aplicou 26,49% do orçamento em áreas sociais, frente a 42,45% em serviços da dívida pública. A verba restante, 31,06%, foi destinada para a Previdência Social. A carga tributária teria crescido, portanto, no Brasil, basicamente para cobrir o aumento dos encargos da dívida pública (Coggiola, 2011, p. 7).

Se fosse extirpada essa rubrica do orçamento, a carga tributária cairia dos atuais 39% para o patamar de 26% do PIB. A dívida externa chegou a R$ 382 bilhões em outubro de 2006, com aumento da vulnerabilidade externa. E a dívida interna brasileira cresceu mais de R$ 145 bilhões em menos de um ano. Esse valor é três vezes maior do que é gasto com projetos para financiar a saúde no Brasil: somente os juros pagos dessa dívida são equivalentes ao gasto com os vários orçamentos da educação. A situação econômica do Brasil continua precária, pois qualquer instabilidade na economia mundial pode provocar efeitos recessivos, ou até um calote, no Brasil, arrastando os "programas sociais" em questão de dias (Coggiola, 2011, p. 8)

A primeira tarefa à qual o governo se lançou, logo ao entrar em função em janeiro de 2003, foi tranquilizar os mercados financeiros internacionais e reduzir assim o custo dos empréstimos internacionais. O governo decidiu também aumentar bastante o superávit primário, para além das recomendações do Fundo Monetário Internacional (FMI), e elevar consideravelmente as taxas de juros reais (11,9% em 2003 contra 5,1% em 2002) e mantê-las elevadas a fim de reduzir de forma durável a taxa de inflação (Salama, 2010, p. 168). A porcentagem de pobres diminui e o número de bilionários aumenta (Salama, 2010, p. 172). Segundo Salama (2010, p. 172-3), há uma diminuição da pobreza no segundo governo Lula; no entanto os programas sociais são apontados como fracos e de pouco impacto. Para ele,

> os programas de transferência de renda pouco incidiram na desigualdade na América Latina e no Brasil até 2008. O coeficiente de Gini revela que o impacto dessas transferências sobre a concentração de renda é mais elevado na Europa dos 15 (−0,10 ponto em média), e mais fraco no Brasil (−0,02 ponto). Se considerarmos a renda disponível (transferências e impostos diretos) e a renda bruta (transferências), observamos que o impacto dos impostos sobre a redução das desigualdades é bem maior na Europa (−0,5 ponto) do que no

Brasil, onde ele é nulo ou mesmo ligeiramente negativo. A fraqueza das transferências não compensa os efeitos particularmente regressivos do sistema fiscal brasileiro.

Entre 1997 e 2006, o coeficiente de Gini dos rendimentos de trabalho passou de 0,57 a 0,53, segundo a Pesquisa Nacional por Amostra de Domicílios (PNAD). A redução das desigualdades é importante. E ela se explica essencialmente por um crescimento mais sustentado por ocasião do segundo mandato em relação ao primeiro (excetuado o ano de 2009) e pela política adotada pelo governo no que se refere ao salário mínimo (...).

Uma redução sensível da pobreza ocorreu, apesar das transferências sociais ainda modestas. A dimensão da pobreza do Brasil era avaliada em 35% da população em 1999. Ela declinou nitidamente a seguir: 26,9% em 2006, 25,1% em 2007, segundo a PNAD. Assim, a redução é incontestável e ocorreu sobretudo durante a presidência de Lula.

No entanto, o número de pobres do Brasil varia conforme a *metodologia adotada*. O projeto Fome Zero, que fundamentou o programa Bolsa Família, ao utilizar o critério de linha de pobreza do Banco Mundial (U$ 1,08 diário/por pessoa), ajustando-o para os diferentes níveis regionais de custo de vida e pela existência ou não de autoconsumo, estimava a população pobre em 44,043 milhões de pessoas, o que envolveria 9,324 milhões de famílias. Já o Instituto Brasileiro de Economia (IBRE) da Fundação Getúlio Vargas, ao analisar os dados do Censo Demográfico de 2000, e ao adotar o critério de R$ 60,00 *per capita* como definidor da linha de pobreza, concluía que 57,7 milhões de pessoas estariam vivendo abaixo da linha da pobreza (ver Coggiola, 2011, p. 19).

Contudo, as causas da pobreza, na sociedade capitalista, são estruturalmente determinadas pela socialização da produção e a apropriação privada da riqueza produzida. O seu enfrentamento no Brasil, frente às particularidades da constituição do capitalismo nacional, na melhor das hipóteses poderia impactar na "pobreza absoluta", mas não conseguiu desenvolver políticas cujas orientações permitissem a redistribuição de renda e diminuição da desigualdade social, não impactando na "pobreza relativa". Porém, no caso brasileiro, nem a diminuição da "pobreza absoluta" foi um resultado das políticas e ações sociais do Estado, tornando-se, o Brasil, um dos países com maior índice de desigualdade no mundo.

A seguir, tendo como chão histórico os determinantes que peculiarizam o capitalismo no Brasil, direcionaremos nossa reflexão às diversas concepções que, sobre a pobreza e seu enfrentamento, são apresentadas por autores de variadas perspectivas de análise.

*　　*　　*

Com isto, o livro, que ora está em suas mãos, se divide em duas partes. A primeira parte, sobre as "principais interpretações teóricas sobre a pobreza e a riqueza", desdobra-se nos seguintes capítulos: capítulo 1, sobre o trato da pobreza na tradição liberal (tratando de Adam Smith, John Maynard Keynes, Frederick August von Hayek). O capítulo 2, sobre a pobreza e a "exclusão" na racionalidade pós-moderna, particularmente na obra de Boaventura de Sousa Santos. Outras abordagens sobre pobreza são tratadas no capítulo 3, discutindo as propostas da *Rerum Novarum*, o Banco Mundial, Amartya Sen, Deepa Narayan, Anthony Giddens e Robert Castel. A leitura marxista sobre a pobreza: a outra face da acumulação capitalista, é tratada no Capítulo 4, particularmente pela abordagem da acumulação e a pauperização a partir da Lei Geral da Acumulação Capitalista desenvolvida por Marx. Finalmente, no Capítulo 5, avaliam-se alguns equívocos no tratamento da pobreza: uma análise crítica, considerando as visões *"darwinista"*, como *"dis-função"*, *"empirista"*, *"paternalista"*, *"desenvolvimentista"*, a *"nova pobreza"*, a visão *"territorial"*/*"grupal"* e a visão *"multidimensional"* da pobreza.

A segunda parte, sobre "a pobreza no debate do Serviço Social", desdobra-se na análise da questão social, a política social e Serviço Social (Capítulo 1) e o "tratamento da pobreza e seu enfrentamento no Serviço Social" na bibliografia profissional e na revista *Serviço Social & Sociedade* (Capítulo 2).

Finalmente, avaliaremos o debate e o resultado da pesquisa, à luz dos estudos teórico-conceituais, nas Conclusões.

Primeira Parte
Pobreza e Riqueza:
principais interpretações teóricas

La maldición de Malinche*
Amparo Ochoa e Gabino Palomares

... Se nos quedó el maleficio de brindar al extranjero
nuestra fe, nuestra cultura, nuestro pan, nuestro dinero.
Y hoy les seguimos cambiando oro por cuentas de vidrio,
y damos nuestra riqueza por sus espejos con brillo.

Hoy, en pleno siglo veinte nos siguen llegando rubios,
y les abrimos la casa y les llamamos amigos.
Pero si llega cansado un indio de andar la sierra,
lo humillamos y lo vemos como extraño por su tierra.

Tú, hipócrita que te muestras humilde ante el extranjero,
pero te vuelves soberbio con tus hermanos del pueblo.

Oh! maldición de Malinche, enfermedad del presente.
¿Cuándo dejarás mi tierra?
¿Cuándo harás libre a mi gente?

Nesta primeira parte procuramos apresentar as principais teses e concepções de pobreza e riqueza, a partir seja de tradições do pensamento social (como as tradições liberal e marxista), seja de autores em certa forma

---

*Disponível em: <http://letras.terra.com.br/amparo-uchoa/964887/>. Acesso em: jun. 2011.

autônomos dessas perspectivas, ou de uma posição heterodoxa em relação a elas, assim como também aspectos da atual racionalidade pós-moderna, e ainda de instituições como o Banco Mundial e a Igreja Católica.

Apresentaremos aqui as variadas visões sobre o fenômeno da pobreza e suas formas de enfrentamento, conformando o subsídio teórico e político para pensarmos, no capítulo seguinte, as abordagens sobre a questão no âmbito do debate profissional do Serviço Social.

Capítulo 1
O trato da pobreza na tradição liberal

O liberalismo representa uma tradição teórica e política de dois séculos e meio de existência. Tendo uma origem de um pensamento que se confronta ao misticismo religioso que imperava na Idade Média e à monarquia absolutista, após os processos que determinaram a burguesia como classe dominante, tornou-se o "pensamento da ordem", para manter a ordem.[1]

Como corrente de pensamento da burguesia, *funda e legitima a propriedade privada através do trabalho*. Da mesma forma, promove a *"liberdade econômica"*, como forma de estabelecer as relações sociais no mercado, alterando as bases do feudalismo e do poder monárquico. Essa "liberdade" se torna um dos pilares do pensamento em questão. Trata-se de uma liberdade *formal*, limitada, apenas definida como a inexistência de regulação (estatal) nas transações entre os indivíduos no mercado. Tal "liberdade" não garante, no entanto, o homem *realmente* livre, pois este atributo só pode

---

1. Conforme aponta Marx, "com o ano de 1830, sobreveio a crise decisiva"; "a burguesia conquistara poder político, na França e na Inglaterra. Daí em diante, a luta de classes adquiriu, prática e teoricamente, formas mais definidas e ameaçadoras. Soou o dobre de finados da ciência econômica burguesa. Não interessava mais saber se este ou aquele teorema era verdadeiro ou não; mas importava saber o que, para o capital, era útil ou prejudicial (...)". "A investigação científica imparcial cedeu seu lugar à consciência deformada e às intenções perversas da *apologética*" (1980, p. 11). Lukács, a partir de Marx, trata também da "decadência ideológica da burguesia", instaurada fundamentalmente a partir dos acontecimentos de 1830-48, quando a burguesia perde seu carácter crítico-revolucionário frente às lutas proletárias. A decadência ideológica da burguesia, diz o autor, "tem início quando a burguesia domina o poder político e a luta de classes entre ela e o proletariado se coloca no centro do cenário histórico" (Lukács, 1992, p. 109-12; ver também Coutinho, 2010, p. 21 e ss.).

existir no ser social que pode conscientemente optar entre alternativas (ver Lukács, 2004).

Assim, esta concepção limitada e formal de liberdade (pilar do liberalismo) se enfrenta à *justiça e igualdade sociais*. Estas últimas não apenas levariam à limitação da "liberdade" (formal) — pois exigiriam a intervenção corretiva do Estado sobre as desigualdades geradas no mercado —, mas também seriam um freio ao progresso — pois homens "iguais" não concorrem entre si, e sem concorrência não haveria progresso, assim como levaria ao conformismo dos sujeitos que esperariam do Estado as respostas a suas necessidades, sem procurarem alcançá-las pelos seus próprios esforços. Liberdade, por um lado, e justiça e igualdade sociais, por outro lado, são, no pensamento liberal, valores antitéticos.

Outro aspecto desta corrente de pensamento, hegemônico desde 1848, remete ao conceito de "indivíduo" e de "individualismo" (possessivo), como aparece já em Locke e em Macpherson, onde o conceito de indivíduo como que prima sobre o grupo, e inclusive sobre o Estado: a liberdade do indivíduo e suas propriedades constituem um valor superior ao interesse e autoridade coletivos.

Nesta corrente de pensamento, portanto, riqueza e pobreza remetem sempre a uma questão de "liberdades", competências individuais e concorrência, onde as propriedades de um e as carências de outro não seriam outra coisa que o resultado das livres transações entre indivíduos com capacidades e esforços diferentes.

1.1 A riqueza e a pobreza no liberalismo clássico de Adam Smith

Pode-se entender como liberalismo clássico, tanto os autores e postulados correspondentes a esta tradição, quando representavam um processo de enfrentamento ao misticismo e ao absolutismo (como Locke, Smith, Ricardo), como também os pensadores do século XIX após a hegemonia burguesa em 1848 (como Tocqueville, Stuart Mill etc.). Entre os autores representantes do liberalismo clássico, Lafer (1991) destaca John Locke (1632-1704), Montesquieu (1689-1755), Kant (1774-1804), Adam

Smith (1723-1790), David Ricardo (1772-1823), Humboldt (1767-1835), Benjamin Constant (1767-1830), Alexis Tocqueville (1805-1859) e John Stuart Mill (1806-1873). Os princípios fundamentais do liberalismo podem ser sintetizados em: *Liberdade, Tolerância, Defesa da Propriedade Privada, Limitação do poder e Individualismo*. Será a partir destas características que o Liberalismo será analisado, tendo-se em mente que as formas que ele tomou diferenciaram-se ao longo dos séculos, de modo a atender às necessidades de uma classe que passou a se constituir como tal nos fins da Idade Média, a burguesia.

Em pleno século das luzes, no Iluminismo, Adam Smith tornou-se um dos principais teóricos do liberalismo econômico. Sua principal teoria baseava-se no pressuposto de que deveria haver total *liberdade econômica* para que a iniciativa privada pudesse se desenvolver, *sem a intervenção do Estado*. A *livre concorrência* entre os empresários regularia o mercado, provocando a queda de preços e as inovações tecnológicas necessárias para melhorar a qualidade dos produtos e aumentar o ritmo de produção. As ideias de Adam Smith incidiram na burguesia europeia do século XVIII, pois combatiam a política econômica mercantilista promovida pelos reis absolutistas, além de se contraporem ao regime de direitos feudais que ainda persistia em *muitas* regiões rurais da Europa.

A — Os principais postulados da sua teoria

Seus principais postulados podem ser sintetizados nas seguintes questões:

A.1 — O Estado Mínimo

A tese do Estado mínimo é uma das características mais fortes do liberalismo; sobre isso reflete Smith:

o soberano fica totalmente liberto (...) do dever de superintender o trabalho das pessoas privadas e de o dirigir para as atividades mais necessárias à sociedade. Segundo o sistema de liberdade natural, o soberano tem apenas três deveres a cumprir. Três deveres de grande importância, na verdade, mas simples e perceptíveis para o senso comum: em primeiro lugar, o dever de proteger a sociedade da violência e das invasões de outras sociedades independentes; em segundo lugar, o dever de proteger, tanto quanto possível, todos os membros da sociedade da injustiça ou opressão de qualquer outro membro, ou o dever de estabelecer uma administração da justiça; e, em terceiro lugar, o dever de criar e preservar certos serviços públicos e certas instituições públicas que nunca poderão ser criadas ou preservadas no interesse de um indivíduo ou de um pequeno número de indivíduos, já que o lucro jamais reembolsaria a despesa de qualquer indivíduo ou pequeno número de indivíduos, embora possa, muitas vezes, fazer mais do que reembolsar esse lucro a uma grande sociedade (Smith, 1981, p. 284-5).

Contudo, esta tese de Smith tem em vista a crítica e a superação das estruturas do poder político do Estado absoluto, a serviço de interesses de tipo feudal, pois as considera ineficientes e improdutivas: "na maior parte dos países, a totalidade ou a quase totalidade das receitas públicas é empregada na manutenção de indivíduos não produtivos" (1981, p. 292). Entre estes indivíduos improdutivos, Smith acrescenta:

muitas das mais respeitáveis classes sociais, (...) o soberano, por exemplo, bem como todos os funcionários tanto da justiça como da guerra que servem sob as suas ordens, todo o exército e toda a marinha, todos os que compõem uma corte numerosa e esplêndida, uma grande instituição eclesiástica, armadas e exércitos poderosos que em tempos de paz nada produzem e em tempos de guerra nada adquirem que possa compensar o dispêndio incorrido com a sua manutenção, ainda que só durante o período de duração da guerra. Toda essa gente ¾ remata, dado que nada produz, tem de ser mantida pelo produto do trabalho de outros homens (1981, p. 599).

O Estado Mínimo é, para Smith, uma forma de combater o "Estado" parasita e perdulário, justificando-se com os seguintes argumentos:

quando se multiplicam (essa gente e essas estruturas) para além do necessário, podem, num ano, consumir uma parcela tão elevada daquele produto (o produto do trabalho de outros homens) que a parte restante não baste para manter os trabalhadores produtivos, necessários à reprodução do ano seguinte. Assim, a produção do ano seguinte será inferior à desse ano e, se se mantiver o mesmo desconcerto, a do ano a seguir reduzir-se-á ainda mais. Pode acontecer que esses indivíduos improdutivos, que deviam ser mantidos apenas por uma parte do rendimento disponível do conjunto das pessoas, cheguem a consumir uma parcela tão grande da totalidade do rendimento, obrigando tão elevado número de indivíduos a consumir o respectivo capital, ou seja, os fundos destinados à manutenção do trabalho produtivo, que a frugalidade e o adequado emprego dos capitais por parte dos indivíduos não seja suficiente para compensar a perda e degradação do produto originadas por esse violento e forçado abuso (1981, p. 599-600).

Portanto, para evitar esse excesso de gastos, Smith entende como dever do Estado:

a criação e a manutenção daqueles serviços e instituições que, embora possam ser altamente benéficos para uma sociedade, são, todavia, de uma natureza tal que o lucro jamais poderia compensar a despesa para qualquer indivíduo ou pequeno número de indivíduos, não se podendo, portanto, esperar a sua criação e manutenção por parte de qualquer indivíduo ou pequeno número de indivíduos. A concretização deste dever exige despesas de variadíssimos graus nos diferentes períodos da sociedade.
Depois das instituições públicas e dos serviços públicos necessários para a defesa da sociedade e para a administração da justiça (...) os outros serviços e instituições deste tipo são fundamentalmente aqueles criados com vista a facilitar o comércio da sociedade e a promover a instrução do povo. (...) As instituições de instrução são de dois tipos: as que visam a instrução da juventude e as que visam a de pessoas de todas as idades (1981, p. 333).

Adam Smith escreve quando o Estado capitalista estava dando os primeiros passos e sua análise se assenta na origem e na evolução do Estado. Assim, em *Riqueza das Nações* (Smith, 1996 e 1981) apresenta as seguintes características para o Estado:

- *A defesa e garantia da propriedade privada*: "a avareza e a ambição nos ricos e o ódio ao trabalho e a tendência para a preguiça nos pobres constituem as paixões que predispõem ao ataque à propriedade", como "a propriedade dos ricos provoca a indignação dos pobres que muitas vezes são levados pela necessidade e influenciados pela inveja a apropriar-se dos seus bens". Afirma o autor: "a aquisição de propriedades valiosas e vastas exige, necessariamente, o estabelecimento de um governo civil. Quando não há propriedades ou, pelo menos, propriedades que excedam os dois ou três dias de trabalho, o governo civil não será tão necessário" (Smith, 1996, p. 188).

- *A administração da justiça*: compreende-se a necessidade do "estabelecimento de um governo civil" e compreende-se que uma das funções do Estado seja a da administração exata da justiça, uma vez que "é só com a proteção do magistrado civil que o dono dessa valiosa propriedade, adquirida com o trabalho de muitos anos ou, talvez, de muitas gerações, poderá dormir em segurança" (Smith, 1996, p. 188).

- *A desigualdade e suas consequências*: a acumulação de riqueza legitimada pelo trabalho introduz a necessidade de uma autoridade e subordinação a ela. A manutenção dessa riqueza (dessa propriedade privada) exige um governo civil. Os ricos, especialmente, estão necessariamente interessados em manter esse estado de coisas, único capaz de lhes assegurar os seus próprios benefícios. Os menos ricos unem-se na defesa dos mais ricos no que se refere à sua propriedade para que, por sua vez, estes se unam na defesa da propriedade daqueles. Todos os pastores e criadores menores sentem que a segurança dos seus próprios rebanhos depende da segurança dos rebanhos dos pastores e criadores mais prósperos, que a manutenção da sua menor autoridade depende da manutenção da autoridade superior e que da sua subordinação depende o poder de, por seu turno, subordinar outros que lhe são inferiores. Constituem uma espécie de aristocracia que tem todo o interesse em defender a propriedade e em apoiar a autoridade do seu pequeno soberano a fim de este poder defender a sua própria propriedade e apoiar a sua autoridade.

- *O Estado enquanto instrumento de defesa dos proprietários* contra aqueles que não dispõem da propriedade do capital. Smith defende que "o governo civil, na medida em que é instituído com vista à segurança da propriedade, é, na realidade, instituído com vista à defesa dos ricos em prejuízo dos pobres, ou daqueles que possuem alguma propriedade em detrimento daqueles que nada possuem. *O governo não tem qualquer outro objetivo que não seja a preservação da propriedade* (Smith, 1981, p. 321-2).

A rejeição, por parte de Smith, de qualquer intervenção do Estado com vista à correção das injustiças se dá exatamente porque sabe qual é realmente o papel do Estado e aceita que ele deve cumprir a sua função, que é "*a defesa dos ricos em prejuízo dos pobres*, ou daqueles que têm alguma propriedade em detrimento daqueles que nada possuem" (Smith, 1996, p. 192). Assim, a existência de pobreza é vista por Smith tanto como um processo *natural*, produto das diferenças individuais, quanto como uma *ameaça* à propriedade privada daqueles que souberam ou puderam acumular: os ricos.

Por outro lado, como já vimos, resulta dos seus escritos a ideia (comum aos autores da escola liberal clássica) de que a propriedade (a acumulação do capital) é o fruto da *frugalidade* e da *prudência* de alguns, é "adquirida com o trabalho de muitos anos ou, talvez, de muitas gerações" (Smith, 1996, p. 188).

Adam Smith pensa que todos podem ser proprietários, mesmo o mais pobre dos homens, "se for frugal e industrioso". Dir-se-ia que "o ódio ao trabalho e a tendência para a preguiça e para o ócio nos pobres" é que explicam as diferenças sociais, que não seriam, aliás, tão gritantes como se observam em certas passagens de *Riqueza das Nações*. Afirma o autor:

> nas nações civilizadas e prósperas, embora um grande número de pessoas não exerça qualquer atividade e muitas delas consumam o produto de dez vezes, frequentemente de cem vezes, mais trabalho do que aquelas que as exercem, ainda assim o produto de todo o trabalho da sociedade é tão grande que, em geral, se encontram abundantemente providas, e um trabalhador,

ainda que da classe mais baixa e mais pobre, se for frugal e industrioso, poderá usufruir de uma quota-parte maior de bens necessários à vida e ao conforto do que qualquer selvagem (Smith apud Nunes, 2007, p. 30).

Nessa linha de pensamento aponta:

o estômago do rico está em proporção com os seus desejos e não comporta mais que o do aldeão grosseiro. (...) Uma mão invisível parece forçá-los [aos ricos] a concorrer para a mesma distribuição das coisas necessárias à vida que se teria verificado se a terra tivesse sido dada em igual porção a cada um dos seus habitantes; e assim, sem ter essa intenção, sem mesmo o saber, o rico serve o interesse social e a multiplicação da espécie humana. A Providência, distribuindo, por assim dizer, a terra entre um pequeno número de homens ricos, não abandonou aqueles a quem parece ter-se esquecido de atribuir um lote, e eles têm a sua parte em tudo o que ela produz. (...) Quanto ao que constitui a verdadeira felicidade, não são inferiores em nada àqueles que parecem colocados acima deles. Todos os escalões da sociedade estão ao mesmo nível pelo que respeita ao bem-estar do corpo e à serenidade da alma, e o mendigo que se aquece ao sol ao longo de uma sebe possui ordinariamente aquela tranquilidade que os reis sempre perseguem (Smith apud Nunes, 2007, p. 30).

Dominado pela visão fisiocrática de uma sociedade que funciona perfeitamente por si, como um "organismo natural" — na qual não deve tocar-se para não a descontrolar —, Smith alicerça a sua filosofia social em dois valores fundamentais: *a confiança no sistema de liberdade natural e a aceitação da justiça realizada pela mão invisível*. E não se "comove" com as desigualdades: aos pobres pertence a serena e tranquila felicidade de poderem aquecer-se ao sol ao longo de uma sebe, felicidade que os reis sempre perseguem.

A.2 — A "mão invisível" do livre mercado

Smith tenta explicar a gênese da sociedade hierarquizada evidenciando que "o rico faz glória de suas riquezas e o pobre tem vergonha e dissimula sua pobreza", mas também a revelação de que a aprovação, elemento constitutivo do amor-próprio, estaria ligada a determinadas normas morais da sociedade liberal nascente (Smith, 1996, p. 138).

Uma solução aparentemente harmoniosa que supõe, para o autor, a dissipação dos conflitos próprios de uma sociedade hierarquizada consiste numa explicação nada trivial que, utilizando-se de uma metáfora — a "mão invisível" —, funciona como um operador social. Nesse sentido, o mercado é entendido como algo mais complexo do que um *locus* de troca e a mão invisível como mais do que um simples mecanismo de ajuste automático, representando a própria viabilização da ordem social, seu operador último, sua forma de organização social. E não é por outra razão que a teoria do mercado de Smith se torna inquestionavelmente a matriz teórica da ordem social liberal e a economia passa a ser entendida como essência da sociedade, terreno sobre o qual a harmonia social pode ser pensada e praticada.

Para tratar da mão invisível, Smith deve considerar o trabalho gerador de valor, a acumulação e as formas de intervenção estatal que, sem afetar a liberdade do mercado, tratem dos indivíduos que não conseguem seu sustento com ele.

- *Trabalho e valor*. Sobre a origem do valor, Smith concebe uma situação hipotética em que as relações entre os homens decorreriam em conformidade com o direito natural. Designa esta situação como "o rude estado da sociedade, que precede tanto a acumulação do capital como a apropriação da terra". Nesta situação, a "relação entre a quantidade de trabalho necessário para se obterem diferentes objetos parece ser o único elemento com base no qual se determina a razão de troca" (Smith, 1981, p. 147). Para o autor,

> se, por exemplo, num país de caçadores, custa habitualmente o dobro do trabalho matar um castor que matar um veado, um castor valerá ou trocar-se-á naturalmente por dois veados. É natural que aquilo que constitui normalmente o produto de dois dias ou de duas horas de trabalho valha o dobro do que é habitualmente produzido num dia ou numa hora de trabalho (Smith, 1981, p. 147).

Inaugura-se um novo conceito: o de trabalho necessário, que seria a quantidade de trabalho dispensado para se produzir uma mercadoria. E o tempo de trabalho necessário para se produzir qualquer bem é apresentado como o único elemento determinante do valor desse bem: "num tal estado de coisas — explica Smith (1981) —, a totalidade do produto pertence ao trabalhador; e a quantidade de trabalho habitualmente empregada na obtenção ou produção de qualquer bem é o único fator que pode determinar a quantidade de trabalho por que ele poderia normalmente trocar-se, que poderia, por seu intermédio, ser adquirida ou dominada" (1981, p. 147-8).

Adam Smith (1981) retoma essa análise para a sociedade capitalista, caracterizada pela "acumulação do capital" e pela "apropriação da terra" e, consequentemente, por uma estrutura social assente, basicamente, em duas classes sociais: uma classe de indivíduos que dispõem de riqueza acumulada nas suas mãos e uma classe de indivíduos industriosos que nada mais têm de seu, além da "sua força e habilidade de mãos". Nesta nova sociedade capitalista, as classes sociais são claramente definidas por Adam Smith com base na posição de cada uma delas relativamente à atividade produtiva. O próprio Smith observa que, por vezes, acontece que um ou outro trabalhador "possui o capital suficiente, tanto para comprar as matérias-primas necessárias ao seu trabalho, como para se manter até ele se achar terminado" e para "poder levar o produto do seu trabalho até ao mercado". Nestas condições, este produtor independente "é simultaneamente patrão e operário e usufrui da totalidade do produto do seu trabalho, ou da totalidade do valor que ele acrescenta às matérias-primas sobre as quais se aplica" (idem, p. 148).

Smith (1981, p. 157 e 176) sublinha, porém, que estes trabalhadores independentes são meramente residuais nas economias e nas sociedades emergentes das revoluções burguesas, nas quais "o trabalhador é uma pessoa e o proprietário do capital, que o emprega, é outra". Nesta equação teórica, Smith parece antecipar Marx, reduzindo a estrutura essencial das sociedades capitalistas a estas duas classes sociais: os *trabalhadores* (desprovidos da propriedade do capital, que têm apenas de seu "a sua força e habilidade de mãos") e os *proprietários do capital* (que, por disporem de capital acumulado, estão em condições de contratar *indivíduos industriosos* e de se apropriarem de uma parte do valor que estes *trabalhadores produtivos* acrescentam ao valor das matérias-primas).

Pois bem. Numa sociedade assim concebida — em que os trabalhadores estão separados das condições objetivas da produção —, o trabalho apresenta-se, para o filósofo escocês, como uma *mercadoria* que se troca diretamente por outra mercadoria,

> neste estado de coisas, o produto total do trabalho deixa de pertencer sempre aos trabalhadores. (...) E deixa também de ser a quantidade de trabalho habitualmente empregada na obtenção ou na produção de um bem o único fator que pode determinar a quantidade por que ele poderia, normalmente, trocar-se, que poderia, por seu intermédio, ser adquirida ou dominada (Smith, 1981, p. 150).

A quantidade de trabalho que se pode obter por troca com uma determinada mercadoria continua a ser o padrão de medida do valor de troca dessa mercadoria. Mas o trabalho necessário (o tempo de trabalho normalmente despendido para produzir ou obter essa mercadoria) deixa de ser "o único fator que pode determinar a quantidade por que ele poderia, normalmente, trocar-se" (Smith; 1981, p. 150).

Nas condições do capitalismo, a configuração do trabalho como mercadoria significa, para Adam Smith, que nem todo o produto do trabalho pertence ao trabalhador: o valor criado pelo trabalho (acrescentado pelo trabalho às matérias-primas) tem que pagar não só o salário, mas também a renda e o lucro. Sendo assim, o fato de uma mercadoria ser paga pelo dobro de outra não significa que a primeira tenha exigido o dobro do tempo de trabalho despendido para se obter, em comparação com o trabalho necessário para obter a segunda. O trabalho necessário corresponde apenas à parte do salário, este já não pode regular a quantidade concreta de trabalho que uma mercadoria qualquer permite adquirir.

- *Acumulação do capital*. Para Adam Smith (1981, p. 476) só com base na acumulação do capital se pode aumentar o número de trabalhadores produtivos utilizado: "é o capital, empregado com vista à obtenção do lucro, que põe em movimento a maior parte do trabalho útil em todas as sociedades" (idem, p. 600). Segundo o autor,

> não há qualquer outra forma de aumentar o produto anual da terra e do trabalho de uma nação que não seja pelo aumento do número dos trabalhadores produtivos ou da capacidade produtiva dos trabalhadores já antes empregados. É evidente que o número dos trabalhadores produtivos só pode aumentar significativamente em consequência de um aumento do capital, ou seja, de fundos destinados à sua manutenção (idem, p. 634).

Ele parte do pressuposto, a nosso ver coerente, que só com base na acumulação do capital se pode aumentar a produtividade; observa Smith: "quanto à capacidade produtiva do mesmo número de trabalhadores, ela só poderá aumentar em consequência ou de um acréscimo do número e melhoria das máquinas e instrumentos que facilitam e reduzem o respectivo trabalho, ou de uma divisão e distribuição do emprego mais adequada". Chegando a concluir que "em qualquer dos casos, torna-se quase sempre necessário um capital adicional. É somente graças a esse capital adicional que o empresário de qualquer oficina pode fornecer aos seus operários maquinaria mais aperfeiçoada, ou pode distribuir o trabalho entre eles de forma mais adequada (Smith, 1981, p. 494)". Assim, afirma o autor que,

> a quantidade de matérias-primas que pode ser trabalhada pelo mesmo número de pessoas aumenta numa grande proporção, à medida que o trabalho se subdivide cada vez mais; e, porque as tarefas executadas por cada operário se reduzem gradualmente a um maior grau de simplicidade, torna-se possível a invenção de uma variedade de novas máquinas, capazes de facilitar e encurtar tais tarefas. Por conseguinte, é necessário, à medida que progride a divisão do trabalho, e a fim de proporcionar emprego constante a igual número de trabalhadores, armazenar um conjunto de provisões igual ao que é utilizado numa situação de maior atraso, mas um conjunto de matérias-primas e ferramentas superior ao então necessário. Contudo, o número de trabalhadores em cada ramo de atividade aumenta geralmente com a divisão do trabalho nesse ramo (Smith, 1981, p. 494).

POBREZA E SERVIÇO SOCIAL

(...) a pessoa que emprega o seu capital na manutenção da força de trabalho, com certeza deseja empregá-lo por forma a produzir a maior quantidade possível de trabalho. Procura, portanto, conseguir a mais adequada distribuição de trabalho entre os seus operários e fornecer-lhes as melhores máquinas que tenha possibilidade de inventar ou de adquirir. As suas possibilidades em qualquer destes campos vão geralmente tanto mais longe quanto maior for o capital de que dispuser, ou o número de pessoas que puderem empregar. Deste modo, não só o volume de atividade desenvolvida num país cresce com o acréscimo do capital que a emprega, como, em consequência desse mesmo aumento, idêntico volume de atividade passa a produzir uma quantidade de trabalho muito superior (Smith, 1981, p. 494-5).

A acumulação de capital, para Smith, não traz apenas um benefício para o proprietário, mas conduziria o desenvolvimento e o progresso para toda a sociedade.

Com a poupança estariam criadas as condições para o progresso econômico, sem riscos de desequilíbrio global. Assim,

aquilo que anualmente é poupado é tão regularmente consumido como o que é anualmente despendido, e praticamente também no mesmo período; simplesmente é consumido por um diferente conjunto de pessoas. A parte do seu rendimento anualmente despendida por um indivíduo rico é, na maior parte dos casos, consumida por convidados ociosos e por criados que nada deixam atrás de si em troca do que consomem. Quanto à parte que anualmente poupa, dado que, com vista à obtenção de um lucro, é imediatamente aplicada como capital, é de igual modo consumida, e praticamente durante o mesmo período, mas por um conjunto diferente de pessoas, trabalhadores do campo, operários e artífices, que reproduzem, com um lucro, o valor do respectivo consumo anual (Smith, 1981, p. 593).

• *Individualismo*. O fundamento de sua discussão sobre o individualismo está sustentado em dois pressupostos fundamentais. O primeiro está nas características pródigas dos indivíduos. Acredita no crescimento e desenvolvimento da sociedade através de um processo de crescimento autossustentado. A prodigalidade é o fruto da "paixão pela fruição presente que, por vezes, embora violenta e difícil de dominar, é, em geral, apenas momentânea e ocasional", enquanto "o princípio que leva o indivíduo a poupar é o desejo de melhorar a sua situação, desejo que, embora normalmente calmo e controlado, nos acompanha desde o berço e não nos abandona até o túmulo". O outro pressuposto está referenciado no esforço natural de cada indivíduo para melhorar a sua própria condição, quando lhe é permitido exercê-lo com liberdade e segurança. Trata-se de um princípio tão poderoso que só por si e sem qualquer outro elemento é capaz de criar a riqueza e prosperidade de uma sociedade e de vencer características das personalidades individuais, que, segundo Smith, são naturais (Smith, 1981, p. 68).

Adam Smith (1981) salienta, porém, que confia na parcimônia e na prudência dos indivíduos privados, mas atribui ao Estado os defeitos da prodigalidade e do mau emprego dos capitais. Rejeita, pois, qualquer papel ativo do Estado no processo de acumulação do capital, designadamente cobrando receitas, através de impostos sobre os rendimentos privados, com o objetivo de fazer despesas que se substituam as despesas dos particulares.

As virtudes privadas produzirão os seus efeitos benéficos desde que o Estado não limite a liberdade individual, nem sequer para reduzir o consumo de luxo, através de leis ou da proibição da importação de bens de luxo. Para ele,

> ainda que a prodigalidade do governo tenha, sem dúvida, retardado o progresso natural da Inglaterra no sentido da riqueza e do desenvolvimento, não lhe foi possível impedi-lo. (...) o produto anual da terra e do trabalho do país é agora, sem dúvida, muito superior ao registrado ao tempo quer da restauração, quer da revolução. (...) Contudo, assim como a Inglaterra nunca beneficiou de um governo frugal, também jamais contou a parcimônia entre as virtudes características dos seus habitantes. Por consequência, constitui a maior impertinência e presunção por parte dos reis e ministros o pretenderem fiscalizar a economia dos cidadãos e restringir os seus gastos, seja através de leis sumptuárias, seja pela proibição da importação de bens de luxo. Eles são sempre, e sem exceção, os maiores perdulários que existem na sociedade. Cuidem bem dos seus próprios gastos e poderão confiadamente deixar aos particulares o cuidado dos deles. Se a extravagância dos governantes não

arruinar o estado, poderemos estar certos de que a dos súbditos jamais o fará (Smith, 1981, p. 593).

Embora a ênfase dada por Adam Smith ao individualismo contradiga a importância que atribui à divisão do trabalho, ele defende e sustenta que a vida econômica decorrerá harmoniosamente desde que se deixem as coisas seguirem o seu curso natural.

A "harmonia" é outra incongruência no pensamento de Smith, visto que reconhece o caráter conflitante da sociedade, que se estrutura na contradição de interesses entre trabalhadores assalariados e os proprietários do capital.

Esta diferença de posições das classes (e consequente antagonismo de interesses) explica-a Smith como consequência dos diferentes poderes de que dispõem, nas sociedades capitalistas, os patrões (por serem "proprietários do capital") e os operários (por possuírem apenas "a sua força e habilidade de mãos", por não possuírem "o capital suficiente, tanto para comprar as matérias-primas necessárias ao seu trabalho, como para se manter até ele se achar terminado"). As relações sociais não aparecem na obra de Smith, como relações entre indivíduos iguais. Ele parte da premissa de que "sempre que há muita propriedade, há grande desigualdade", de que "por cada homem rico haverá, pelo menos, quinhentos homens pobres", e de que "a propriedade de uns poucos pressupõe a indigência de muitos". E sabe que nas "nações civilizadas e prósperas (...) um grande número de pessoas não exerce qualquer atividade e muitas delas consomem o produto de dez vezes, frequentemente de cem vezes, mais trabalho do que aqueles que as exercem" (Smith, 1996, p. 188).

Mesmo nestas condições, Adam Smith não admitirá qualquer necessidade de intervenção do Estado com fins de corrigir esta desigualdade, pois, segundo ele,

ferir os interesses de uma classe de cidadãos, por mais ligeiramente que possa ser, sem outro objetivo que não seja o de favorecer os de qualquer outra classe, é uma coisa evidentemente contrária àquela justiça, àquela igualdade de proteção que o soberano deve, indistintamente, aos seus súbditos de todas as classes (Smith, 1983, p. 200).

Na defesa do liberalismo, Adam Smith argumenta que o máximo de utilidade social se consegue quando a vida econômica decorre naturalmente, perseguindo cada um o seu próprio interesse. Segundo esta concepção, a economia (separada do Estado) funciona de acordo com as suas próprias leis: leis naturais, leis de validade absoluta e universal, a ordem natural harmoniza todos os interesses a partir da natural atuação de cada um no sentido de obter o máximo de satisfação com o mínimo de esforço. Deste "fetichismo naturalístico" derivam os economistas clássicos duas considerações fundamentais:

a) por um lado, *uma atitude conformista perante as ocorrências da vida econômica*: elas decorrem supostamente das leis da natureza e o que é natural é justo (a lei moral identifica-se com a lei natural);

b) por outro lado, *uma atitude de condenação de toda e qualquer intervenção do Estado na vida econômica*. Em primeiro lugar, porque a vida econômica e a ordem social são consideradas partes integrantes da ordem natural, regulada por leis que exprimem princípios eternos e universais da natureza humana, leis tão rigorosas e inalteráveis como as leis da física (mostrando uma concepção mecanicista, de raiz newtoniana); em segundo lugar, porque defendem que o Estado, como máquina essencialmente política, é, pelas suas próprias funções, incompetente para a atuação econômica. Para Smith, "não há dois caracteres que pareçam mais contrários do que os do comerciante e do governo" (Smith apud Nunes; 2007, p. 24)

A vida econômica, assim entendida, é o fundamento da sociedade civil, o princípio da própria existência do Estado, cujas funções devem restringir-se ao mínimo compatível com a sua capacidade para garantir, a cada um e a todos, em condições de plena liberdade, o direito de lutar pelos seus interesses como melhor entender.

B — A pobreza para Smith, e as possíveis ações de governo

Em conformidade com o anterior, para Smith a *riqueza* de um indivíduo é o legítimo resultado do trabalho de cada um, quando este produz mais do que precisa para sua subsistência e acumula (entesoura) seu produto.

Neste sentido, há concordância na análise de Smith com a visão de Locke, para quem a propriedade tem sua origem e fundamento no *trabalho* (Locke, 1973, p. 52). Assim, quem produz excedente (ao trabalhar mais do que necessita para satisfazer suas necessidades imediatas) poderá acumulá-lo e/ou trocá-lo com outros produtores. O trabalho para além das necessidades funda, para Locke, tanto a propriedade privada quanto a acumulação de riqueza. Isto, sem mais nem menos, dá *origem às desigualdades sociais* próprias da ordem burguesa.[2]

Em sentido inverso, nesta concepção, a *pobreza* estaria relacionada à incapacidade de um indivíduo de produzir mais do que necessita (não pode acumular riqueza), ou até de produzir o necessário para sua própria subsistência (não pode satisfazer suas necessidades). Assim, *"pobre"* então seria aquele que não produziu nesta escala, ou quem mal-gasta sua riqueza.

Para Smith, a pobreza e a riqueza são dois processos concomitantes; uma gera a outra. Como o autor afirma: "onde quer que haja grande propriedade, há grande desigualdade. Para cada pessoa muito rica deve haver no mínimo quinhentos pobres, e a riqueza de poucos supõe a indigência de muitos" (Smith, 1996, p. 188).

Assim, a pobreza para Smith é então a expressão do atraso econômico e, como tal, uma condição indiretamente eliminável, entendendo que: "é o crescimento da produção de todos os setores econômicos, decorrente da divisão do trabalho, que produz, numa sociedade bem governada, essa opulência universal, que se estende às camadas inferiores da população" (Smith, 1966, p. 224-25).

Smith pressupunha que *o progresso econômico*, característico de um capitalismo dinâmico com concorrência livre, *promoveria a eliminação da pobreza* — diretamente via geração de emprego e renda e indiretamente através da elevação do padrão de vida dos trabalhadores, com o aumento progressivo das taxas salariais e da produtividade do trabalho.

---

2. Diz Locke: "é evidente que os homens concordam com a posse desigual e desproporcionada da terra" legitimando "a maneira de um homem possuir licitamente mais terra do que aquela cujo produto pode utilizar, recebendo em troca, pelo excesso, ouro e prata que podem guardar sem causar dano a terceiros" (1973, p. 59).

Como já apontamos, frente às problemáticas sociais, Adam Smith enumera três tarefas mínimas do governo: proteger o grupo contra a violência externa; proteger internamente os membros da sociedade de injustiças e opressão dos demais; e erigir e manter as instituições públicas e as obras públicas as quais são de tal natureza que não seriam lucrativas individualmente, porém representam grande vantagem social. A função do governo no sistema liberal deve crescer conforme se fizer necessário, porém este não pode nunca perder seu caráter de servidor da sociedade, ao assumir o papel de seu senhor. Desta forma, as possíveis ações de governo para o enfrentamento da pobreza podem ser:

- *Segurança pública.* O exército, as polícias, a estrutura judicial são imprescindíveis à segurança e, no regime liberal, são formados por indivíduos que escolhem a carreira militar ou se engajam para servir em caso de conflito, mediante um soldo. O próprio povo terá que decidir, por sufrágio direto ou por decisão de seus delegados, a convocação geral. Também a polícia local é contratada pelas comunidades.

- *A assistência social.* A doutrina liberal clássica não considera o cidadão um "filho" da sociedade e portanto não seria a sociedade nem o Estado (Sociedade mais o governo) que têm responsabilidade natural ou qualquer obrigação natural com os indivíduos. O direito à educação e à saúde do indivíduo é responsabilidade natural dos que o colocaram no mundo, seus pais. Por isso, a família é uma instituição primordial.

Na sociedade liberal, os homens não estão unidos apenas para garantir a sua liberdade, mas para formar uma sociedade com um liame que lhe permite (à sociedade) sobreviver e desenvolver-se. Esse liame é a solidariedade, sobre a qual Adam Smith dedicou seu *A Teoria dos Sentimentos Morais*, de 1759. A solidariedade liberal seria a solução para que a desigualdade de aptidões e a diversidade de recursos não conduzam à desigualdade de direitos e à falta de liberdade dos menos capazes.

A filantropia é tão original, tão imanente e essencial ao Liberalismo quanto sua defesa da liberdade e da propriedade. Os orfanatos, os asilos de velhos, as Santas Casas, as Casas de Saúde, as Associações Beneficentes em geral, religiosas ou civis, os fundos particulares para Educação destinados aos pobres e necessitados, são instituições inerentes ao Liberalismo, e se desaparecem ou se enfraquecem, com elas infalível e seguramente desaparece também o regime liberal.

Para o liberalismo clássico, quando o governo promove a assistência social, ele tende a lançar impostos cujo produto é de difícil aplicação, e sua má aplicação faz com que o cidadão, além de pagar os impostos, acabe obrigado, por seu sentimento de justiça, a praticar o altruísmo e a filantropia para suplementar ou mesmo suprir a ação desordenada e ineficaz do governo no socorro aos pobres. Porém, o sistema liberal de ajuda filantrópica direta funcionaria melhor apenas se a população a ser assistida estivesse misturada à população que pode assisti-la. Quando a pobreza é regional, a atuação solidária torna-se mais difícil, e o papel do governo é importante, e os impostos se fazem necessários. Porém, o contribuinte precisa acompanhar a ação social filantrópica que confiou ao governo, pois o governo é apenas "suas mãos", seu agente.

- *Financiamento das ações de proteção social via impostos.* As ações delegadas pelo cidadão ao governo têm um custo a ser coberto pelos impostos. O governo no Estado liberal presta contas de duas naturezas ao cidadão. Primeiro, presta contas do que arrecada; segundo, presta contas do emprego fiel dos recursos quanto à finalidade para a qual foram arrecadados. O Poder Legislativo pode criar órgãos para examinar e julgar as contas dos administradores de bens e valores públicos.

C — A crítica de Marx à Economia Política de Smith

Procuramos, aqui, apresentar os elementos de crítica realizada por Marx à Economia Política. Smith, na Riqueza das Nações, argumentou que a característica mais importante de uma economia de mercado é que ela permitia um rápido crescimento nas habilidades de produção. Smith dizia que um mercado em crescimento estimulava uma maior divisão do trabalho, o que aumentaria a produtividade total da economia. Ainda que

Smith geralmente dissesse pouco a respeito dos trabalhadores, ele notou que uma maior divisão do trabalho poderia, em um determinado momento, causar dano àqueles cujas ocupações eram cada vez mais mecanizadas e repetitivas.

Marx seguiu Smith quando afirmou que o mais importante (e talvez único) benefício econômico do capitalismo era um rápido crescimento na produtividade e do progresso civilizatório (ver Marx e Engels, 1998, p. 4 e ss.). Marx também desenvolveu a análise de que à medida que o capitalismo se tornava mais produtivo, mais força de trabalho supérflua geraria.

Por outro lado, Marx reconhece:

> é evidente o grande progresso que A. Smith realizou na análise da mais-valia e, por conseguinte, do capital, ultrapassando os fisiocratas. Para estes, só determinada espécie de trabalho real — trabalho agrícola — gera mais-valia. Assim examinaram o valor de uso do trabalho, não o tempo de trabalho, o trabalho social geral, que é a única fonte de valor. (...) Para A. Smith, porém, é o trabalho social geral — quaisquer que sejam os valores de uso em que se configure —, a mera quantidade de trabalho necessário, que cria o valor. A mais-valia, apareça na forma de lucro, renda fundiária ou na secundária de juro, nada mais é que a parte desse trabalho da qual os donos das condições materiais se apropriam na troca por trabalho vivo (Marx, 1987, p. 64).

A crítica de Marx à Smith, sobre o trato dado à origem do excedente (mais-valia) e à magnitude do valor, coloca-o como prisioneiro da aparência (ver Carcanholo, 1991); assim, para Marx,

> A. Smith identifica o preço natural ou preço de custo da mercadoria com o valor dela, depois de abandonar a concepção correta de valor e de a substituir pela que emana e provém irresistível das aparências da competição. O que aparece na concorrência regulando os preços de mercado não é o valor, é o preço de custo, na qualidade, por assim dizer de preço imanente, valor das mercadorias. Mas esse próprio preço de custo nela aparece configurado pela taxa média dada do salário, do lucro e da renda. Por isso, procura Smith estabelecer essa taxa de maneira autônoma, sem depender do valor da mercadoria, ou melhor, como se fosse fator do preço natural (Marx, 1983, p. 666).

Na esfera da aparência, os preços de mercado regulam-se pelo que Marx chama n'*O capital* de preços de produção (na verdade, preços correspondentes aos preços de produção — aqui, nas "Teorias da mais-valia", às vezes, chamado de preço de custo) que admite em sua determinação certa uniformidade das taxas de salário e de lucro, respectivamente (Carcanholo, 1991).

Marx analisou a essência do valor e explicou a sua determinação pelo trabalho contido no produto, e assim construiu a categoria de custo de produção. Para Carcanholo, Smith, apesar de preso nas teias da aparência, pôde explicar a determinação dos preços de mercado de maneira muito superior a Ricardo, sendo mais próxima à de Marx. No entanto, outra passagem das "Teorias da mais-valia" em que Marx faz explícita referência ao fato de que Smith se subordina à aparência, é a seguinte:

no início achava de fato que o valor da mercadoria regulava salário, lucro e renda fundiária. Mas, em seguida, põe-se a trabalhar em sentido contrário (mais próximo da aparência empírica e das ideias correntes), propõe que se calcule e se descubra o preço natural das mercadorias por adição dos preços naturais do salário, lucro e renda fundiária (Marx, 1987, p. 75).

Para Carcanholo (1991), Marx critica a economia vulgar e por ser esta um antecedente do pensamento neoclássico, trata-se de uma crítica antecipada a esse pensamento e ao fetichismo que aparece implícito nas ideias marginalistas. Marx critica a noção de Smith de que "salário, lucro e renda fundiária" sejam "as três fontes originais de toda renda e também de todo valor de troca" (Smith, apud Marx, 1987, p. 72). Para ele, salário, lucro e renda fundiária,

são na verdade as três fontes originais de toda renda, mas é falso que do mesmo modo sejam as três fontes originais de todo valor de troca, pois o valor de uma mercadoria se determina exclusivamente pelo tempo de trabalho nela contido. (...) Para os respectivos proprietários, são fontes de renda, mas na qualidade de título (condição) para eles se apropriarem de parte do valor, isto é, do trabalho materializado na mercadoria. Todavia, a repartição ou a apropriação de valor não é fonte do valor que é objeto da apropriação (Marx, 1987, p. 72).

Smith, para Marx, na medida em que abandona a "verdadeira determinação do valor", se constitui num importante antecedente do pensamento vulgar e, portanto, do pensamento neoclássico.

1.2 Pobreza e seu enfrentamento no liberalismo de Keynes

O economista inglês John Maynard Keynes, pressionado pelo sucesso da revolução soviética e sua influência no mundo ocidental, foi o teórico que formulou um modelo de capitalismo restaurado, com a pretensão de contornar as crises cíclicas que o caracterizam e oferecer um suposto "bem-estar" ao cidadão comum.[3] No entanto, para alguns políticos e economistas, as ideias de Keynes seriam tão perigosas e subversivas como as de Marx (ver Hayek, a seguir). Uma curiosa ironia, posto que Keynes se opunha por completo ao pensamento marxista e buscava a reprodução do sistema capitalista. O seu desejo era melhorar o sistema e não superá-lo, como Marx queria.

O motivo da desconfiança em relação a Keynes é a sua proposta de Estado com um papel essencial na coordenação dos mercados. Para muitos teóricos ligados ao pensamento neoliberal, todas as atividades do governo estão sob suspeita e são prejudiciais para a liberdade e para a economia.

Contudo, Keynes escreve com o objetivo de responder à nova fase do capital, no entre e pós-guerra, à consolidação de monopólios, à intensificação da luta de classes, à ameaça real do socialismo e à crise do capital deflagrada em 1929.

Segundo Behring, a releitura do Estado e do mercado proposta por Keynes se configura como:

> o enfraquecimento das bases materiais e subjetivas de sustentação dos argumentos liberais [que] ocorreu ao longo da segunda metade do século XIX e no início do século XX, como resultado de alguns processos político-econômicos, dos quais vale destacar dois. O primeiro foi o crescimento do movimento ope-

---

3. Por tal motivo, o keynesianimo, do ponto de vista programático, encontra-se, em meados do século XX, com a social-democracia.

rário, que passou a ocupar espaços políticos importantes, obrigando a burguesia a "entregar os anéis para não perder os dedos", diga-se, a reconhecer direitos de cidadania política e social cada vez mais amplos para esses segmentos. Vale lembrar que a vitória do movimento socialista em 1917, na Rússia, também foi importante para configurar uma atitude defensiva do capital frente ao movimento operário; assim como as mudanças no mundo da produção, com o advento do fordismo. É que tais mudanças ofereceram maior poder coletivo aos trabalhadores, que passaram a requisitar acordos coletivos de trabalho e ganhos de produtividade, o que vai se generalizar apenas no pós-guerra.

O segundo, e não menos significativo processo, foi a concentração e monopolização do capital, demolindo a utopia liberal do indivíduo empreendedor orientado por sentimentos morais. Cada vez mais o mercado vai ser liderado por grandes monopólios, e a criação de empresas vai depender de um grande volume de investimento, dinheiro emprestado pelos bancos, numa verdadeira fusão entre o capital financeiro e o industrial (Behring, 2006, p. 19-20).

Nesse contexto, Keynes se legitima como um importante representante da análise burguesa sobre a crise de 29. Frente ao desemprego massivo, o autor questiona o equilíbrio natural da sociedade regida pelo mercado, a autorregulação capitalista e os princípios da mão invisível. Assim, para Keynes, nos termos de Behring,

> as escolhas individuais entre investir ou entesourar, por parte do empresariado, ou entre comprar ou poupar, por parte dos consumidores e assalariados podem gerar situações de crise, onde há insuficiência de demanda efetiva, e ociosidade de homens e máquinas (desemprego). Especialmente, as decisões de investimento dos empresários, pelo volume de recursos que mobilizam, têm fortes impactos econômicos e sociais. Tais decisões são tomadas a partir do retorno mais imediato do capital investido, e não de uma visão global e de conjunto da economia e da sociedade, o que gera inquietações sobre o futuro e o risco da recessão e do desemprego. Para Keynes, diante do animal *spirit* dos empresários, com sua visão de curtíssimo prazo, o Estado tem legitimidade para intervir por meio de um conjunto de medidas econômicas e sociais, tendo em vista gerar demanda efetiva, ou seja, disponibilizar meios de pagamento e dar garantias ao investimento, inclusive contraindo déficit público, tendo em vista controlar as flutuações da economia (Behring, 2006, p. 21).

A — Aspectos fundamentais da proposta keynesiana

Sendo assim, Keynes reformula o papel do Estado, visando enfrentar a crise e promover o desenvolvimento do capital. Neste processo, reformula vários aspectos centrais do pensamento clássico liberal. Os pontos fundamentais da sua proposta podem ser sintetizadas da seguinte forma:

A.1 — O papel do Estado intervencionista

A proposta de Estado de Keynes altera a literatura liberal clássica. O Estado, para o autor, tem o papel de restabelecer o equilíbrio econômico, por meio de uma política fiscal, creditícia e de gastos, realizando investimentos ou inversões reais que atuem, nos períodos de depressão, como estímulo à economia. Dessa política resultaria um déficit sistemático no orçamento. Nas fases de prosperidade, ao contrário, o Estado deve manter uma política tributária alta, formando um superávit, que deve ser utilizado para o pagamento das dívidas públicas e para a formação de um fundo de reserva a ser investido nos períodos de depressão (Behring, 2011, p. 9).

Keynes não apresenta uma teoria de Estado e sim uma proposta para saída da crise (Montaño e Duriguetto, 2010). Assim a *mão invisível do mercado* é substituída pela *regulação estatal do mercado*, e, conforme Behring:

> nessa intervenção global, cabe também o incremento das políticas sociais. Aí estão os pilares teóricos do desenvolvimento do capitalismo pós-segunda guerra mundial. Ao Keynesianismo agregou-se o pacto fordista — da produção em massa para o consumo de massa e dos acordos coletivos com os trabalhadores do setor monopolista em torno dos ganhos de produtividade do trabalho —, e estes foram os elementos decisivos — fortemente dinamizados pela guerra-fria e o armamentismo (...) — da possibilidade político-econômica e histórica do *Welfare State*. Tratava-se do retorno do mediador civilizador (Behring, 2011, p. 9).

Embora as políticas sociais passem a ser uma importante ação estatal, o intervencionismo visa alavancar fundamentalmente a economia e garantir o equilíbrio entre a oferta e a demanda, com o propósito de superar a crise de demanda efetiva. As novas funções do Estado intervencionista podem ser assim resumidas.

A discussão de Keynes não trata da eficiência do investimento, mas da eficiência do capital. Assim sendo, a eficiência marginal do capital está intimamente relacionada à expectativa de rendimento futuro do investimento, consistindo na medida da rentabilidade esperada dos ativos instrumentais enquanto riqueza, ou seja, na capacidade que tem de reproduzir-se a si mesmo e gerar um excedente (ver Keynes, 1985).

Todavia, é apenas na esfera produtiva que ocorre a geração de renda, produção e emprego. Quando as aplicações financeiras são maiores que os investimentos produtivos, diz-se que não há geração de riqueza nova, apenas de riqueza velha (Libânio, 2001).

Segundo Garlipp (2008), o que pode abalar as expectativas e o estado de confiança é o próprio mercado de capitais, visto que sua análise é o resultado da dissociação da propriedade efetiva do capital e da gestão da máquina produtiva. Sendo assim, a crise é o momento de plena expressão da acumulação de riqueza velha em detrimento da acumulação de riqueza nova. A decisão no mercado financeiro fundamenta-se nas expectativas de curto prazo, e não nas de longo prazo, em uma circunstância em que o especulador tenta prever o que julga ser a opinião média.

O mercado de capitais permite que o capital tenha maior liquidez e maior mobilidade. Porém, esses mercados podem tornar-se tão atrativos a ponto de inibirem novos investimentos na produção. Nas palavras de Libânio (2001, p. 6), "ao lado das vantagens de liquidez e mobilidade de capital, há a desvantagem das atividades especulativas. Isto é, o aspecto especulativo inibe o investimento".

Os investimentos variam de acordo com as flutuações do mercado. No momento em que estão presentes as decisões de investimentos, estão atuando um conjunto de expectativas otimistas. Contudo, se os rendimentos esperados não ocorrem, tem-se uma reação imediata e desproporcional, provocando uma redução das expectativas em um momento extremamente pessimista. Com o colapso, há uma corrida pela liquidez, o que leva ao aumento da taxa de juros, mas esse aumento só ocorre depois do colapso da eficiência marginal do capital. Em outros termos, houve investimento além da realização da capacidade dos rendimentos prováveis (capacidade excedente), e a crise do capital é explicada por ele mesmo, a incapacidade de realizar investimentos prováveis. Projetou-se uma renda provável, que não foi realizada. Assim, a expectativa das decisões e a incoerência das decisões acabam por resultar no colapso (Libânio, 2001, p. 11).

Por outro lado, Keynes enfatiza que o colapso das expectativas não é compensado apenas pela política monetária, pois deve ocorrer a digestão da capacidade excedente que leve à retomada dos investimentos. Ou seja, o que está no cerne da proposição keynesiana é que o Estado deve regular as expectativas em parceria com a iniciativa privada para a tomada de decisão dos investimentos, evitando mudanças abruptas dos investimentos.

A análise de Keynes mostra que, embora o sistema econômico seja inerentemente instável, ele não é caótico e apresenta algumas regularidades. O sistema pode manter-se em ordem, ainda que seja longe do equilíbrio. Para isso, há que se minimizar a instabilidade tentando aumentar a estabilidade: "as propostas econômicas em Keynes são sempre apontadas pela regulação pública da economia, mas esta regulação não é totalmente centralizada, são indicações de suporte, coordenação e ordenação do Estado para uma economia com menos flutuações" (Libânio, 2001, p. 11). Neste sentido, Keynes visualiza o Estado como o sinalizador das expectativas, evitando que as crises se acentuem, numa perspectiva de que o Estado deve ser preventivo e corretivo.

A preocupação maior de Keynes deriva de seu ceticismo em relação à capacidade de autorregulação do mercado, e, neste sentido, refere-se à necessidade de o Estado assumir maior responsabilidade na organização dos investimentos, por meio de uma política de regulação que vise minimizar sua instabilidade. Neste sentido, o Estado deve atuar sobre as expectativas com o objetivo precípuo de evitar súbitas flutuações da eficiência marginal do capital, favorecendo e estimulando os investimentos.

Para Keynes, cabe ao Estado exercer uma influência orientadora sobre a propensão a consumir, em parte através do sistema de tributação, em parte fixando a taxa de juros. Por seu turno, parece improvável que a influência da política bancária sobre a taxa de juros seja suficiente por si mesma para determinar a inversão ótima. Mesmo reconhecendo o importante papel do sistema bancário, Keynes destaca a necessidade de garantir uma estrutura financeira que viabilize a conversão de dívidas de curto prazo em dívidas de longo prazo, permitindo compatibilizar as escalas intertemporais de rendimentos prospectivos produtivos com vencimentos das dívidas contraídas pelos investidores. Isso não quer dizer que Keynes desconsidera a necessidade de ações que permitam ao Estado cooperar e investir na iniciativa privada. Ao Estado deve caber a responsabilidade de montagem e monitoramento do sistema de financiamento, bem como a arbitragem da concorrência.

Quanto ao conflito de interesses, individual e coletivo, os entende como sendo o produto do funcionamento dos mecanismos dos chamados mercados livres, incapazes de equacionarem a sua incapacidade para proporcionar o pleno emprego e a sua arbitrária e desigual distribuição da riqueza e das rendas, a contradição entre racionalidade individual e social, e sua resolução deve ser através da ação do Estado na economia.

Com a concepção de que o "livre mercado" gera resultados insatisfatórios e que o intervencionismo não representa, em si mesmo, uma ameaça à liberdade individual, Keynes reconhece que o Estado dispõe de instrumentos importantes para influenciar a economia. Ou seja, por sua capacidade de mobilizar recursos, de criar moeda, de correr riscos e, principalmente, por possuir capacidade institucional de moldar os horizontes de expectativas dos agentes privados e de afetar o grau de incerteza no ambiente em que tais expectativas são formadas, o Estado se diferencia de qualquer agente privado e pode direcionar a trajetória do sistema (Libânio, 2001).

Assim, admitida a possibilidade e a conveniência da intervenção governamental, cabe aqui apresentar os instrumentos e os canais de atuação das políticas fiscal e monetária, uma vez que influenciam diretamente sobre variáveis relevantes na determinação da renda e do emprego.

Tendo como referência Montaño e Duriguetto (2010, p. 57-9 e 161-79), podemos sintetizar quais as atividades propostas por Keynes de intervenção do Estado na economia:

    a) *aumento do gasto público estatal* — essa medida implica a ampliação dos gastos estatais com geração de empregos públicos e com os respectivos salários dos funcionários e a ampliação de serviços sociais e políticas sociais que vão incidir de forma direta e indireta no salário dos trabalhadores, diminuindo os custos de sua reprodução material e espiritual, estimulando o consumo e o lucro do capital, que tenderá a incidir na ampliação da produção e seu escoamento.

b) *emissão de maior quantidade de dinheiro* — essa medida implica a impressão de papel-moeda em quantidades maiores do que a reserva em ouro dos cofres públicos. Assim o Estado emite dinheiro para ampliar a circulação de capital e elevar o nível de transações comerciais (tanto na produção, quanto no seu consumo). A ampliação da quantidade de dinheiro incide na renda geral que repercute na produção e no consumo.

c) *aumento da tributação* — as medidas acima mostram "maiores investimentos do Estado", mas essas ações trazem algumas consequências: o aumento do "gasto e endividamento público" mediante as prestações de políticas e serviços sociais e a inflação frente à emissão de papel-moeda maior que o respaldo em ouro do Estado. Para resolver esses efeitos colaterais, torna-se necessário ampliar a tributação, para reequilibrar as finanças públicas (idem, p. 59).

d) *redução da taxa de juros* — essa medida tem o objetivo de desestimular a atividade especulativa e a poupança oriunda de atividades improdutivas. Com essa redução, promove-se o investimento privado no setor produtivo. O capitalismo só investe na produção se a expectativa de lucro desta atividade for superior à taxa de juros.

e) *estímulo ao investimento na atividade produtiva e comercial* — essa medida coaduna com a proposta central de Keynes, para estimular a produção e sua comercialização, tendo incidência no aumento da demanda efetiva e o pleno emprego, como trataremos a seguir.

f) *estímulo ao aumento da demanda efetiva* — essa medida consiste em ampliar o consumo e aumentar o lucro capitalista, mediante subvenção estatal etc.

g) *busca do "pleno emprego"* — essa medida de forma contraditória atende a interesses opostos: os trabalhadores são atendidos, pois são empregados e recebem salários que os potencializam a adquirir bens e serviços. Para o capitalista, se tem uma potencialização da produção e aumento do consumo mediante aos salários e uma incidência política na organização e luta de classes, à medida que os trabalhadores se sentem relativamente satisfeitos com a inserção laboral e o poder aquisitivo. Para Keynes, o objetivo do "pleno emprego" é que com o aumento do emprego se aumenta a produção e o consumo, o que depende também do maior investimento produtivo. Segundo o autor: *"o volume de emprego depende do nível de receita que os empresários esperam receber da correspondente produção"* (Keynes, 1985, p. 30).

Com isto, segundo Keynes, o Estado, em um contexto de crise, no qual se verifica a instabilidade das expectativas e a incerteza dos agentes quanto ao futuro, deve fornecer condições para que haja uma retomada do estado de confiança, por meio da utilização dos instrumentos de política econômica, tanto no que diz respeito à política monetária, cujo caráter seria mais acomodativo, como, principalmente, pela utilização da política fiscal, caracterizada pela redução de impostos e/ou expansão dos gastos públicos, e pela atuação do Estado na coordenação, ordenação e regulação do sistema econômico.

Desta forma, as análises e propostas keynesianas enfrentam formulações clássicas do liberalismo. Vejamos.

B — O contraponto entre Keynes e o liberalismo clássico

Na teoria econômica clássica não se aceita a possibilidade de crise, subconsumo e desemprego a não ser passageiros. Caso a perturbação persista, trata-se do resultado da interferência dos governos ou monopólios privados no livre jogo das forças de mercado. Para Keynes, contrariamente, sim pode existir crise, déficit de demanda e desemprego na economia capitalista.

Para a ortodoxia liberal, o aumento da produção gera o aumento de empregos, e supõe-se que o pleno emprego é algo natural, que a oferta cria sua própria procura (Lei de Say), não havendo subconsumo. Para as proposições de Keynes, os empresários são geradores da renda e do emprego e a quantidade produzida está de acordo com a lucratividade empresarial.

Os clássicos entendem que a taxa de juros tende a igualar poupança e investimento. A taxa de juros é o prêmio pela abstinência ao consumo. É determinada pelo equilíbrio entre a oferta e demanda por capital. A taxa de juros, a poupança e o investimento seriam determinados simultaneamente. O investimento necessita da poupança prévia. A poupança seria a quantidade de moeda que vai para o investimento, a economia move-se da renda prévia ao gasto, as curvas de oferta e de demanda são dependentes e os lucros determinam os investimentos. Já na concepção de Keynes, a taxa de juros são prêmios pela abstinência à liquidez, que é determinada pela preferência à liquidez e pela quantidade de moeda em poder das autoridades monetárias em detrimento do investimento produtivo, a economia manifesta-se do gasto para a renda, as curvas de oferta e de demanda são interdependentes e são os investimentos que determinam os lucros.

Para Keynes, todo dinheiro poupado é dinheiro não investido na produção e/ou consumo, portanto improdutivo. Assim, na concepção do autor, o Estado deve propiciar as condições de produção e criar as medidas econômicas que garantam as expectativas de venda e de lucro, ou seja, redução de juros, aumento de capital circulante, promoção do consumo e incentivo para a atividade produtiva.

O entesouramento é, segundo Keynes, um dos principais responsáveis (junto com o desemprego) pela "queda da demanda efetiva", o que leva à redução da produção e ao desemprego. Contudo, o entesouramento se dá devido ao receio dos capitalista frente à crise. Então, como medida preventiva, prefere-se guardar o dinheiro ao invés de investir na atividade produtiva. Com isso, o receio da crise e da reduzida expectativa de lucro leva à redução da produção e ao aumento do desemprego, que incide no consumo, gerando a crise de fato. Para evitar a poupança e suas consequências, o Estado deve intervir na economia.

Não obstante as polêmicas com o liberalismo clássico, se contrapondo sobretudo na compreensão do papel atribuído ao Estado, Keynes representa o pensamento liberal e os interesses da burguesia.[4] Em contexto da

---

4. Membro do Partido Liberal inglês, em 1926, declarou sua filiação aos interesses do Capital: "a guerra de classes vai me encontrar ao lado da burguesia educada" (apud Mészáros, 2002, p. 11).

crise de 1929, inspirado no *New Deal* de Roosevelt nos Estados Unidos, o autor propõe medidas para salvar o capitalismo da depressão que presenciava, propondo a regulação estatal da economia. Vemos com isso uma defesa explícita do sistema capitalista e a busca por perpetuação de seu triunfo. Como observam Montaño e Duriguetto (2010):

> Keynes esteve sempre ligado às autoridades inglesas: serviu no departamento do tesouro inglês durante a Primeira Guerra; foi membro da delegação britânica encarregada de elaborar o Tratado de Versalhes; foi responsável da delegação da Grã-Bretanha nas conferências de Bretton Woods, no final da Segunda Guerra Mundial. (...) Seu pensamento e sua intensa ação política influenciaram toda a sua época (...) Foi referência para o Relatório Beveridge: sobre o "Seguro Social e Serviços Afins" (...) Em 1943 apresenta o Plano Keynes para o estabelecimento de uma autoridade monetária internacional, que embora tenha sido rejeitado, seu conteúdo foi adotado em 1944 na conferência de Bretton Woods (...), na criação de acordos e instituições internacionais (o FMI, o BIRD e o BM). (...) Em 1964, foi aprovada a lei do "pleno emprego", pelo governo Truman, que transformou em obrigação legal do Estado manter o pleno emprego mediante empréstimos e financiamentos de obras públicas. (...) Por tudo isso, Keynes pode ser considerado um dos fundadores do "planejamento estatal", do Estado intervencionista para corrigir os problemas do mercado, enfim, do "Estado de Bem-Estar Social" (ou *Welfare State*) (2010, p. 59).

O esforço de manter o sistema capitalista em funcionamento "harmônico", garantindo o lucro do capital, marca o posicionamento político de Keynes, e reforça seu pertencimento à matriz liberal.

C — A pobreza e seu enfrentamento em Keynes

Em decorrência do pensamento de Keynes, podemos deduzir que a pobreza, para ele, estaria na incapacidade para o consumo, levando à queda da *demanda efetiva*. Esta é resultante de escolhas individuais, a partir do temor do capitalista à crise e à queda da sua lucratividade, levando-o para o entesouramento em detrimento do investimento na produção. Isto implicaria diretamente a riqueza socialmente produzida, levando a problemas como desemprego, que acentuadamente exporia famílias de trabalhadores às piores situações de sobrevivência. Diferente do liberalismo clássico, o problema não se centra no indivíduo, trata-se da responsabilização do Sistema pelo enfrentamento à pobreza.

Contrariando as premissas de Smith, Keynes entende que as decisões individuais entre investir ou entesourar, por parte do capitalista, ou entre comprar ou poupar, por parte dos consumidores, podem gerar situações de crise, onde há *insuficiência de demanda efetiva* e ociosidade de homens e máquinas (incrementando assim o desemprego). Especialmente, as decisões de investimento dos empresários, pelo montante de recursos que mobilizam, têm fortes impactos econômicos e sociais. Tais decisões são tomadas a partir do retorno mais imediato do capital investido, e não de uma visão global e de conjunto da economia e da sociedade, o que gera inquietações sobre o futuro e o risco da recessão e do desemprego.

O papel do Estado para enfrentar a crise, segundo Keynes, deveria ser o de interceder, por meio de um conjunto de medidas econômicas e sociais, tendo em vista gerar maior *demanda efetiva*; ou seja, disponibilizar meios de pagamento e dar garantias ao investimento produtivo, inclusive contraindo déficit público, com o intuito de controlar as flutuações da economia e restabelecer o equilíbrio econômico, por meio de uma política fiscal, creditícia e de gastos, realizando investimentos ou inversões reais que incidam nos períodos de depressão como estímulo à economia (ver Behring, 2011, p. 9).

D — A crítica marxista às análises e propostas de Keynes

A crise no capitalismo não é um elemento conjuntural e sim estrutural. A solução, portanto, não poderia se expressar em medidas pontuais e de estímulo ao consumo, com afirmam Montaño e Duriguetto:

> Keynes quis enfrentar a crise capitalista com a intervenção estatal na esfera do consumo, quando o problema surge na esfera da produção — enquanto

ele considera a crise como de "subconsumo" (a resposta sendo o estímulo à demanda e ao poder aquisitivo ou capacidade de consumo), Marx concebe a crise como de "superprodução" (devido à própria lógica do modo se produção capitalista e à sua divisão em classes) (Montaño e Duriguetto, 2010, p. 60).

Na concepção de Mandel (1990), a crise não pode ser desencadeada por um único elemento: a ausência de demanda efetiva, como entende Keynes. Ao contrário, a crise advém de um conjunto de complexos elementos que convergem historicamente. Fenômenos como a queda tendencial da taxa de lucros e o aumento da composição orgânica do capital devem ser entendidos como outros elementos desencadeadores da crise, ou seja, como agravantes do processo que se funda na superprodução e/ou na superacumulação.

O erro das teorias unicausais deriva do isolamento de um dos elementos causadores, o que rompe com a possibilidade de compreensão da totalidade. Para Marx, em *O Capital*, as crises são resultantes da redução da taxa de lucro e dificuldade para a realização da mais-valia, ou seja, como decorrência de múltiplas determinações. Nas suas palavras, "as condições de exploração são limitadas pela força produtiva da sociedade; as outras, pela proporcionalidade dos diferentes ramos da produção e pela capacidade de consumo da sociedade" (Marx, 1980, III, p. 281).

A insuficiência de consumo frente ao frenético crescimento produtivo é uma forma de expressão da contradição básica do capitalismo que tem o seu conteúdo explicativo na exploração dos capitalistas sobre os assalariados. Essa força compressora de atuação permanente sobre o consumo dos trabalhadores, contingente populacional maior da sociedade, exige a construção de um mercado que absorva a capacidade produtiva que se instala. A acumulação do capital, ao avançar, torna cada vez mais difícil a realização integral da mais-valia, gerada no processo imediato de produção. Como afirma Marx: "não são idênticas as condições de exploração imediata e as da realização dessa exploração. Diferem no tempo e no espaço e ainda em sua natureza. A primeira tem por limite apenas a força produtiva absoluta, nem pela capacidade de consumo absoluta e sim condicionada por relações antagônicas de distribuição que restringem o consumo da grande massa da sociedade a um mínimo variável dentro de limites mais ou menos estritos" (Marx, 1980, III, p. 281).

Para Marx, no processo de produção, com o desenvolvimento das forças produtivas, a tendência é a superprodução de mercadorias (meios de produção e de subsistência), não em relação às *necessidades* da população, mas sim quanto as *possibilidades de compra* da produção. No processo da produção capitalista, as características acima tratadas representam a lógica e justificativa de seu objetivo: a acumulação do capital. Assim, o objetivo de ampliação das taxas de lucro, através da produtividade do trabalho, ao expandir a capacidade de produção de mercadorias, atuaria como um fator de complicação a mais, ao problema da insuficiência do mercado de consumo.

Atuando dessa maneira, à medida que se desenvolvesse, o processo de acumulação de capital tenderia a ir aguçando a sua contradição básica, fazendo o sistema produtivo convergir para uma situação de crise. A não realização da mais-valia chegaria a assumir tal proporção, a ponto de se tornar altamente incompatível com os objetivos de valorização do capital. "As crises não são mais do que soluções momentâneas e violentas das contradições existentes, erupções bruscas que restauram transitoriamente o equilíbrio desfeito" (Marx, 1980, III, p. 286).

A crise de superprodução é resultado de uma certa aptidão para a expansão da produção, em meio a uma realidade social baseada na submissão e exploração da classe trabalhadora pela classe capitalista. As relações de produção são fortes instrumentos estimuladores de uma crescente geração de mais-valia, mas, ao mesmo tempo, criadoras de problemas à sua realização. Isto é decorrente do fato de a extração de mais-valia, no processo imediato de produção, originar uma repartição da renda que, cada vez mais, estreitaria o mercado comprador, em relação ao aumento da produção. Por isso, o desenvolvimento produtivo do capitalismo traria no seu bojo os germes causadores de um impasse à continuidade da acumulação de capital. Os novos investimentos acabariam sendo inviabilizados pela inadequação entre o grau de desenvolvimento das forças produtivas, criado pelo próprio capital, e as relações sociais de produção que anteriormente o estimularam.

Outra contradição da produção capitalista, explicada por Marx, como contribuinte à geração das crises, seria aquela decorrente do fato de o desenvolvimento histórico do processo de acumulação do capital se efetivar com a elevação da *composição orgânica do capital*, numa realidade socioeconômica onde se investiria relativamente mais em capital constante (trabalho morto que, portanto, não gera novo valor) do que em capital variável (portador do trabalho vivo gerador de valor e responsável pela valorização do capital). O modo como se desenvolve a vida econômica no capitalismo conduz os empresários (especialmente os monopolistas) à busca permanente de inovações tecnológicas voltadas para o incremento da produtividade do trabalho, como uma atitude racional, coerente com os objetivos de maior valorização do capital. Esse desenvolvimento das forças produtivas, ao ter por base o crescimento da composição orgânica do capital, seria o responsável pela tendência à queda da taxa de lucro e ao aumento de uma superpopulação relativa.

Mesmo não esgotando toda a temática marxista sobre a crise, a sua fundamentação essencial encontra-se na análise das contradições, que encerram o desenvolvimento da produção capitalista, recém-analisadas, que podem ser sintetizadas em três dimensões: 1) conflito entre a produção de mais-valia e a sua realização, gerado pelo antagonismo básico entre as classes sociais (trabalhadora e capitalista); 2) conflito entre a expansão da produção e a criação de mais-valia, pela elevação da composição orgânica do capital; 3) conflito entre o limite inferior da taxa de lucro, necessário para mobilizar o capital no investimento nas atividades produtivas, e a busca de melhores lucros através da elevação da produtividade do trabalho, faria a taxa de lucro cair abaixo desse mínimo, criando a superacumulação e destruição do capital.

Ao contrário da análise de Marx, Keynes entende que, em uma economia que está se reproduzindo em escala ampliada, o seu funcionamento equilibrado depende essencialmente da acumulação, como capital, através de novos investimentos produtivos.

Por outro lado, quanto mais se acumula capital em poucas mãos (centralização), menor a capacidade efetiva da população de consumir. Isto conduziria, para Keynes, a uma insuficiente procura efetiva, o que forçaria a queda da produção, da renda e do emprego, além da ociosidade de parte da capacidade produtiva instalada (Keynes, 1985, p. 43-4). Portanto, se para Marx a crise é estrutural e se funda no próprio desenvolvimento da produção capitalista, para Keynes a crise se fundamenta num hiato entre produção e mercado, podendo ser revertida mediante o estímulo (estatal) ao consumo. O que para Keynes é uma solução, para a tradição marxista é um mero paliativo temporário.

1.3 O mercado e a pobreza no neoliberalismo de Hayek

Com a crise de 1973, uma proposta que se manteve em segundo plano desde suas formulações iniciais (na década de 1940) por se enfrentar à então bem-sucedida proposta keynesiana passa a assumir papel de destaque até se converter em política hegemônica de governos, nos países capitalistas ocidentais. É o neoliberalismo, formulado inicialmente por Hayek, que se apresenta nas décadas de 1980 e 1990, após a experiência no Chile de Pinochet, como doutrina hegemônica para combater a nova fase de crise capitalista.

Ainda que na perspectiva neoliberal haja uma gama importante de autores, como Hayek (da "escola austríaca"), Schultz, Becker e Friedman (da "escola de Chicago") e James M. Buchanan (da "escola da Virgínia" ou "Public Choice"), trataremos aqui de Hayek, por ser seu principal formulador.

Em 1944, na saída da Segunda Guerra Mundial, Hayek escreve o *O caminho da servidão*, apresentando o que poderia ser considerado como os fundamentos do neoliberalismo, complementados, entre 1974-1979, pelo livro em três volumes *Direito, legislação e liberdade*. No ano de 1947, na cidade suíça de Mont-Pelerin, fundará a sociedade com o mesmo nome. Assim se estruturam a organização política e os suportes teóricos da *ofensiva neoliberal*.

Mas as propostas liberais não podem ser avaliadas pelos seus efeitos pontuais (redução ou ampliação do Estado, por exemplo), mas pelo seu resultado geral (a garantia e ampliação da acumulação capitalista e da taxa de lucros), assim, mais uma vez as concepções políticas e teóricas acompanham o desenlace da economia: se o pensamento e propostas de Keynes estiveram diretamente vinculados à superação da crise de 1929 e a fase recessiva desse período, Hayek aparece como referência nos episódios da crise deflagrados na década de 1970.

O neoliberalismo, que toma nos anos 1970-80 as propostas de Hayek, agora como doutrina de governo, é portanto o processo de reestruturação do capital, sob hegemonia financeira, para devolver ao capital, face à crise, as taxas de lucro anteriores. Assim, para Behring, as discussões e proposições de Hayek representam um surgimento bárbaro da ortodoxia neoliberal. Para a autora:

> a reinvenção do liberalismo promovida pelos neoliberais no final dos anos 70 e 80, espraiando-se na década de 90 em todo o mundo, foi uma reação teórica e política ao keynesianismo e ao *Welfare State*. Friedrich Von Hayek, em seu texto fundador das teses neoliberais — *O caminho da servidão* — afirmava já nos anos 1940 que a limitação do mercado pelo Estado ameaçava a liberdade econômica e política. Tal argumento, em defesa de um capitalismo livre de regras, como em Smith no século XIX, emergiu, no entanto, num contexto desfavorável: o período de crescimento mais rápido da história do capitalismo, fundado no intervencionismo estatal, a grande quimera dos neoliberais (os anos que vão de 1945 a final dos 60). Assim, essas ideias restringiram-se aos gabinetes acadêmicos durante pelo menos 20 anos (Behring, 2006, p. 24).

No entanto, o foco do enfrentamento de Hayek não está na assistência, que propõe focalizar e tornar emergencial; não está nas políticas e serviços sociais, para os quais defende sua redução e assistencialização; seu objetivo principal é combater a regulação estatal do mercado (relações de compra e venda) e das relações entre patrões e trabalhadores (relações de produção): concorrência no mercado e relações de trabalho é que deverão ser *desreguladas* e ocorrem sem interferência externa do Estado; apenas *livradas* às aptidões de cada um. É neste sentido que aponta Leher:

> Friedrich Hayek tem uma discordância visceral com a política do Estado de Bem-Estar Social. Não é que ele seja contra o Estado atuar na assistência social. Ele defende que não dá para tentar regular o trabalho. Em outras palavras, Hayek afirma que a taxa de desemprego é uma taxa natural que, como uma força da natureza, não deve ser freada. Para ele, quando o Estado tenta im-

pedir a existência do desemprego, ele desorganiza a economia por interferir em algo natural. A crítica de Hayek dirige-se ao Estado de Bem-Estar Social que regula o mercado de trabalho. Mas Hayek não pode negar que existam pessoas desempregadas, na miséria, passando fome. O que ele diz sobre essas pessoas? Bom, são perdedoras. Ele até admite que algumas sejam perdedores não por falta de competência, mas porque deram azar. Mas continuam sendo perdedoras (Leher, 2010, p. 11).

Assim, no pensamento de Hayek, podemos encontrar como eixo central da sua proposta:

A — A retomada do "Estado Mínimo" e do "Livre Mercado"

O papel do Estado para Hayek deve se restringir à garantia do livre jogo do mercado, à segurança da propriedade privada e à manutenção de algumas ações sociais transitórias e emergenciais para as populações ou para os setores não atendidos pelo mercado. Recupera-se, mesmo que num contexto histórico diferente, num sentido regressivo, por se tratar da "minimização" do Estado Democrático e de Direito, e não de um Estado absolutista (como para os liberais clássicos), os postulados de "Estado Mínimo" e da "mão invisível do mercado" do liberalismo clássico. Essa luta pela retomada do Estado mínimo, sem interferências no mercado e na sociedade civil aparece na defesa de Hayek pelo Estado de Direito, cujas características são explicitadas da seguinte forma:

O Estado de Direito, no sentido de regime de Direito formal — de não concessão pela autoridade de privilégios legais a determinados indivíduos — salvaguarda a igualdade perante a lei, que é a antítese do governo arbitrário. Uma consequência necessária disso — contraditória apenas na aparência — é que essa igualdade formal perante a lei conflita e é de fato incompatível com qualquer atividade do governo que vise a uma igualdade material ou substantiva intencional entre os diferentes indivíduos, e que qualquer política consagrada a um ideal substantivo de justiça distributiva leva à destruição do Estado de Direito. Para proporcionar resultados iguais para pessoas diferentes, é necessário tratá-las de maneira diferente. Dar a diferentes pessoas as mesmas oportunidades objetivas não equivale a proporcionar-lhes a mesma oportunidade subjetiva. É inegável que o Estado de Direito produz desigualdade econômica — tudo que se pode afirmar em seu favor é que essa desigualdade não é criada intencionalmente com o objetivo de atingir este ou aquele indivíduo de modo particular. (...) Pode-se mesmo afirmar que, para o Estado de Direito ser uma realidade, a existência de normas aplicadas sem exceções é mais relevante do que o seu conteúdo (Hayek, 1987, p. 91).

Assim, pode-se sustentar que esse modelo estatal cuida do estabelecimento de normas somente aplicáveis a situações gerais, deixando aos indivíduos as decisões acerca de tudo que depende das circunstâncias de tempo, lugar e recursos, pois se acredita que somente aqueles poderão ter conhecimento pleno de tais circunstâncias envolvidas em cada caso, desenvolvendo, assim, uma ação correspondente (Hayek, 1987, p. 88). Para o autor, o Estado de Direito deve ser formal e geral, sem atender diferentemente ou proteger e "favorecer" alguém, mesmo que isso possa ser uma forma de "compensar" a "desigualdade do mercado". Afirma o autor que:

O Estado de Direito só teve uma evolução consciente durante a era liberal e é uma das suas maiores realizações, não só como uma salvaguarda mas como a concretização jurídica da liberdade. (...) A ideia de que não há limites aos poderes do legislador é, em parte, fruto da soberania popular e do governo democrático. Ela tem sido fortalecida pela crença de que, enquanto todas as ações do Estado forem autorizadas pela legislação, o Estado de Direito será preservado. Mas isso equivale a interpretar de forma totalmente falsa o significado do Estado de Direito. Não tem este relação alguma com a questão da legalidade, no sentido jurídico, de todas as ações do governo. Elas podem ser legais, sem no entanto se conformarem ao Estado de Direito. (...) O Estado de Direito implica, pois, uma limitação do campo legislativo: restringe-o às normas gerais conhecidas como Direito formal e exclui toda a legislação que vise diretamente a determinados indivíduos, ou a investir alguém do uso do poder coercitivo do Estado tendo em vista tal discriminação. (...) Qualquer lei aprovada pelo parlamento pode, assim, infringir o Estado de Direito (Hayek, 1987, p. 93-4).

- *A defesa da Liberdade (formal) na concorrência desregulada do mercado*. A liberdade sob a ótica neoliberal assume, para Hayek, as seguintes características:

Sem dúvida, no regime de concorrência, as oportunidades ao alcance dos pobres são muito mais limitadas que as acessíveis aos ricos. Mas mesmo assim em tal regime o pobre tem uma liberdade maior do que um indivíduo que goze de muito mais conforto material numa sociedade de outro gênero. No regime de concorrência, as probabilidades de um homem pobre conquistar grande fortuna são muito menores que as daquele que herdou sua riqueza. Nele, porém, tal coisa é possível, visto ser o sistema de concorrência o único em que o enriquecimento depende exclusivamente do indivíduo e não do favor dos poderosos, e em que ninguém pode impedir que alguém tente alcançar esse resultado. (...) em todos os sentidos, um trabalhador não especializado e mal pago tem, na Inglaterra, mais liberdade de escolher o rumo de sua vida do que muitos pequenos empresários na Alemanha, ou do que um engenheiro ou gerente de empresa muito mais bem pago na Rússia (Hayek, 1987, p. 110).

A liberdade para os liberais é a *liberdade negativa*, considerada como formal e identificada pela ausência de impedimentos e constrangimentos, diferente da *liberdade positiva* caracterizada pela presença de condições para obtenção dos objetivos. Para Hayek, o único âmbito onde a liberdade e a democracia podem florescer é no mercado. Com isso, a concorrência passa a ser algo valorizado, entendendo que esta na esfera do mercado permite o processo em que indivíduos obtêm seus objetivos.

Tais considerações dizem respeito à ideologia liberal vulgar de que "homens livres jamais enfrentarão privações", pelo menos em médio e longo prazos. Na verdade, os homens obrigados a passar por privações jamais serão realmente livres.

Para Hayek, a liberdade (formal) é um fim em si mesmo. Então, qual seria o propósito dessa liberdade? Tomando por base a liberdade econômica, eixo central da própria liberdade hayekiana, por que alguns são "mais livres" que outros? Nesse ponto, a análise do autor se encarrega de esclarecer que a ordem liberal não pode jamais ser subvertida, nem mesmo pela democracia, o que equivale a descobrir que a democracia liberal representativa tem, na verdade, um sentido bastante distinto daquele que lhe é comumente atribuído pelas visões dominantes mais vulgares. Enfim, para o autor,

> A democracia exige que as possibilidades de controle consciente se restrinjam aos campos em que existe verdadeiro acordo, e que, em certos campos, se confie no acaso; este é o seu preço. (...) Muitos dizem, no atual momento, que a democracia não tolerará o "capitalismo". Se na acepção dessas pessoas "capitalismo" significa um sistema de concorrência baseado no direito de dispor livremente da propriedade privada, é muito mais importante compreender que só no âmbito de tal sistema a democracia se torna possível. (...) A democracia é, em essência, um meio, um instrumento utilitário para salvaguardar a paz interna e a liberdade individual. E, como tal, não é de modo algum perfeita ou infalível. Tampouco devemos esquecer que muitas vezes houve mais liberdade cultural e espiritual sob os regimes autocráticos do que em certas democracias — e é concebível que, sob o governo de uma maioria muito homogênea e ortodoxa, o regime democrático possa ser tão opressor quanto a pior das ditaduras (Hayek, 1987, p. 83-4).

O autor seria ainda mais explícito em trabalho posterior, ao afirmar que "o oposto de democracia é governo autoritário; o de liberalismo é totalitarismo. Nenhum dos dois sistemas exclui necessariamente o oposto do outro: a democracia pode exercer poderes totalitários, e um governo autoritário pode agir com base em princípios liberais" (Hayek, 1983, p. 111).

As reiteradas colocações de Hayek indicam que os indivíduos, nessa ordem liberal, só têm duas alternativas: ou a aceitam espontaneamente, glorificando seus valores de individualismo e liberdade; ou a acatam, se preciso à força. Contudo, as alternativas políticas são válidas, desde que o resultado final seja a produção de um modelo econômico e social pelos princípios do liberalismo. Tem razão Anderson (1995), quando compara os processos eletivos nesses mesmos regimes ao ato banal de fazer compras. Desse modo, é no mínimo irônico que Hayek tenha buscado travar, ao longo de todo O *Caminho da Servidão*, uma intensa luta contra o que ele mesmo definiu, de forma bastante vulgar, como totalitarismo, utilizando como exemplo o Estado alemão, que vivenciou o nazismo.

• *A oposição ao princípio da Igualdade.* A "igualdade liberal" consiste, basicamente, na possibilidade única de todos se inserirem no mercado, uns certamente como proprietários dos meios de produção, outros somente como vendedores da sua força de trabalho. Ora, dado que as condições iniciais dos indivíduos, visando a uma ampla competição entre si, são muito desiguais, seus respectivos resultados só podem traduzir, em geral, essa grande desigualdade. Por outro lado, poder-se-ia argumentar, como o fizeram, em fins do século XIX e inícios do XX, alguns (auto)denominados liberais sociais, que a igualdade liberal seria melhor traduzida por uma paridade de fato nas condições iniciais dos indivíduos, sendo que os resultados desiguais daí em diante produzidos seriam fruto, exclusivamente, dos seus respectivos desempenhos e, portanto, inteiramente justos e morais. Tal condição de equidade primeira somente seria alcançada pela intervenção do Estado, que se retiraria, logo em seguida, da dinâmica social e econômica. No entanto, mesmo essa modalidade muito específica e limitada de intervencionismo é condenada pelo liberalismo. Não importa que os meios de produção sejam da propriedade de relativamente poucos indivíduos, mas sim que pertençam mais a estes que ao governo.

• *A rejeição ao Direito Universal.* Na análise sobre os direitos sociais, Hayek nos dá pistas sobre sua concepção de *pobreza absoluta* e seu *enfrentamento.* Sobre a Declaração Universal dos Direitos do Homem, Hayek ironiza o "conceito de 'direito universal', que garante ao camponês, ao esquimó e talvez até ao abominável homem das neves suas 'periódicas férias remuneradas'" (Hayek, 1985, p. 311). A liquidação da herança do movimento democrático-socialista não pode deixar de entrar em choque com o conceito de homem e de direito do homem como tal, e só nesse contexto é que se pode compreender a tese colocada por Hayek em relação ao problema da *fome* no Terceiro Mundo: "*Contra a superpopulação só existe um freio, é que só se mantenham e aumentem os povos capazes de se alimentarem sozinhos*" (Hayek, 1981). É natural que a volta à concepção liberal clássica, vista e mantida em sua dita "pureza" e "autenticidade", comporte, até mesmo em âmbito internacional, a *rejeição a qualquer redistribuição de recursos*, a não ser por obras de caridade individual. Mesmo quando alcança dimensões trágicas, significando até a morte de milhões de pessoas, a fome continua sendo fato privado dos que a sofrem e de eventuais benfeitores caridosos. Com isso, os povos vão ter de aprender a "*se alimentarem sozinhos*". Claro, milhões de crianças nem terão tempo de aprender. Mas a resposta a essa eventual objeção já está contida num clássico da tradição liberal. Segundo Malthus, faz parte do "governo moral deste universo que os pecados dos pais recaiam sobre seus filhos": "pelas leis da natureza, a criança é confiada direta e exclusivamente à custódia de seus pais" e não têm nenhum direito a reivindicar perante a sociedade (Malthus, in Losurdo, 1996).

E nessa desconfiança em relação à categoria de direitos universais do homem, nessa indiferença pelo destino de milhões de indivíduos concretos manifesta-se, mais uma vez, o caráter ideológico e mistificador da fé que o liberalismo clássico e o neoliberalismo professam no "individualismo".

Na esfera social e política, Hayek defende o individualismo ou as decisões individuais, algo que pode ser visto em sua discussão sobre direito social e quem os provêm. Para Hayek (1985, p. 107) o direito seria resultante do reconhecimento de uma esfera ou domínio individual delimitada por regras universais de conduta. À medida que os direitos delimitam domínios individuais, cada indivíduo tem direito à defesa do seu domínio e, quando se formam organizações para a aplicação das referidas regras universais de conduta, todos os indivíduos terão igual direito a que essas organizações protejam a sua esfera individual de direitos e punam eficazmente os infratores.

Por isso, o autor ressalta que uma ordem justa é definida pelo respeito a um conjunto de normas gerais e abstratas de conduta individual, as quais, por sua vez, garantem o respeito pela esfera de direitos de todos os indivíduos. A justiça não impõe aos outros o dever de nos fornecer bens e serviços, exceto se tal obrigação resultar de um contrato voluntariamente assumido ou da pertença voluntária a uma organização cujo fim é esse.

Deixando claro que a ausência total de coerção é algo impossível, Hayek defende a minimização de seus efeitos negativos no âmbito da sociedade (1983, p. 17). É nesse sentido de predomínio das normas gerais e abstratas que Hayek enxerga que o Estado de Direito deve ser um *governo das leis*, sobrepondo-se a um *governo dos homens*. Trata-se da supremacia da lei, algo que vai um pouco além da mera legalidade. Ou seja, as leis gerais e abstratas devem imperar e ser aplicáveis a todos, o que inclui governantes e governados, sem que ninguém tenha o poder de abrir exceções à letra da lei e propiciar o surgimento de arbitrariedades. Para atingir tal objetivo, a lei deve possuir certos atributos como a imutabilidade, a clareza, a generalidade, o respeito aos princípios da separação dos poderes e às salvaguardas processuais.

• *A ação social emergencial do Estado*. Pode-se afirmar que as políticas públicas de cunho redistributivo — entre indivíduos, classes sociais e/ou espaços subnacionais — assumem, no ideário neoliberal, um sentido claramente pejorativo. Em relação às postulações propriamente hayekianas nesse campo, faz-se necessário considerar o contexto em que aquelas se desenvolvem. Pois, nos anos 1940 e seguintes do século passado, eram naturalmente fortes, nas sociedades nacionais do eixo central do capitalismo, os sentimentos despertados tanto pelo conflito mundial como pela depressão econômica que lhe antecedera. Hayek assume a liderança da ortodoxia liberal, com a missão de torná-la mais "palatável". Classificava determinados valores das diversas teorias de reforma social (como segurança econômica, fins sociais etc.) como ideais simplesmente vagos. Desse modo, após atacar a visão "utópica" que vislumbra o fim das grandes privações materiais para boa parte da humanidade — em virtude de um considerável domínio humano sobre as forças produtivas —, por considerá-la irresponsável, o autor, então, esclarece:

> Não há razão para que, numa sociedade que atingiu um nível geral de riqueza como o da nossa, a primeira forma de segurança (segurança econômica limitada) não seja garantida a todos sem que isso ponha em risco a liberdade geral. Determinar que padrão se deveria assegurar a todos é problema de difícil solução; em particular, é difícil decidir se aqueles que dependem da comunidade deveriam gozar indefinidamente as mesmas liberdades que os demais (Hayek, 1987, p. 124).

Hayek argumenta a favor de uma segurança econômica limitada, "(...) que pode ser conquistada para todos e por conseguinte não constitui privilégio mas objeto de legítimas aspirações" (Hayek, 1987, p. 123). Nesse sentido, admite até mesmo um conjunto de serviços sociais fornecidos pelo Estado (como o auxílio direto a populações afetadas por desastres naturais ou epidemias), contanto que a oferta de tais serviços não torne ineficaz o mecanismo da concorrência. Em termos mais objetivos, porém, mostra-se mais cauteloso: "sob o nome de previdência social, é possível introduzir medidas que contribuirão para tornar a concorrência bastante ineficaz" (Hayek, 1987, p. 124). Já em relação ao proposto combate às violentas variações dos níveis de emprego (compromisso do Estado com o pleno emprego), a argumentação hayekiana é mais manifesta:

> Outros, é claro, acreditam que um êxito real só será obtido mediante a execução rigorosa de um vasto programa de obras públicas. Isso poderia provocar restrições muito mais graves na esfera da concorrência e, ao fazer experiências desse gênero, teremos de usar de extrema cautela para evitar que toda a atividade econômica venha a depender cada vez mais da alocação e do volume dos gastos governamentais (Hayek, 1987, p. 125).

O padrão hayekiano de segurança econômica para todos os indivíduos repousa na visão de que o autor tem da natureza humana. Assim, afirma:

> no mundo que conhecemos, torna-se improvável que um indivíduo dê o melhor de si por muito tempo, a menos que seu interesse esteja diretamente envolvido. A maioria das pessoas necessita, em geral, de alguma pressão externa para se esforçar ao máximo. Assim, o problema dos incentivos é bastante real, tanto na esfera do trabalho comum como na das atividades gerenciais. A aplicação da engenharia social a toda uma nação — e é isto que significa planejamento — "gera problemas de disciplina difíceis de resolver" (Hayek, 1987, p. 127).

Neste sentido, para o autor, a liberdade não pode ser hipotecada pela ação que, ao favorecer aquele que fracassou no mercado, intervém limitando o ambiente de livre concorrência. Como ele sustenta:

> urge reaprendermos a encarar o fato de que a liberdade tem o seu preço e de que, como indivíduos, devemos estar prontos a fazer grandes sacrifícios

materiais a fim de conservá-la. Para tanto, faz-se mister readquirir a convicção em que se tem baseado o regime de liberdade nos países anglo-saxônicos, e que Benjamin Franklin expressou em uma frase aplicável a todos nós como indivíduos não menos que como nações: "Aqueles que se dispõem a renunciar à liberdade essencial em troca de uma pequena segurança temporária não merecem liberdade nem segurança" (Hayek, 1987, p. 133).

Para Hayek, portanto, o indivíduo deve prover seu sustento e satisfazer suas necessidades a partir das suas capacidades e de seu próprio esforço. Àqueles que fracassam no (livre) mercado, podem receber "ajuda", "socorro", tanto mediante a intervenção "compensatória" do Estado, que emergencialmente assiste o indivíduo "em situação de risco", como a partir da ação "solidária" e "filantrópica" de atores na sociedade civil (terceiro setor) ou das ditas empresas "socialmente responsáveis".

B — A leitura dos neoliberais sobre a proposta keynesiana

O ataque às ideias keynesianas, principal alvo de Hayek no seu texto de 1944, e a defesa do princípio da liberdade individual, se configuram nas seguintes palavras:

a liberdade individual é inconciliável com a supremacia de um objetivo único ao qual a sociedade inteira tenha de ser subordinada de uma forma completa e permanente. A única exceção à regra (...) é constituída pela guerra e por outras calamidades temporárias, ocasiões em que a subordinação de quase tudo à necessidade imediata e premente é o preço que temos que pagar pela preservação, a longo prazo, da nossa liberdade. Isso explica também por que são tão errôneas muitas ideias hoje em moda, segundo as quais devemos aplicar aos fins da paz os processos que aprendemos a empregar para fins de guerra. (...) A regra de não permitir, na paz, a primazia absoluta de um objetivo sobre todos os demais deve ser aplicada mesmo ao objetivo que hoje todos concordam ser prioritário: a supressão do desemprego (...). É nesse campo, com efeito, que o fascínio de expressões vagas mas populares como "pleno emprego" pode conduzir à adoção de medidas extremamente insensatas (Hayek, 1987, p. 187-8).

Contudo, sem a aplicação das propostas keynesianas, no segundo pós-guerra, o capitalismo avançado não teria podido mesmo garantir o crescimento econômico. Assim, em termos mais propriamente políticos, verifica-se que o liberalismo mais radical, sob a roupagem de um neoliberalismo, só se tornou doutrina hegemônica após a crise da virada dos anos 1960/70, por sua extrema funcionalidade para a constituição de um novo padrão de acumulação sistêmica requerido pelo capital. E esse novo padrão implica, fundamentalmente, o endurecimento das condições materiais, seguramente para as maiores parcelas das sociedades nacionais, o que pode ser entendido como a contrapartida óbvia da exacerbação — e até exaltação — da competição e da concorrência. Desse ponto de vista, constata-se perfeitamente que a "servidão" humana pode percorrer vários caminhos.

Neste contexto, vale destacar aqui algumas de suas afirmações no tocante à interferência estatal no planejamento econômico:

> O Estado deve limitar-se a estabelecer normas aplicáveis a situações gerais deixando os indivíduos livres em tudo que depende das circunstâncias de tempo e lugar, porque só os indivíduos poderão conhecer plenamente as circunstâncias relativas a cada caso e a elas adaptar suas ações. (...) Daí o conhecido fato de que, quanto mais o Estado planeja, mais difícil se torna para o indivíduo traçar seus próprios planos (Hayek, 1987, p. 68).

Na defesa por uma liberdade individual absoluta (livre concorrência) e contra as políticas intervencionistas do Estado (economia planificada), Hayek entende que o sentimento de crença permanente em uma justiça social compromete a liberdade de uma sociedade, ao passo que relegar toda essa construção ao poder estatal pode fazê-la se aproximar de um sistema totalitário, limitando essa liberdade dos indivíduos.

Ainda criticando o planejamento econômico pelo Estado, Hayek afirma que:

> O controle econômico não é apenas o controle de um setor da vida humana, distinto dos demais. É o controle dos meios que contribuirão para a realização de todos os nossos fins. Pois quem detém o controle exclusivo dos meios também determinará a que fins nos dedicaremos, a que valores atribuiremos

maior ou menor importância — em suma, determinará aquilo em que os homens deverão crer e por cuja obtenção deverão esforçar-se (1987, p. 118).

É importante mencionar também que Hayek não nega o planejamento enquanto esforço de racionalização, até determinado ponto. Nesse sentido, é óbvio que indivíduos e empresas planejam (e devem mesmo planejar) suas atividades. Mas, para aquele, isto não significa, de modo algum, concluir pela necessidade da adoção de um determinado grau de organização (quer dizer, planejamento) para o conjunto das atividades produtivas da sociedade. O correto planejamento governamental deve ser, pois, aquele que atua inteiramente a favor dos mecanismos de mercado.

C — A pobreza na concepção de Hayek

A discussão sobre as causas da pobreza se fundamenta nos princípios liberais, sendo considerada, portanto, resultado da livre concorrência do mercado, onde o menos qualificado fracassa nas disputas. A pobreza, com isso, é vista como questão de responsabilidade individual, contudo a desigualdade é necessária, pois funciona como um motor que impulsiona o desenvolvimento.

Pobre é, para Hayek, aquele que fracassa na livre concorrência do mercado; como assinala Leher:

> Hayek caracteriza estas pessoas como pobres e não como desempregadas. Eis aqui o ressurgimento do tema da pobreza que, desgraçadamente, orientou o fundamental das ciências sociais "críticas". O problema são os pobres e não os desempregados. O que fazer com os pobres? Hayek dirá: "existem perdedores; eles são pobres porque são perdedores e é claro que o Estado não pode ser insensível a isso". O que fazer então? Dar bolsas... Bolsas e não direito social organizado em torno do trabalho. Bolsa para aliviar o sofrimento, para aliviar a pobreza. É com base nisso que vai surgir, posteriormente, toda uma ciência social da pobreza que inclusive tem critérios de medição de níveis de pobreza com a precisão e a escala de um microscópio eletrônico. Assim eles classificam: "aqui nós temos a faixa dos extremamente pobres... estes ganham

a bolsa X". Vocês sabem do que eu estou falando. Bolsa, assistência e não mais seguridade social. É desta forma que são estruturadas as políticas dos anos 1980 e 1990 em diante (Leher, 2010, p. 11).

A desigualdade, para Hayek, nada mais é do que as diferentes condições de cada indivíduo no processo da concorrência. A desigualdade de acesso a bens e serviços não seria resultado de um sistema estruturalmente desigual, mas da desigualdade de competências individuais. Não tem o sistema, portanto, qualquer responsabilidade no fracasso ou no sucesso do indivíduo no livre jogo do mercado. Torna-se, para Hayek, essencial para o mercado que o Estado garanta essa liberdade, se abstendo da regulação desse mercado. Portanto, a política social compreendida como assistencialista, emergencial, transitória e focalizada na população mais pobre, desde que não afete o livre jogo do mercado, é aceita no neoliberalismo.

A resposta à pobreza passa a ser orientada a partir de programas sociais, numa lógica emergencial de *focalização, privatização e descentralização*. Há uma explícita substituição das características de universalização das políticas sociais por princípios de restrição aos mais pauperizados, assistencializando as ações, priorizando os cortes nos gastos sociais e priorizando o equilíbrio financeiro do setor público com desoneração do capital. Uma política social residual que atua somente no que não pode ser resolvido por via do mercado, da comunidade e da família. Em geral, apenas os segmentos mais pauperizados da classe trabalhadora recebem algum tipo de intervenção, e essa proposição é a renda mínima, combinada à solidariedade por meio das organizações na sociedade civil. No entanto, como afirma Behring, "a renda mínima não pode ter um teto alto, para não desestimular o trabalho, ou seja, há uma perversa reedição da ética do trabalho, num mundo sem trabalho para todos" (Behring, 2006, p. 14).

Hayek (1985) personifica o mercado, dotando-o de humanidade e subjetividade e naturaliza as relações sociais, conforme explicita em sua argumentação:

Nossas queixas de que o resultado do mercado é injusto não implicam realmente que alguém tenha sido injusto; e não há resposta para a questão de saber quem foi injusto. (...) A única culpa implícita nessas queixas é a de que toleramos um sistema em que todos são livres na escolha de sua ocupação e, por isso, ninguém pode ter o poder e a obrigação de fazer com que os resultados correspondam aos nossos desejos. Pois num tal sistema, em que todos têm o direito de usar seu conhecimento com vistas a seus propósitos, o conceito de "justiça social" é necessariamente vazio e sem significado porque nele nenhuma vontade é capaz de determinar as rendas relativas de diferentes pessoas ou impedir que elas dependam, em parte, do acaso. Só é possível dar um sentido à expressão "justiça social" numa economia dirigida ou "comandada" (...), em que os indivíduos recebem ordens quanto ao fazer (Hayek, 1985, p. 88).

Fica claro, com isto, que a pobreza, para o autor, sempre é o resultado dos fracassos individuais, e que com o objetivo de "socorrer" o indivíduo pobre, não pode se sacrificar o princípio da liberdade (formal), garantido no "livre mercado".

D — Uma crítica marxista a Hayek

Hayek prega a não intervenção do Estado na regulação do mercado, por considerá-lo o "caminho da servidão"; Marx e Engels caracterizam o Estado como um instrumento de dominação, visando à sua abolição; no entanto, ao desconsiderar a categoria de "lutas de classes" (fundadas na esfera produtiva), substituída pela "concorrência" desenvolvida entre compradores e vendedores no mercado, o pensamento neoliberal elimina a contradição como elemento fundamental para analisar os direitos sociais, assim os naturaliza e os coloca numa cadeia evolucionista e imparcial.

Então, apesar de se apresentarem de formas diferentes, o neoconservadorismo ou o neoliberalismo acabam inevitavelmente confluindo com a velha e nova direita, na liquidação não só do movimento socialista, mas até da herança da Revolução Francesa e da ideia do "Estado previdenciário". Às vezes, a própria direita apresenta-se como nova, mas continua reivindicando explicitamente a tradição liberal, contrapondo-a à massificação do mundo moderno.

Hayek contribui para legitimar os processos que deslocam a centralidade do Estado na responsabilização da questão social, transferindo ou distribuindo essa responsabilidade para a sociedade, seus indivíduos e organizações. É na esteira dessa *afinidade eletiva* que a ideia de terceiro setor emerge e parece acumular legitimidade no debate atualmente.

Em Hayek, o fundamento da desigualdade, que ele não só aceita, mas considera necessária como motor do progresso, encontra-se nos efeitos do livre jogo do *mercado*, da concorrência, onde pessoas diferentes medem suas capacidades, com resultados diferentes. Na tradição marxista, a desigualdade social tem fundamento estrutural no processo de *produção* de riqueza, onde se desenvolve a exploração de uma classe por outra, apropriando-se uma do valor produzido pela outra. Para o primeiro, a desigualdade é a manifestação da concorrência entre indivíduos, enquanto no pensamento marxista ela é estrutural: a pobreza, como resultado do próprio desenvolvimento das forças produtivas (voltaremos a isso).

Capítulo 2
A pobreza e a exclusão na racionalidade pós-moderna

O advento da pós-modernidade, com sua "expressão no âmbito do conhecimento", "pode ser verificada com maior intensidade a partir da metade dos anos 1970", sendo que suas "principais reflexões aparecem na obra *A condição pós-moderna*, de Jean-François Lyotard" (ver Simionatto, 2009, p. 91). Ainda no início dos anos 1970, Michel Foucault desenvolve vários argumentos favoráveis à pós-modernidade e na contemporaneidade esse debate é adensado diferentemente pelas reflexões de Michel Mafessoli, Jacques Derrida, Jean Baudrillard, Ulrich Beck, além de Boaventura de Sousa Santos, entre outros (idem).

Mas a racionalidade pós-moderna não é homogênea na sua composição. Há uma vertente conservadora (a exemplo de Lyotard) e uma vertente de "esquerda" (representada por Sousa Santos). Há caracterizações diferentes sobre o que seja a pós-modernidade. Há visões diferentes sobre o suposto esgotamento da modernidade. Por um lado, para um dos pioneiros no emprego do termo "pós-modernidade", o francês Lyotard, a "condição pós-moderna" caracteriza-se pelo fim das metanarrativas. Ou seja, o descrédito dos grandes esquemas explicativos, visto que todas as fontes de verdade são questionáveis. Outros autores preferem evitar o termo pós-moderno. O sociólogo polonês Zygmunt Bauman, um dos principais popularizadores do termo pós-moderno (ao decretar a extrema-unção da modernidade), que hoje prefere a expressão "modernidade líquida", a caracteriza por uma realidade ambígua, multiforme. Por outro lado, filósofo francês Gilles Lipovetsky opta pelo termo "hipermodernidade", por considerar a ausência de uma ruptura, de fato, com os tempos modernos, como o prefixo "pós" pressupõe. Segundo Lipovetsky, os tempos atuais são "modernos", com uma exacerbação de certas características das sociedades modernas, tais como o individualismo, o consumismo, a ética hedonista, a fragmentação do tempo e espaço.

Não obstante suas diferenças internas, o que identifica esta corrente de pensamento é a crítica aos valores e racionalidades até então consolidados, apresentando a proposta de uma nova maneira de pensar a sociedade, numa tentativa de "abrandar" e, em alguns casos, romper com os valores da modernidade, objetivando dar espaço a conceitos mais abstratos e menos rígidos.

2.1 Principais postulados e inflexões do pensamento pós-moderno

Diante das novas formas de produção e de consumo e de uma economia capitalista globalizada, Boaventura de Sousa Santos argumenta que as promessas da modernidade sofrem um colapso, iniciando-se o que se denomina de pós-modernidade, conceito que passaria pela permanente (re)construção nas artes, na arquitetura, nas ciências e na tendência política e econômica da sociedade. Segundo o autor (Santos, 2001, p. 103), o conhecimento do moderno ajuda muito pouco no conhecimento do pós-moderno e como existe uma oposição (entre o moderno e o pós-moderno), a pós-modernidade deve ser "um conhecimento-emancipação construído a partir das tradições epistemológicas marginalizadas da modernidade ocidental". A pós-modernidade é apresentada, por este autor, como atitude de rompimento com o conhecido para caminhar em ambiente dinâmico, mutante, constantemente desconstruído e reconstruído, interpretado e reinterpretado, simultaneamente singular e plural, multifacetado.

Assim, a pós-modernidade, como racionalidade que na contemporaneidade vai se tornando hegemônica, ao enfrentar o pensamento moderno, na verdade constitui-se numa crítica tanto à razão positivista quanto, em alguns casos, aos limites do capitalismo. Crítica esta que Marx e Engels não duvidariam de caracterizar como *romântica*, sem uma análise científica dos fundamentos da sociedade capitalista, apenas como uma rejeição às manifestações desta. Neste sentido, Simionatto (2010) afirma que,

> as interpretações do pensamento pós-moderno detêm-se na visão distorcida do real apanhado apenas em sua manifestação imediata. Faz ressurgir os postulados da "razão fenomênica", kantiana (...) ou da "razão instrumental" positivista, na medida em que categorias como "essência e totalidade" são abandonadas em nome da aparência e da imediaticidade. As metanarrativas, especialmente o marxismo, seriam propostas repetitivas, sem criatividade e inventividade para decifrar as amplas e intricadas situações desencadeadas pelos processos de globalização e sua materialização no cotidiano dos indivíduos sociais (Simionatto, 2010, p. 93).

A modernidade é criticada em seus pilares fundamentais, como a crença na *verdade*, alcançável pela *razão*, e na busca histórica do *progresso*. A razão pós-moderna ao se apresentar como alternativa à razão moderna, funda assim uma nova forma de conhecer a realidade. Vejamos.

• Primeiramente, rejeita as *visões genéricas* da realidade social, reconhecendo apenas como real o episódico, o efêmero, o circunstancial, aquilo que só tem validade no singular e como forma transitória: o "caos" substitui a lei, a regra, a norma.[1]

Para Anderson (1999), o pensamento pós-moderno apresenta como uma das características centrais o questionamento das teorias sociais chamadas de "metanarrativas". Na mesma perspectiva teórica, endossando a crítica, Tonet (2006) entende esse pensamento como a opção por análises da realidade numa perspectiva mais flexível, fragmentada e subjetiva, em detrimento das categorias de totalidade, contradição e essência. Nessa linha

---

1. Na verdade, não há novidade em pensar a realidade como "caótica", como complexa, como em constante movimento. Marx já apontava as ambiguidades e possibilidades de transformação da vida social, com a célebre frase: "tudo o que era sólido se dissolve no ar" (1998, p. 8). Em idêntico sentido, o mesmo Marx assinalava que o concreto, o real, apresenta-se como um todo caótico saturado de determinações (1977, p. 218). O pensamento pós-moderno, portanto, questiona, neste sentido, a racionalidade positivista, formal-abstrata, não a razão dialética.

de negação dos pressupostos modernos como um bloco de reflexões idênticas, as categorias marxianas são analisadas tais quais as positivistas e fenomenológicas. O avanço da pós-modernidade desqualifica a racionalidade dialética pondo-a no mesmo nível da razão miserável positivista; compara o humanismo marxista com o "eurocentrismo"; equaliza a perspectiva de totalidade à "vontade totalitária"; a preocupação com a dinâmica histórica é infirmada pela atenção às "continuidades profundas"; a ênfase na macroscopia social é catalogada como discurso generalizante, sob o custo de suprimir a subjetividade (ver Netto, 1996, p. 114). Assim, as releituras de alguns pressupostos da teoria crítica, com referência em Marx, sofrem distorções, cujos resultados são: a totalidade é vista como totalitarismo, a ortodoxia como dogmatismo e a universalidade como estruturalismo e consequente negação do sujeito (Evangelista, 2007).

Segundo Octavio Ianni (2002, p. 206), o debate acerca da pós-modernidade surge "precisamente na época em que se acentuam os sinais da globalização de coisas, gentes e ideias". Para o referido autor, ocorre um abalo dos "quadros de referência habituais" (idem, 206) em que "muitos imaginam que está instalado o reino da fragmentação, da descontinuidade, de desconstrução, de bricolagem, do simulacro, da realidade virtual, da dissolução do tempo e do espaço, do fim da geografia e do fim da história" (idem, 207). Para Ianni (2002) a pós-modernidade é a fragmentação e a dissolução da história pelo efêmero e imediato, com a constante exigência da (re)elaboração e (re)construção na tentativa de reduzir a obsolescência.

As transformações societárias desencadeadas nas últimas décadas do século XX e seus desdobramentos no início do século XXI, sob o domínio do capitalismo financeiro e da sua afirmação enquanto sistema hegemônico, exacerbam os problemas e as contradições em todas as esferas da vida social. A razão dialética (...) é desqualificada em favor das tendências fragmentárias e em detrimento dos sistemas globalizantes de explicação do mundo. A produção do conhecimento passa a centrar-se nas "práticas discursivas", no superdimensionamento do cotidiano, na tematização sobre os "novos sujeitos sociais", enfeixados na ideia de um novo paradigma que toma a realidade como um "caleidoscópio de micro-objetos" incapazes de ser captados a partir das perspectivas teóricas totalizantes (Simionatto, 2010, p. 92).

- Em segundo lugar, este pensamento não reconhece tampouco a *"objetividade"* da realidade. Não há verdade na matéria, apenas na interpretação, subjetiva, da vivência. O *significante* perde lugar frente ao *significado*. A verdade da realidade é vista apenas no sentido que ela assume para cada indivíduo. O fenômeno social só é reconhecido pelo sentido que tem para cada um; é uma "realidade subjetiva". A objetividade deixa de ser importante perante a subjetividade.

Assim, o dado da realidade em-si perde lugar para a sensação, a vivência, o significado, a autoimagem.

Segundo Zaidan Filho (1989), a pós-modernidade constitui-se basicamente na ausência de determinações ontológicas: já não existe o *real*, ele é substituído pelos *discursos sobre o real*; não há totalidade da vida social, há fragmentos, recortes, instantes; não há a imagem do real, há imagens do real. Com um total relativismo de possibilidades de superação dos sistemas de opressão, com o questionamento da razão e da veracidade dos fatos históricos, submetendo-os à percepção individual e subjetiva dos envolvidos, identidade e projetos coletivos são substituídos por ações desconectadas e vinculadas a interesses pessoais ou de pequenos grupos.

Para Simionatto, é característica do debate da pós-modernidade a separação entre objetividade e subjetividade,

> a dicotomia entre objetividade e subjetividade, economicismo e politicismo. Os teóricos pós-modernos passaram a defender a tese de que grandes narrativas, especialmente o marxismo, estariam ancorados numa visão dogmática e economicista, excluindo de suas análises as dimensões subjetivas dos processos sociais. (....) no debate marxista a compreensão da objetividade histórica não se reduz a esfera da produção, na medida em que essa também abarca a reprodução das relações sociais entre os homens. Tais relações, se abordadas de um ponto de vista histórico-ontológico, não deixam de incluir os processos singulares dos indivíduos sociais, embora nunca desvinculados da historicidade que os fundamenta (2009, p. 93-4).

- É a partir da segmentação entre subjetividade e objetividade que se imprime um caráter de suposta elegibilidade, como se fosse possível fazer essa escolha, por um ou por outro, depositando na subjetividade a opção correta. Ao fragmentar a classe trabalhadora, a partir de suas demandas particulares, minoritárias (Simionatto, 2009), promovendo e respondendo de forma pontual e específica as reivindicações dos trabalhadores, o grande capital reduz o custo com a reprodução material da força de trabalho e impacta ideologicamente a identidade de classe.

Substitui-se então identidade de classe, por "microidentidades"; essas passam a ser vistas como mais importantes para o sujeito; o identificam em planos íntimos e se tornam o seu horizonte de reivindicações e lutas. Assim, ao deixar de se reconhecer como classe, os trabalhadores se reconhecem e reivindicam por questões particularidades. Sem desconsiderar a importância dessas questões particulares (ver Montaño e Duriguetto, 2010, p. 126 e ss.) ao ressaltar as particularidades de pequenos grupos, perdendo de vista a centralidade de classe, se encobre a lógica fundamental do capital, entre aqueles que detêm os meios de produção e aqueles que só obtêm a sua força de trabalho, sendo capaz de unir classes opostas por questões íntimas em comum. Hobsbawm resume esse fenômeno como o "triunfo do indivíduo sobre a sociedade" (Hobsbawm, 1995, p. 328).

A classe trabalhadora se fragmenta a partir de identidades aparentes, fugazes e imediatas, se organiza e se autorepresenta por reivindicações fragmentadas, despolitizadas e transclassistas. Assim, a burguesia consegue naturalizar os interesses da sociedade capitalista, dominando a maioria, composta pela classe trabalhadora, identificando-a e convencendo-a de que é a minoria, incidindo político, cultural, social e ideologicamente na luta de classes. Passamos a falsear a realidade e lutar pelas minorias eliminando o caráter estrutural da sociedade capitalista. Sobre isso contribui Simionatto (2010, p. 97-8):

> as lutas das minorias, do acesso a terra, moradia, saúde, educação, emprego, hipertrofiam-se em um turbilhão de demandas segmentadas, facilmente despolitizadas e burocratizadas pelo próprio Estado, situando-se naquilo que Gramsci denomina de "pequena política", que engloba questões parciais

e localistas e que precisa, necessariamente, vincular-se à "grande política" para a criação de novas relações. As expressões moleculares dos inúmeros movimentos da sociedade civil, embora tragam como marca a luta contra a violência "pós-moderna", também encerram em si a impotência de congregar os diferentes interesses particulares em interesses universais.

É claro que o mecanismo de diluição da centralidade de classes da sociedade capitalista segue interesses de dominação ideológica.[2] Segundo Simionatto (2009),

> desencadeiam-se polêmicas metodológicas, buscando-se convencer que as abordagens individualistas e culturalistas permitem uma aproximação maior com o mundo vivido pelos sujeitos sociais. Prioriza-se a esfera da cultura como chave das análises dos fenômenos descolada, no entanto, da totalidade social. Os denominados "novos paradigmas" assumem, como bandeiras epistemológicas, trabalhar não a realidade, mas as suas representações"; não o universal, mas sim o singular, o micro, o pontual; não as questões macro, de estrutura, mas o cotidiano, os fragmentos; não o futuro, e sim o presente; não o público, mas a intimidade (Simionatto, 2009, p. 92-3).

Com isso, passa-se a fazer leituras simplórias sobre a complexidade da vida social, substituindo o ontológico pelo epistemológico num processo de ideologizar e naturalizar as contradições da sociedade capitalista, na tentativa de impedir a possibilidade de superá-la.

É indiscutível que as mudanças contemporâneas ocorridas na organização da produção, na circulação das mercadorias e na acumulação do capital, incidiram na vida cotidiana mundial. Contudo, a estrutura da so-

---

2. Ideologia pensada enquanto falsa consciência: que naturaliza a contradição de classes e que transformam os interesses de uma minoria como da maioria. A ideologia começa a surgir com a divisão do trabalho social, que traça distinção entre o trabalho manual e o trabalho intelectual. Nas palavras de Marx, "a produção de ideias, de representações, da consciência, está, de início, diretamente entrelaçada com a atividade material e com o intercâmbio material dos homens, como a linguagem da vida real" (Marx, 1979, p. 36). Ou, em outras palavras, "se, em toda a ideologia, os homens e suas relações aparecem invertidos como numa câmara escura, tal fenômeno decorre de seu processo de vida" (idem, p. 37). Assim, "não é a consciência que determina a vida, mas a vida que determina a consciência" (idem, p. 37).

ciedade não sofreu rupturas e a equação desvendada por Marx, mantêm-se mais atual do que nunca: a estrutura de classes (idem, p. 93). Também propondo uma reflexão sobre a pós-modernidade, Netto argumenta que:

ao crescente controle da natureza e das forças produtivas não sucedeu (ou acompanhou) uma crescente autonomia dos homens. Pelo contrário, os indivíduos, tomados enquanto tais, foram submetidos a uma progressiva heteronomia; ou seja: formas novas de opressão, de sujeição, estabeleceram-se sólida e cristalizante, precisamente à base da razão (instrumental) que propicia a máxima produtividade na exploração da natureza (1992a, p. 12).

• Nesse sentido, Jameson (1996) afirma que a pós-modernidade é a (empobrecida) "lógica cultural do capitalismo tardio", correspondente à terceira fase do capitalismo. Sendo assim, a suposta fase póstuma do moderno configura-se como:

uma nova falta de profundidade, que se vê prolongada tanto na "teoria" contemporânea quanto em toda essa cultura da imagem e do simulacro; um consequente enfraquecimento da historicidade tanto em nossas relações com a história pública quanto em nossas formas de temporalidade privada (Jameson, 1996, p. 32).

Nenhuma organização social pode impetrar o poder e a dominação de um grupo pelo outro sem dois fatores elementares: a dominação física e ideológica. Assim prosperaram impérios e outras estruturas sociais. No capitalismo, isso permanece, e em contextos atuais podemos identificar o papel da manipulação ideológica. A racionalidade pós-moderna configura-se portanto como a ideologia funcional aos interesses hegemônicos na contemporaneidade. Assim, Simionatto explicita:

a pós-modernidade está intimamente relacionada a um novo tipo de hegemonia ideológica nesse estágio do capital globalizado. Fundamentada nas teorias do fragmentário, do efêmero, do descontínuo, fortalece a alienação e a reificação do presente, fazendo-nos perder de vista os nexos ontológicos que compõem a realidade social e distanciando-nos cada vez mais da compreensão totalizante da vida social. O pós-moderno seria uma "combinação de irracionalismo e de miséria da razão", representando "a superestrutura ideológica da contrarreforma neoliberal"(...) Por isso, não se esgota no campo teórico, mas invade as formas de pensar, impõe modelos, participa não só da produção de mercadorias, mas também da produção de relações sociais, de formas de consequência social enquanto princípios articuladores de uma visão de mundo (Simionatto, 2009, p. 94).

Tendo como referência Rouanet, Simionatto (2009, p. 94) conclui que as expressões da pós-modernidade pode ser identificada em três planos:

1. no **plano do cotidiano,** uma supervalorização das vivências, dos *signos, simulacro* e *hipercomunicação;*

2. no **plano econômico**, a globalização ou planetarização do capitalismo, seus impactos na estrutura e superestrutura, incidindo na cultura, sobretudo pelas novas demandas digitais e informáticas;

3. no **plano político**, uma desqualificação do Estado e as novas formas de expressão da sociedade civil.

O nível de *capitulação* teórica, ideológica e política em que este pensamento deriva é significativo, não apenas incidindo no conservadorismo, mas atingindo amplos setores das "esquerdas". Nesse sentido Wood aponta:

> podia-se esperar, entre outras coisas, que um período de triunfalismo capitalista devesse oferecer mais espaço, em relação a qualquer outra época, para o principal projeto marxista: a crítica do capitalismo. Ainda assim, a crítica do capitalismo anda fora de moda. (...) No exato momento em que se necessita urgentemente de uma compreensão crítica do sistema capitalista, grandes seções da esquerda intelectual, em vez de desenvolver, enriquecer e refinar os instrumentos conceituais necessários, dão amplos sinais de que pretendem abandoná-los. (...) Os intelectuais da esquerda, então, vêm tentando definir novas formas, que não contestação, de se relacionar com o capitalismo (2003, p. 13).

Assim, a autora apresenta a "esquerda pós-moderna" sob a combinação de dois princípios fundamentais: um *ceticismo epistemológico* e um *derrotismo político* profundos. Conforme podemos verificar na passagem a seguir:

> até mesmo uma política anticapitalista é por demais "totalizante" ou "universalizante". Não se pode sequer dizer que o capitalismo, como um sistema totalizante, exista no discurso pós-moderno. Na verdade, a "política", em qualquer um dos sentidos tradicionais da palavra, ligando-se ao poder dominante de classes ou Estados, ou à oposição a eles, é excluída, cedendo lugar a lutas fragmentadas de políticas de "identidade" ou mesmo ao "pessoal como político" (Wood, 1999, p. 13).

Em síntese, reforçamos a importância da análise das relações sociais sob o ponto de vista histórico-ontológico. O que não significa desconsiderar os processos singulares dos indivíduos sociais, embora sempre os vinculando à historicidade que os fundamenta (ver Simionatto, 2009, p. 90 e 98).

A pobreza na leitura pós-moderna

Dada a primazia do subjetivo, do vivencial, do significado, frente ao real-material, ontológico, nesta perspectiva a pobreza, e a riqueza, assim como qualquer aspecto da realidade, só serão reconhecidos, nesta perspectiva, não pelo seus fundamentos estruturais, não pela sua materialidade ou objetividade, mas pela percepção e autoimagem que cada indivíduo tenha de si e da sua situação e condição: a condição de pobre é autopercebida, não atribuída externamente. E ainda, a pobreza será vista, não como um fenômeno fundado na contradição entre capital e trabalho, na exploração e alienação, que se manifesta em diversas situações particulares, não como uma expressão da "questão social" e suas refrações e manifestações, mas como um fenômeno multidimensional, que igualmente apresenta dimensões culturais e subjetivas.

A saída, rejeitando a ação do Estado, seria pelo enfrentamento da pobreza, pela realização de carecimentos, mediante a participação e solidariedade da sociedade civil, das organizações e indivíduos da sociedade civil, por vezes transmutado em terceiro setor (ver a crítica em Montaño, 2001), do chamado "empoderamento" dos pobres (ver a crítica em Petras, 2005) e até pela ação "socialmente responsável" das empresas (ver a crítica em Cesar, 2008), pela dita "Economia Solidária" (ver a crítica em Menezes, 2007). No rechaço à intervenção estatal, acaba se descartando todas as conquistas ali expressas, como a universalidade da política social, o direito de cidadania etc.

Para Liszt Vieira (2005, p. 80), "os agentes mais dinâmicos da globalização não são os governos que formaram mercados comuns em busca da integração econômica, mas os conglomerados e empresas transnacionais que dominam a maior parte da produção, do comércio, da tecnologia e das finanças internacionais". O autor, distante da perspectiva de totalidade, não analisa o fenômeno da globalização como a concentração da riqueza, desbloqueando as barreiras nacionais e como o empobrecimento internacional da classe trabalhadora, ou seja, a internacionalização da expropriação da riqueza socialmente produzida.

Assim, sem uma sólida caracterização estrutural do atual contexto, o discurso da integração econômica é traduzido como abertura de mercados que estimula a alta competitividade, com a supremacia e agigantamento das grandes corporações multinacionais em detrimento das economias periféricas e estabelecimentos nacionais. Ou seja, boa parte dos pequenos e médios empresários são expulsos do mercado ou são compelidos a passar por processos de incorporação e/ou fusão, levando ao surgimento e a sustentação de megacorporações transnacionais dominantes. As fronteiras nacionais são desreguladas pelos interesses do grande capital, o que não significa a construção de uma grande nação de interesses comuns. Ao contrário se ampliam as diferenças entre os países centrais e periféricos, numa lógica que impõem e repõe aos países mais empobrecidos uma condição de desigualdade e dependência. Assim, entre outras coisas, a acumulação do capital e a manutenção da taxa de lucro neste contexto de crise são garantidas pela periferia através do fornecimento de mão de obra de baixo custo, matéria-prima barata e um mercado de consumo, mas principalmente pelo pagamento de altas taxas de juros ao capital especulativo.

A chamada "globalização", ou a "mundialização do capital", nos termos de Chesnais (1996), portanto, não altera a equação fundamental do capital: a socialização da produção e a apropriação privada do seu produto. A pobreza continua estando diretamente relacionada à produção e acumulação de riqueza, o aumento de uma leva necessariamente ao aumento de outra.

Mas a análise da relação entre desemprego e pobreza, da pauperização frente ao desenvolvimento das forças produtivas e da crise do capital como elemento estrutural do sistema capitalista, é uma análise fundamentada na obra de Marx (e não do pensamento moderno como um todo). Esta é uma análise pautada na tradição marxista. Portanto, a rejeição a estes postulados pelo pensamento pós-moderno significa antes de mais nada a rejeição ao marxismo.

O embasamento teórico e o solo cultural apontado pela pós-modernidade fertilizam e fortalecem a ofensiva neoliberal. Não por um acaso, autores com opções claras pelo neoliberalismo assumem o discurso pós-moderno que propõe *novas formas de emancipação* que se distanciam da emancipação humana e que, portanto não questionam a sociedade capitalista. Na busca pela inovação, reforçam-se as mais arcaicas, cruéis e desumanas formas de exploração da força de trabalho humana. Para Jeremy Rifkin (2001, p. 64), o impacto a ser causado pela revolução tecnológica, consistirá na construção de um mundo sem trabalhadores, em razão da "maciça substituição do homem pela máquina", simultaneamente, nos três setores tradicionais da economia: agricultura, indústria e serviços. Esse cenário de desemprego, que para alguns pode parecer excessivamente trágico (Proscurcin, 2003, p. 77), para os liberais representa lucro e oportunidades de crescimento e desafio frente à acirrada competitividade.

Singer (2003), por outro lado, assumindo posturas antagônicas às de outrora, entende que o "desemprego tecnológico" gerado pela terceira revolução industrial afeta de forma mais incisiva os postos de trabalho relacionados às atividades rotineiras, que não exigem amplos conhecimentos ou habilidade, sendo "neste tipo de tarefas que o cérebro eletrônico se mostra superior ao humano, tanto em termos de eficiência quanto de custos" (Singer, 2003, p. 16). Singer (2003, p. 22-3) propõe que a globalização não reduz o nível de emprego dos países envolvidos e não aumenta necessariamente o número total de pessoas sem trabalho, mas apenas transfere postos de trabalho de uma nação para outra. Diferencia-se da interpretação marxista, que parte do pressuposto de que o desenvolvimento das forças produtivas necessariamente altera a demanda por força de trabalho; assim o capital variável tende a diminuir frente ao capital constante, ocasionando o aumento do chamado Exército Industrial de Reserva, incidindo na pauperização da classe trabalhadora ativa ou não.

Para compreender a leitura da pós-modernidade sobre a pobreza, abordaremos as discussões e propostas de Boaventura de Sousa Santos.

2.2 Boaventura de Sousa Santos e a reinvenção da "emancipação social"

A — "Risco social" e as novas expressões das desigualdades

Por um lado, a noção de "risco social" é tratada por Boaventura de Sousa Santos para designar a tendência à pobreza e outras formas de exclusão, discriminação ou desigualdade social. Para ele, "as instâncias que produziram o risco foram as mesmas a que se recorreu para proteger contra o risco". Segundo o autor,

> duas dessas instâncias merecem destaque: o *Estado* e a *ciência*. Ao promover o capitalismo, o Estado produziu ou sancionou muitos dos riscos sociais (fome, desemprego, criminalidade, doença, falta de habitação) que, paulatinamente e por ação de múltiplas lutas sociais, foi chamado a prevenir ou a atenuar nas suas consequências mais corrosivas. O Estado-Providência culminou esse processo de gestão controlada de riscos sociais. Por seu lado, ao converter-se em tecnologia e à medida que a tecnologia foi penetrando em mais áreas da vida social, a ciência passou a estar na origem dos riscos da chamada "sociedade tecnológica" e foi igualmente à ciência que se foi recorrendo mais e mais para encontrar soluções de eliminação ou de contensão dos riscos produzidos. O desenvolvimento destes processos levou a uma

vinculação recíproca entre o Estado e a ciência. O Estado recorreu cada vez mais à ciência para proteger contra os riscos e, no processo, a ciência politizou-se. Ao contrário do que muitos previram, desta vinculação recíproca não resultou uma mais eficaz proteção contra os riscos. As três últimas décadas são amplo testemunho disso.[3]

Neste sentido, Sousa Santos vê corretamente a vinculação e a instrumentalidade do Estado para com os interesses do capital, assim como a apropriação privada da ciência e da tecnologia usada como ferramentas para a hegemonia capitalista. No entanto, o autor parece sugerir que o caminho da "emancipação social" não devesse incluir a luta hegemônica no e pelo Estado, e o conhecimento científico devesse ser substituído por um conhecimento "alternativo", pois um e outro produzem e ampliam, por suas naturezas, o "risco social".

Segundo ele, "entramos, assim, num novo milênio com um Estado enfraquecido na sua capacidade de proteção e com uma ciência cada vez mais incerta a respeito das suas consequências". Sendo que, para o mesmo, "nem o Estado pode ser deixado aos políticos nem a ciência pode ser deixada aos cientistas. O Estado será mais eficaz se assumir a participação ativa dos cidadãos como o seu principal critério político". Ora, mas o político não é um cidadão? E, ainda, não são cidadãos tanto os capitalistas quanto os trabalhadores? À medida que o conceito de "cidadão" em Santos substitui o de classe, ele propõe uma mudança que nada muda, uma "emancipação" que não liberta.

Para Santos (2005), o nosso tempo é um tempo paradoxal, sendo por um lado um momento de grandes avanços tecnológicos e comunicacionais, e por outro, um momento de retorno aos males sociais, "retorno das repugnantes desigualdades sociais que deram o nome à questão social no final do século XIX" (Santos, 2005, p. 29). Contudo, esse paradoxo também incide de formas mais amplas e importantes na perspectiva de futuro. Segundo o autor, hoje, mais do que em tempos pretéritos, estão reunidas condições técnicas para se realizar as promessas feitas pela modernidade

---

3. Disponível em: <http://www.ces.uc.pt/opiniao/bss/011.php>. Acesso em: 22 jun. 2011.

ocidental, de liberdade, igualdade, solidariedade e paz; no entanto, essa perspectiva está mais distante de ser alcançada pelos mais distintos motivos, dentre eles as novas configurações do conservadorismo, a crise do marxismo e a falência dos projetos da modernidade. Outrora, essas promessas se constituíram como a bandeira da "emancipação social" e das lutas políticas modernas seja para realizá-la, seja para impedi-la. E foi assim que se dividiram os capitalistas e os socialistas, os liberais e os marxistas, os reformistas e os revolucionários, os nacionalistas e o internacionalistas. Mas essas divisões são incapazes de dar conta da dinâmica social contemporânea, e assumem, hoje, um sentido completamente anacrônico, como conclui Santos.

Santos (2005, p. 29) entende que "a divisão entre capitalista e socialista parece ter sido decidida total e irreversivelmente a favor dos capitalistas", e tanto o liberalismo quanto o marxismo já não expressam as necessidades, concepções e interesses sociais, encontrando-se, portanto, em uma crise profunda.

O pressuposto de fim dos projetos da modernidade ocidental é sustentado por Santos (2005) pelos seguintes argumentos: o liberalismo é substituído pelo novo conservadorismo (ou neoliberalismo); o marxismo esvaziado pelas derrotas históricas; a ideia de revolução saiu da agenda política dos revolucionários; a concepção de melhoria gradual e legal dos padrões de sociabilidade foi suprimida pelos conceitos de governo e de governabilidade; e por fim, as disputas entre nacionalistas e internacionalistas perdem fôlego e sentido frente à globalização (Santos, 2005, p. 30). Assim, os problemas atuais demandam *soluções novas*, cuja resposta não compatibiliza com as "soluções modernas" (ibidem). A solução, todavia, se estrutura na sua proposta de *"reinvenção da emancipação social"*.

B — A reinvenção da "emancipação social"

Irredutível no combate ao "determinismo marxista" e às suas propostas de enfrentamento do capitalismo, como num ato contraditório, Boaventura de Sousa Santos apresenta a sua nova proposta de solução: "expe-

POBREZA E SERVIÇO SOCIAL

rimentar caminhos novos de produção do conhecimento e averiguar as possibilidades de emancipação social" (Santos, 2002, p. 24). Esse projeto internacional estaria composto de cinco elementos centrais: democracia participativa; sistemas alternativos de produção; multiculturalismo emancipatório, justiça e cidadania culturais; biodiversidade e conhecimentos rivais; e novo internacionalismo operário. O projeto de *reinvenção da "emancipação social"* de Santos é sua estratégia para o combate à pobreza, assim como para a superação de todas as formas de sofrimento, exclusão, desigualdade e discriminação na sociedade contemporânea. Vejamos então em que consiste tal projeto.

B.1 — Democracia participativa

A democracia participativa é a proposição final do projeto de *"Democratizar a Democracia"* (ver Santos, 2005). O autor apresenta a análise de casos (a exemplo do orçamento participativo e de experiências em prefeituras) em diferentes países (em sua maioria localizados na periferia capitalista) como propostas de inovações e de participação política, para além da noção hegemônica dentro de um sistema democrático institucionalizado. Os principais elementos que as caracterizam são: o reconhecimento da importância da participação direta dos cidadãos, a partir de uma articulação entre Estado e sociedade civil, para a criação de espaços decisórios em combinação com mecanismos de democracia liberal representativa; a percepção de que a prática democrática fortalece e valoriza a própria democracia, tendo um caráter pedagógico; a importância de analisar também as formas de ação direta, tais como paralisações cívicas, passeatas, ocupações, caminhadas; e, por fim, a existência de um conjunto de reivindicações mais amplo, geralmente vinculado a temas culturais, identitários e de reconhecimento social e político.

Segundo Santos e Avritzer (apud Santos, 2005), são dois os elementos que devem ser discutidos para pensar um modelo democrático participativo: o *procedimentalismo* e o *papel dos movimentos societários* na institucionalização da diversidade cultural. A nova ação política dos movimentos sociais teria como objetivo a ampliação do político através da redefinição das práticas societárias. Este processo só se tornaria possível com o reconhecimento da ampliação do espaço da política. A partir da colocação destas novas demandas, a institucionalização da diversidade cultural ocorreria em função de uma nova redefinição da cidadania, de forma tal que esta pudesse abarcar aqueles que por motivos distintos estivessem *excluídos* do sistema político.

Para este modelo, a democracia é entendida como "uma gramática de organização da sociedade e da relação entre o Estado e a sociedade" (Santos e Avritzer, apud Santos, 2005). A importância desta definição dá-se exatamente em função do fato de que as novas experiências participativas ocorreram em países que passaram por uma redemocratização, permitindo assim a própria redefinição do seu significado. Assim:

> todos os casos de democracia estudados iniciam-se com uma tentativa de disputa pelo significado de determinadas práticas políticas, por uma ampliação da gramática social e da incorporação de novos atores ou de novos temas na política (Santos e Avritzer, apud Santos, 2005, p. 23).

Nas conclusões de Santos (2005b) a refundação da democracia nos estados têm em comum a possibilidade de redefinição, através da via democrática, de uma identidade que havia lhes sido imposta pelos regimes autoritários ou coloniais a que estavam sujeitos. Somente um conceito de democracia que coloque a possibilidade de redefinição contínua do político permitiria o surgimento destas identidades subjugadas pelos colonialismos e autoritarismos.

A participação política possuiria, para Santos (2005b), um papel fundamental neste processo de redescoberta das práticas societárias desses países. Seria através dela que aqueles deixados à margem poderiam ser *incluídos* dentro do processo democrático, colaborando na própria definição da comunidade em que estão inseridos. A democracia então é "um projeto de *inclusão social* e de *inovação cultural* que se coloca como tentativa de instituição de uma nova soberania democrática" (Santos e Avritzer, apud Santos 2005).

Para os autores, o projeto político-participativo procuraria ampliar a noção da política, ao reconhecer uma heterogeneidade de atores, práticas e temas. O reconhecimento de novas práticas políticas e a emergência de novas temáticas seriam um contraponto à proposta neoliberal de limitação da noção da política, através da redução dos terrenos, sujeitos, temas e processos considerados como constituidores da política. Através da *organização da sociedade civil*, novas práticas democráticas se desenvolveriam, sendo preponderantemente as formas de participação direta nos processos de articulação, deliberação e definição de estratégias de ação. Este processo de organização da sociedade civil levaria, portanto, ao dizer dos autores, ao fortalecimento e à valorização da própria democracia, reforçando desta forma o seu caráter pedagógico. A participação no espaço público permitiria a aprendizagem da cidadania, construída paulatinamente através da partilha de experiências distintas no cotidiano.

Por último, a discussão de um projeto democrático participativo está na ênfase da disputa pela construção de um projeto político que venha a se tornar hegemônico. O consenso liberal hegemônico (Santos, 2002) levou ao dogma da falta de alternativa. O que afirma o autor é que há uma disputa política, que existem outros projetos políticos mais participativos e, portanto, mais democráticos do que aqueles com uma visão minimalista da democracia típica da concepção e teoria moderna.

B.2 — Sistemas alternativos de produção

O sistema alternativo de produção se pretende alternativo ao sistema capitalista de produção. Na apresentação do que seriam sistemas alternativos de produção, Santos (2005b) explicita distintas organizações da sociedade civil, que buscam diferentes maneiras de sobrevivência, contando com a solidariedade e corporações autônomas, cooperativas, movimentos sociais, entre outras. Assim, os sistemas alternativos apresentam as seguintes características:

a) as alternativas de produção não são apenas econômicas; o seu potencial emancipatório e as suas perspectivas de êxito dependem, em boa medida, da integração entre os processos de transformação econômica e processos culturais, sociais e políticos. As experiências comunitárias, os mutirões, o autruísmo, o empreenderorismo, o empoderamento, são projetos que se enquadram nessa característica. Trata-se de ações que alteram a situação inicial do indivíduo, ao responder as próprias necessidades do indivíduo, potencializando sua autonomia, sua criatividade, e desenvolvendo o senso de responsabilidade, solidariedade, entre outros;

b) o êxito das alternativas de produção depende da inserção em redes de colaboração e suporte mútuo. Ou seja, a ruptura com o "individualismo da modernidade ocidental" se torna o elemento fundamental para a construção de uma "emancipação social", e esse processo depende de ações de cooperação entre todos os envolvidos na produção. A cooperação passa a ser essencial no processo de criação de alternativas às demandas sociais. Trata-se, portanto, de uma mudança de cultura cujos impactos sobrepõem a questão econômica e fortalecem a autoestima do sujeito, pois seu papel na sociedade seria refuncionalizado, superando a concepção de passividade à espera de respostas mais amplas do Estado e a falsa utopia de uma transformação social irrealizável;

c) as lutas pela "produção alternativa" devem ser impulsionadas dentro e fora do Estado. O papel do Estado tende à ambiguidade, ora pode ser o catalizador eficaz e criador de alternativas e ora pode cooptar as alternativas, sendo indiferente às demandas populares ou tornando as medidas alternativas dependentes e tuteladas pela ação estatal. Contudo, a iniciativa da "produção alternativa" levaria à superação da suposta passividade e dependência da intervenção estatal. O cooperativismo passa a ser a proposta de desenvolvimento alternativo e a alternativa ao desenvolvimento, independentemente de subsídios governamentais;

d) as alternativas de produção não devem se restringir a comunidades ou pequenas localidades. As alternativas de soluções bem-sucedidas às situações adversas devem assumir proporções universais. Torna-se necessário divulgar experiências de movimentos sociais, ações filantrópicas, fundações, entre outros empreendimentos, para servir de exemplo a outros países. No livro organizado por Santos (2005), são dados como exemplos o MST no Brasil, a Comunidade de Paz de San José de Apartado, na Colômbia, Casas decentes para os povos em Portugal etc.;

e) uma das características emancipatórias das "alternativas de produção" não capitalista deve ser a radicalização da democracia participativa e da democracia econômica. Isso consistiria na substituição da autoridade vertical (a divisão entre patrões e empregados), pela autoridade horizontal, cuja tomada de decisão assumiria caráter coletivo;

f) existe uma estreita conexão entre as lutas pela "produção alternativa" e as lutas contra a sociedade patriarcal. Dito de outra forma, as lutas econômicas não deveriam ter prioridades sobre as lutas de gênero, raça, ou outros tipos de movimentos emancipatórios. Na alternativa de produção, as mulheres teriam grande participação e ênfase;

g) as formas alternativas de produção dependem das formas alternativas de conhecimento. Aqui enfatiza a importância dos contributos das culturas minoritárias ou híbridas, marginalizadas pela hegemonia do capitalismo e da ciência moderna, como fundamentais na construção de novos conhecimentos emancipatórios. Assim, coloca-se não só a necessidade de respeitar a diversidade cultural, que permite a sobrevivência destas *visões de mundo,* como também a urgência de aprender a partir delas para construir um *paradigma de conhecimento* e ação cosmopolita distinto do que está subjacente à globalização neoliberal;

h) a superação do pessimismo torna-se elemento fundamental na construção de critérios de avaliação das alternativas econômicas, que devem ser graduais e inclusivas. Valorizam-se pequenos avanços, ampliando as possibilidades dos métodos avaliativos subjetivos, estando o êxito e o fracasso sob o *ponto de vista* do avaliador, que pode ser usuário, gestor, proponente e financiador. Com isso, há que se ter *olhares múltiplos* para compreender os benefícios de determinada ação, mesmo que seja pontual e pequena, visto que sempre ocorrem mudanças, alterações da situação anterior;

i) as "alternativas de produção" devem entrar em relações de *sinergia* com alternativas de outras esferas da economia. Trata-se de utilizar todas as oportunidades apresentadas como alternativas pelos setores progressistas. No conjunto das obras reunidas por Santos (2005), há a hipótese de que governos e organizações progressistas de todo o mundo têm promovido e até mesmo implementado em esferas diversas, como o comércio, o investimento, a imigração, a tributação, o "Rendimento Mínimo",[4] a coordenação da economia global etc. Assim as "alternativas de produção" devem utilizar dessas medidas para garantir outra construção de emancipação social.

B.3 — Multiculturalismo emancipatório

Para Santos (2001b), a leitura de direitos humanos jamais conseguirá traduzir os interesses de todos no mundo, portanto é necessário transformá-los em uma política cosmopolita para que se "ligue em rede línguas nativas de emancipação, tornando-se mutuamente inteligíveis e traduzíveis" (Santos, 2001, p. 29). Na reinvenção de projeto emancipatório, é necessário considerar as diferentes concepções dos direitos e as culturas de onde provêm. A tentativa é consolidar uma emancipação diferente daquela supostamente defendida pela modernidade, homogenizadora seguindo os padrões ocidentais.

B.4 — Justiça e cidadania culturais

A justiça e a cidadania, assim como o multiculturalismo emancipatório, preveem a substituição de padrões e a promoção de diferentes organização e valores contemplando as distinções de culturas e interesses. Para

---

4. Programa de Transferência de Renda em Portugal.

Santos (2007), somente com a democratização do Estado e da sociedade se poderá pensar em uma verdadeira revolução democrática do direito e da justiça, já que o direito, para ser exercido democraticamente, tem que se assentar em uma cultura democrática. Assim como torna-se necessário superar a distância que separa os direitos formalmente concedidos das práticas sociais que ordinariamente os violam, bem como para o fato de que as vítimas de tais práticas, longe de se limitarem a lamentar, cada vez mais reclamem, individual e coletivamente, para serem ouvidas. Então, a proposição da justiça e da cidadania culturais seria uma medida contra-hegemônica e de promoção da democracia, pois a frustração sistemática das expectativas democráticas pode ter como consequência a desistência de uma ideia central sustentada na crença do papel do direito na construção da democracia.

As *desigualdades sociais* e *injustiças* do mundo atual, para Sousa Santos, exigem do sistema judicial e do direito uma postura proativa, que atenda a uma nova e complexa consciência de direitos das populações menos favorecidas. Neste contexto, o Poder Judiciário ocupa papel relevante como protagonista de mudanças. Desse modo, a procura pelo Poder Judiciário para resolver demandas relativas a direitos violados leva à substituição do sistema da administração pública pelo sistema judicial.

O autor faz, ainda, uma reflexão sobre os movimentos sociais nos últimos trinta anos, cuja expressão mais consistente e global da resistência contra o liberalismo nos remete ao "Fórum Social Mundial" (Santos, 2005c), criado em 2001. Nele se congregam movimentos e associações dos mais diversos países, atuando nas mais diversas áreas de intervenção, contra a exclusão, as desigualdades e as discriminações sociais e a destruição da natureza produzidas ou intensificadas pela globalização hegemônica. Tais movimentos sociais, entretanto, inicialmente, não acreditavam na luta jurídica, mas, atualmente, vêm obtendo algum êxito nos tribunais, fazendo crer que o direito é contraditório e pode ser utilizado pelas classes menos abastadas.

Santos afirma que são necessárias profundas transformações no sistema judiciário, devendo haver verdadeira mudança na cultura jurídica e forte vontade política (Santos, 2007). Questionamos, portanto, como operar estas mudanças, supostamente contrárias aos interesses hegemônicos, sem um ação política que envolva as lutas de classes. Tendo em vista que, conforme Marx e Engels apontam, a superestrutura jurídica e política é o "elemento determinado" e a base econômica o "elemento determinante". Ou então se trata, na verdade, de uma mudança judicial procedimental ou processual, sem representar a construção de princípios e valores éticos, políticos e jurídicos realmente novos, diferentes e antagônicos aos interesses hegemônicos do capital?

B.5 — Biodiversidade e os conhecimentos rivais

A biodiversidade é tratada por Santos e outros autores, presentes na coletânea *Semear outras soluções: os caminhos da biodiversidade e dos conhecimentos rivais*, como uma construção que constitui uma poderosa interface entre a natureza e a cultura, dando origem a uma larga rede de localidades e atores através dos quais os conceitos, as políticas, as culturas e as ecologias são debatidas e negociadas. Construções estas, acredita Santos, que vêm incidindo nas estratégias dos movimentos sociais.

A articulação, ainda em processo de amadurecimento, entre cultura, natureza e desenvolvimento, constituiria um marco alternativo de ecologia política para as discussões hegemônicas sobre a biodiversidade. Para Santos (2005b) e Escobar e Pardo (apud Santos, 2005b), a ecologia política dos movimentos sociais vem positivamente se distanciando dos discursos dominantes de preservação da biodiversidade e, assim, expõe a disputa entre os conhecimentos rivais.

No que se refere à construção de novos conhecimentos, Santos (2005b) destaca a importância de considerar o *etnoconhecimento* sobre a biodiversidade:

> Se considerarmos a diversidade de populações que, no mundo, possuem conhecimentos sobre os ecossistemas em que vivem e sobre as características dos seres vivos que os integram, e se admitirmos que esses conhecimentos são pontos de passagem obrigatórios (...) para a construção da biodiversidade enquanto objeto da ciência, facilmente se conclui que o conhecimento

efetivamente existente sobre ecossistemas, espécies e organismos vivos é muito mais vasto do que aquele que está "oficialmente" registrado em bases de dados construídas por instituições científicas (Santos, 2005b, p. 60).

Santos (2005b) identifica quatro posições principais na rede da biodiversidade: 1) uma visão "globalocêntrica" defendida principalmente por instituições globais (Banco Mundial, G8, ONGs sediadas no Norte etc.), centrada no tema da gestão dos recursos da biodiversidade, onde as ações de conservação devem ser articuladas em vários níveis (local, regional, global), incorporando estratégias nacionais de gestão orientadas pelo conhecimento científico e pela criação de mecanismos econômicos para promover a conservação dos recursos, tais como direitos de propriedade intelectual e outros; 2) uma perspectiva nacional dos países do Terceiro Mundo, a qual sem questionar a posição anterior do discurso globalocêntrico, procura negociar os termos dos tratados internacionais em função do que define como interesse nacional; 3) uma posição defendida pelas ONGs progressistas do Sul que pode ser designada por biodemocracia, onde o foco está em desviar a atenção do Sul para o Norte com relação às ameaças à biodiversidade, em decorrência dos projetos de desenvolvimento e hábitos de consumo destes últimos, propondo um controle local dos recursos naturais e o reconhecimento de uma base cultural associada à diversidade biológica; e 4) a perspectiva da autonomia cultural, a qual a partir da crítica ao conceito de biodiversidade enquanto construção hegemônica, procura abrir espaço na rede da biodiversidade para a construção de formas de desenvolvimento baseadas na cultura e em projeto de vida associados a lugares, contrariando orientações etnocêntricas.

B.6 — Novo internacionalismo operário

Diante da suposição de que há um "velho" e um "novo" internacionalismo operário,[5] e rejeitando todo tipo de nacionalismos e rivalidades

---

5. Atribuindo a característica de "velho" ao movimento operário tratado por Marx e Engels em *O Manifesto do Partido Comunista* assentado em pelo menos três pressupostos: na ideia de que o proletariado seria o grande protagonista de uma emancipação humana destinada a libertar a classe operária

entre Estados-Nação, os autores concluem que, frente ao colapso dos projetos do *velho internacionalismo operário*, a queda do socialismo real e o insucesso das primeiras formas organizacionais de internacionalismo operário (as internacionais operárias), Santos e Costa (2005e) propõem novas formas de organização internacional do operariado, apontando-a como uma alternativa para a *reinvenção da "emancipação social"*.

Para Santos a "emancipação social" "(...) deve dirigir-se tanto aos homens e mulheres *incluídos* em relações de trabalho quanto aos cidadãos completamente *excluídos* da possibilidade de auferirem qualquer trabalho pago" (Santos, 2002, p. 48). A proposta do autor é que a análise da realidade seja realizada através de uma nova racionalidade contra as monoculturas do saber e do rigor do saber, da produção da inexistência, da não existência, do tempo linear e da classificação social propondo uma "sociologia das ausências", como detalha em sua obra *Gramática do tempo para uma nova cultura política* (Santos, 2006).

Na tentativa de contribuir com o aprofundamento das práticas sociais em redor do novo internacionalismo operário, Santos e Costa (2005e, p. 28-32) apontam seis teses:

1) *A afirmação do novo internacionalismo operário se assenta cada vez mais na ideia de cidadania.* O aprofundamento da convergência entre a condição de trabalho e a condição de cidadão pressupõe a igualdade de direitos dos trabalhadores nacionais e dos trabalhadores imigrantes, a qual é também condição da partilha democrática do trabalho a nível global. Aqui, a questão de classe, que expressa e explicita a contradição social, é substituída pela noção de cidadania, que esconde tal contradição.

2) *O novo internacionalismo operário constitui uma forma, entre outras, de globalização contra-hegemônica, cujo sucesso parece depender cada vez mais das coligações com outros atores e das articulações com outras lutas*

---

da perda de humanidade a que fora votado no contexto da sociedade burguesa; na crença de que o avanço do capitalismo seria sinônimo de homogeneização do proletariado; e também, na ideia de que essa homogeneização permitiria criar uma comunidade de interesses organizados como "classe" por agentes de luta coletiva: os sindicatos (Santos e Costa, 2005e, p. 17).

emancipatórias noutros campos sociais. O internacionalismo operário e sindical deve se articular com outros movimentos articulados por causas diversas (como movimento de gênero, direitos humanos, grupos ecológicos, consumidores, pacifistas etc.). Nessa nova proposta, a identidade de classe perde a centralidade e é interpretada como mais um elemento de luta.

3) *O novo internacionalismo operário é, em si mesmo, uma realidade cada vez mais plural. É mais correto falar em internacionalismos do que internacionalismo operário.* Na mesma linha de reflexão da tese explicitada antes, esta tese propõe uma coligação e atuação conjunta com outras forças da sociedade civil, o que constituiria um sinal da pluralidade que perpassa o seu registro organizacional.

4) *O novo internacionalismo operário não acontece apenas globalmente. Acontece também regional, nacional e localmente.* O movimento operário deve ser capaz de articular as diferentes escalas em que ocorrem as suas lutas de resistência. Trata-se de considerar não somente as lutas internacionais, mas sobretudo toda e qualquer mobilização e seu caráter transformador.

5) *Entre o velho e o novo internacionalismo operário há rupturas, mas há também continuidades.* No velho internacionalismo operário predominam a hierarquia, a centralização, o comando, o controle, o debate restrito, a lenta tomada de decisões, a grande burocracia, a formalidade, a orientação para a diplomacia, a excessiva focalização nos sindicatos, assumindo a liderança os países centrais. Já no novo internacionalismo operário, predominam a rede, a descentralização, a participação, a partilha de poder, o debate aberto, a rápida tomada de decisões, a escassez de burocracia, a flexibilidade, a orientação para a mobilização, a focalização nas coligações com novos movimentos sociais e ONGs, tendo participação majoritária os países que se encontram semiperiféricos ou periféricos.

6) *O novo internacionalismo operário é uma realidade em construção e as suas manifestações são ainda embrionárias.* As dificuldades em descolar a ação operária internacional do compromisso com a diplomacia para o compromisso com as campanhas globais e orientação

para a mobilização ou reservas ainda colocadas por muitos sindicalistas quanto à eficácia das coligações com as ONGs.

Santos e Costa apontam que a falta de solidariedade se coloca como um dos principais entraves ao movimento operário internacional e às formas de cooperação laboral transnacional. Argumentam que "existem condições para fazer reviver o internacionalismo operário, sobretudo se enquadradas num movimento mais amplo de solidariedade" (Santos e Costa, 2005e, p. 17).

Em contexto tão adverso, de uma estruturação de sociedade pautada no consumismo desenfreado e de fortes perspectivas unilaterais de leitura da sociedade, Boaventura de Sousa Santos aponta o novo internacionalismo operário como alternativa de outra "emancipação social", que romperia com as múltiplas mazelas da sociedade capitalista, dentre elas a *pobreza*.

C — Uma avaliação crítica à metodologia e ao limite da sua "emancipação social"

Com estas considerações sobre as propostas de uma "emancipação social", como caminho para resolver a pobreza e todas as formas de desigualdade, exclusão e discriminação, podemos tratar criticamente alguns dos seus postulados centrais.

• Em primeiro lugar, Santos realiza uma *crítica* ao positivismo e uma *rejeição* ao marxismo.

Boaventura de Sousa Santos, como pensador pós-moderno, enfrenta a razão moderna e enuncia seu esgotamento, ou o esgotamento da sua capacidade libertadora. Nesse sentido, propõe uma *ruptura epistemológica* para fundar uma ciência pós-moderna (Santos, 1989). A grande questão é que, na sua crítica à razão moderna, o autor equaliza o pensamento formal-abstrato do positivismo, o compreensivismo weberiano, e a razão dialética marxista: todos fazem igualmente parte da razão moderna para o autor.

Ora, numa análise qualificada por Netto (1997, p. 125 e 138) de simplória e incompetente, Santos acaba atribuindo equivocadamente os limites do pensamento formal positivista à dialética hegelo-marxiana: determinismo, reducionismo econômico, totalitarismo etc. Ou seja, o autor traz a razão positivista para realizar a crítica (o que faz competentemente) e a estende para tudo o que chama de "paradigma moderno", incluindo a dialética marxista. Assim, na verdade, sua análise alcança a *crítica ao positivismo*, mas representa um verdadeira *rejeição (acrítica) ao marxismo*.

- Em segundo lugar, desenvolve uma *crítica romântica* à "modernidade".

Como Netto (1997, p. 125) assinala, Santos não se propõe apenas uma "transição epistemológica" (ao fundar a ciência pós-moderna), mas, da mão de Alice, quer caminhar para a "transição societal". O que não fica claro é se o "país das maravilhas" é a sociedade capitalista, que questiona, ou seu projeto de sociedade emancipada.

Ambas possibilidades são péssimas para o processo de lutas por uma real emancipação. No primeiro caso, temos uma análise não radical (no sentido em que não vai às raízes, aos fundamentos do MPC) e uma crítica romântica da sociedade capitalista,[6] sendo inócua para pensar cientificamente a ordem do capital, no mesmo sentido em que Engels avalia as diferenças dos socialismos "utópico" e o "científico" (Marx e Engels, 1975). No segundo caso, apresenta-se um projeto "utopista" de sociedade, onde os caminhos são "utopistas" e, no fim, a proposta de "sociedade emancipada" pode ser mesmo um "capitalismo melhorado".

- Em terceiro lugar, o autor trabalha com conceitos absolutamente *abstratos*.

O excessivo nível de abstração nas suas análises e conceitos, característica aliás do pensamento pós-moderno, deriva na possibilidade de livre

---

6. Sobre o "anticapitalismo romântico", ver Lukács (1976) e Löwy (1990).

interpretação de seus postulados. Aí está sua potencialidade e limite: cada leitor pode ter uma compreensão diferente sobre suas propostas, o que significa uma fragilidade na análise da realidade e na possibilidade de ação coletiva a partir dela. Vemos isto em várias questões:

Primeiramente, que sentido político tem sua proposta de "*democratizar a democracia*"? Fala-se da democracia "formal" ou da "substantiva" (tal como a clássica diferenciação no debate crítico — ver Burdeau, 1969; Heller, 1987; Netto, 1990)? Trata-se do desenvolvimento da democracia *dentro* da ordem capitalista, onde mesmo com seus avanços convive com a exploração, com a apropriação privada da riqueza, com o processo de pauperização, seja absoluto ou até relativo? Ou significa um processo de democratização substantivo que tem como horizonte a *superação* da ordem capitalista?

Por outro lado, o que caracteriza a "produção alternativa"? Alternativa à produção capitalista, sem envolver exploração? Alternativa nas suas relações internas (a exemplo da cooperativa) ou no sentido de não participar na concorrência no mercado capitalista? Poderia uma empresa não participar da lógica do capital ao produzir, ou então ao comercializar sua produção? Ou o "alternativo" não supõe a eliminação da exploração (na esfera produtiva) nem a ruptura com a lógica do capital? Então, seria uma "produção alternativa" ou apenas um produção *reestruturada*?

Também, o dito "novo internacionalismo operário", envolve ou não o enfrentamento ao capital? É uma renovação da conclamação marx-engelsiana: "operários do mundo, uni-vos"? Ou supõe a sua substituição?

Finalmente, qual então seria a abrangência e significado do conceito "*emancipação social*"? Ela equivale à emancipação "política" ou "humana", nos termos de Marx? Parece que não, pois se trata, para Santos, de sua "refundação" e não sua reposição. Então é outra coisa que não uma ou outra formas de emancipação exposta em *A questão judaica*.

A total imaterialidade do seu conceito de "emancipação social" é semelhante ao conceito, por ele reivindicado, do Fórum Social Mundial: "um outro mundo possível". Esse "outro mundo" é pós-capitalista ou pode ser concebido dentro dessa ordem social? O que diferenciaria "este" mundo desse "outro"?

Acaso trata-se de uma "emancipação" que supõe o fim da exploração, e portanto da contradição de classes, da propriedade privada dos meios de produzir riqueza, por fim, a superação da ordem do capital? Ou tal "emancipação social" concebida por Santos não tem como exigência combater a propriedade privada, a exploração, a acumulação capitalista e a superação da ordem do capital?

- Em quarto lugar, suas propostas no fundo remetem à individualização do processo de "emancipação social".

Tendo como referência as discussões de Sousa Santos é possível identificar dois caminhos de enfrentamento à pobreza: o primeiro por via de *criação de alternativas microssociais, individuais ou de pequenos grupos*, reforçando as características positivas que possam garantir a autossustentabilidade, pautadas na solidariedade e com ações voluntárias, por exemplo os mutirões; e o segundo caminho consiste na *criação de um novo sistema judiciário* que possibilite o acesso do cidadão às instâncias de reivindicação e garantia de seus direitos, ou seja, a possibilidade de manifestar suas insatisfações e pautar as suas demandas.

Essas alternativas apontam para um binômio atual de enfretamento das manifestações da "questão social": o *empoderamento*, por um lado, e a *judicialização*, por outro. Assim, os caminhos propostos por Santos – a atribuição de poder aos "desempoderados" e a potencialização de sua representação no sistema judiciário – reatualizam a antiga *responsabilização do indivíduo* sobre seu sucesso ou fracasso na sociedade capitalista. A busca pelo autoempoderamento e a representatividade jurídica dependem da ação altruísta, corajosa, perseverante e resistente do indivíduo.

Capítulo 3
Outras abordagens sobre pobreza

Além das tradições liberal e marxista (que trataremos adiante) e da perspectiva pós-moderna, há abordagens diversas e variadas sobre a pobreza que, sem se inscrever explicitamente numa ou noutra corrente de pensamento, se apresentam como análises de relevância no debate contemporâneo. Sendo assim, organizamos esse capítulo primeiramente com uma apresentação das propostas das instituições de grande relevância e impacto político, econômico, social, cultural e ideológico na compreensão e no enfrentamento da pobreza — a Encíclica *Rerum Novarum* da Igreja Católica e o Banco Mundial —, e posteriormente trataremos, mesmo que com fundamentos os mais variados, de alguns dos autores de maior protagonismo, como: o neodesenvolvimentista Amartya Sen, o social-democrata Robert Castel, Antony Giddens (da chamada "Terceira Via") e o tecnocrata do Banco Mundial Deepa Narayan. Tais abordagens nos permitirão compreender as distintas concepções do pauperismo, coincidências e contradições com autores da tradição liberal e da perspectiva pós-moderna.

3.1 A pobreza e o trabalho na Encíclica *Rerum Novarum*

Numa clara forma de resposta e oposição à publicação do *Manifesto do Partido Comunista*, de Marx e Engels, onde se analisam criticamente as condições da classe operária em 1848 e se promovem as lutas de classes, a

Encíclica *Rerum Novarum* (sobre a Condição dos Operários), publicada pelo Papa Leão XIII em 1891, representaria o "manifesto do Vaticano", que claramente acaba advogando a favor dos interesses burgueses como mais uma forma de conciliar a Igreja Católica aos interesses do grande capital, conforme pode-se verificar no trecho a seguir:

> em Nossas Encíclicas sobre a soberania política, a liberdade humana, a constituição cristã dos Estados e outros assuntos análogos, *refutando*, segundo Nos pareceu oportuno, *as opiniões errôneas e falazes*, (...) falando-vos da *Condição dos Operários*. Já temos tocado esta matéria muitas vezes, (...) mas a consciência do Nosso cargo Apostólico impõe-Nos como um dever tratá-la nesta Encíclica mais explicitamente e com maior desenvolvimento, a fim de pôr em evidência os *princípios duma solução, conforme à justiça e à equidade*. O problema nem é fácil de resolver, nem isento de perigos. É difícil, efetivamente, precisar com exatidão os *direitos e os deveres que devem ao mesmo tempo reger a riqueza e o proletariado, o capital e o trabalho*. Por outro lado, o problema não é sem perigos, porque não poucas vezes homens turbulentos e astuciosos procuram desvirtuar-lhe o sentido e aproveitam-no para *excitar as multidões e fomentar desordens* (Leão XIII, 2011, p. 1; grifos nossos).

Para Marx e Engels, no *Manifesto*, "as ideias dominantes de uma época sempre foram *as ideias da classe dominante*" (1998, p. 28). Isto é, a dominação *ideológica* é uma das formas pela qual a classe dominante se perpetua. Assim, a doutrina cristã, supostamente pretendendo uma análise e uma solução a favor das "classes inferiores", na verdade pretende se constituir numa *ideologia dominante*, articulada aos interesses da *classe dominante* (a burguesia), estruturando-se com isso uma relação de interesses e crenças.

Sob a bandeira de irmandade entre os sujeitos e a divindade da ordem das coisas, a encíclica papal cumpre o papel de esvaziar a luta de classes, de combater o que chama de a "solução socialista", e de defender a propriedade privada ou "particular". Na contramão desses valores, a obra de Marx e Engels pretende explicitar que "a contradição essencial para a existência e o domínio da classe burguesa é a acumulação da riqueza nas mãos particulares (...) a condição do capital é o trabalho assalariado" (1998, p. 19-20).

Na carta encíclica, ao contrário do exposto antes, pretende-se defender não a luta, mas a *concórdia* das classes, considerando que a concórdia traz consigo a ordem e a beleza, considerando ainda a ordem social e a desigualdade como providenciais e naturais (Leão XIII, 2011, p. 5-6), conforme as seguintes palavras:

> O primeiro princípio (...) é que o homem deve *aceitar com paciência a sua condição*: é *impossível* que na sociedade civil todos sejam elevados ao mesmo nível. É (...) isto o que desejam os Socialistas; mas contra a *natureza* todos os esforços são vãos. *Foi ela, realmente, que estabeleceu entre os homens diferenças tão multíplices como profundas*; diferenças de inteligência, de talento, de habilidade, de saúde, de força; *diferenças necessárias, de onde nasce espontaneamente a desigualdade das condições*. Esta desigualdade, por outro lado, *reverte em proveito de todos*, tanto da sociedade como dos indivíduos; porque a vida social requer um organismo muito variado e funções muito diversas, e o que leva precisamente os homens a partilharem estas funções é, principalmente, a diferença das suas respectivas condições (idem, p. 5-6).
> (...) na sociedade, *as duas classes estão destinadas pela natureza a unirem-se harmoniosamente e a conservarem-se mutuamente em perfeito equilíbrio*. Elas têm imperiosa necessidade uma da outra: não pode haver capital sem trabalho, nem trabalho sem capital (idem, p. 6) (grifos nossos).

A mensagem muito clara é o trabalhador e o pobre (as "classes inferiores") aceitarem sua condição, a desigualdade, pois ela é resultado das diferenças individuais naturais. Diante disto, a Igreja se apresenta como *guarda e intérprete* da natural ordem das coisas; também tem a missão de *aproximar e reconciliar os ricos e os pobres*, "lembrando às duas classes os seus deveres mútuos", principalmente "os que derivam da justiça" (LEÃO XIII, 2011, p. 6). É nessa aliança com a burguesia que essa instituição pretende estabelecer o seu papel como mediadora, cujo objetivo é estreitar a união das duas classes (idem, p. 7).

Assim, com a proposta de dirimir a inegável luta de classes e de moralizar as relações de produção, a igreja distribui de forma equitativa os deveres entre patrões e empregados, conforme se expõe a seguir:

ao pobre e ao operário: deve fornecer integral e fielmente todo o trabalho a que se comprometeu por contrato livre e conforme à equidade; não deve lesar o seu patrão, nem nos seus bens, nem na sua pessoa; as suas reivindicações devem ser isentas de violências e nunca revestirem a forma de sedições; deve fugir dos homens perversos que, nos seus discursos artificiosos, lhe sugerem esperanças exageradas e lhe fazem grandes promessas, as quais só conduzem a estéreis pesares e à ruína das fortunas. Quanto aos ricos e aos patrões, não devem tratar o operário como escravo, mas respeitar nele a dignidade do homem, realçada ainda pela do Cristão (idem, p. 6).

A contradição, então, é mistificada pela relação de irmandade de *todos filhos de Deus*, e aquilo que em Marx e Engels deve ser superado, é apresentado nesta encíclica *Rerum Novarum* como algo a ser respeitado e obedecido. Vejamos:

em lugar dessa *igualdade tão sonhada*, a igualdade na nudez, na indigência e na miséria. Por tudo o que Nós acabamos de dizer, se compreende que *a teoria socialista* da propriedade colectiva *deve absolutamente repudiar-se* como prejudicial àqueles membros a que se quer socorrer, contrária aos *direitos naturais dos indivíduos*, como desnaturando as funções do Estado e perturbando a tranquilidade pública. Fique, pois, bem assente que o primeiro fundamento a estabelecer por todos aqueles que querem sinceramente o bem do povo é a *inviolabilidade da propriedade particular* (idem, p. 5).

Isso porque a riqueza e a propriedade particular pessoal são apresentadas como *direitos naturais*, fruto das diferenças na razão e inteligência dos homens, e do seu esforço pessoal. Segundo este texto, a pobreza deve ser aceita pacificamente, na medida em que "não é um *opróbrio*", sendo que o pobre/trabalhador não se deve envergonhar por ter de ganhar com o suor do seu rosto (idem, p. 8). A solução para este problema na sociedade é a *caridade*, valor promovido e dever atribuído entre os cristãos.

Atribui-se ao Estado a função de "assegurar a propriedade particular" (legitimada pela sanção dos homens e de Deus como direito natural, ver idem, p. 2-3), intervindo para reprimir "os agitadores", preservando "os bons operários do perigo da sedução e os legítimos patrões de serem despojados do que é seu" (Leão XIII, 2011, p. 13). Assim, a greve e as formas de protesto comprometem, segundo declaram, os interesses da burguesia, que no documento são apresentados como desejos de Deus. Afirma-se que *"a caridade é paciente, é benigna, não cuida do seu interesse; tudo sofre; a tudo se resigna"* (idem, p. 20-1).

São esses argumentos que se propõem combater e enfrentar a leitura de Marx e Engels, de que os homens só obterão uma sociedade justa quando conseguirem realizar uma *transformação violenta de toda a ordem social existente* (1998, p. 46). Para isso a resposta da igreja, décadas posteriores, será a elaboração de que *a violência das revoluções políticas dividiu o corpo social em duas classes e cavou entre elas um abismo* (Leão XIII, 2011, p. 16). Trata-se de uma resposta moral, de uma instituição que se adequou aos novos tempos, superando as diferenças do passado com a nova ordem societária. Por isso pretende resolver os conflitos de classe com discussões sobre o *salário* que lhe convém (idem, p. 7), "suficiente para ocorrer com desafogo às suas necessidades e às de sua família" (idem, p. 15), desde que o trabalhador se mantenha respeitando seus "deveres" e alheio às lutas, sem questionar a produção da riqueza e sua apropriação individual, privada. Em nome de Deus e do Amor, a encíclica defende formas de produção e reprodução da vida social funcionais à ordem capitalista.

Em síntese, concebe-se *a pobreza* como "natural" produto das desigualdades e diferenças individuais, nas capacidades e esforços diversos (Leão XIII, 2011, p. 5-6), *o pobre* como "classe inferior" em "situação de infortúnio e de miséria imerecida" (idem, p. 1), como "deserdados da fortuna" (idem, p. 8) e a *riqueza* é entendida como "propriedade particular", produto do esforço de cada um, constituindo um "direito natural" que é legitimado e sancionado pelas leis dos homens e divinas (idem, p. 2-3) e protegida pelo Estado (idem, p. 13). Assim as formas de *enfrentar a pobreza* sustentam-se na *caridade* e *benevolência* sinceras (idem, p. 10 e 20-1), em que o trabalhador e o pobre devem se resignar e aceitar com paciência a sua condição (idem, p. 5), evitando a "solução socialista", o conflito de classes, mas buscando a conciliação entre elas, mediante o respeito dos seus deveres como operário e como patrões (idem, p. 6). O fim é a *manutenção da ordem*, sendo o desafio e a missão para os ricos serem generosos e os pobres abnegados e sem inveja do patrimônio alheio.

3.2 O Banco Mundial e a política de "alívio à pobreza"

Num cenário de crescente pobreza, absoluta e relativa, cujo avanço da ofensiva neoliberal imprime um papel para o Estado, mínimo para o social e máximo para o capital (nos termos de Netto, 1999), as agências multilaterais se consagraram como as mais apropriadas para promover ações e políticas de *"alívio à pobreza"*, ou seja: *"ajuda internacional"* mediante transferência de capitais e tecnologias. É diante desse contexto que o Banco Mundial vem assumindo a expressão do multilateralismo e se tornando o principal promotor das "políticas de combate à pobreza", sobretudo nos países da periferia.

A criação do Banco Internacional para Reconstrução e Desenvolvimento (BIRD) ocorreu em um momento decisivo para a economia capitalista: o fim da Segunda Guerra Mundial. Seus estatutos foram aprovados por representantes de países aliados aos vencedores do conflito, durante a conferência de *Bretton Woods*[1] (1944), convocada pelo presidente dos EUA para reformular o sistema monetário e financeiro global.

Inicialmente voltado apenas para a reconstrução da Europa, devastada pelos confrontos bélicos, o BIRD atuou em situações de desastre natural, emergência humanitária e reabilitação pós-conflito. No entanto, ao longo dos anos, suas ações, sempre entrelaçadas aos grandes investimentos financeiros, se direcionam principalmente para erradicar a pobreza nos países "periféricos". O afamado discurso de Robert McNamara, em Nairobi (1973), consagra a ideia de que a pobreza é uma "ameaça" ao desenvolvimento e à segurança mundiais, conforme os estudos de Farias e Martins (2007, p. 204).

---

1. Segundo Montaño e Duriguetto (2010, p. 360), em Bretton Woods se diferenciaram regras e instituições para as relações comerciais e financeiras com o fim de reconstruir o capitalismo nos finais da Segunda Guerra Mundial, assim foram criados o Banco Internacional para Reconstrução e Desenvolvimento (BIRD) — depois dividido em Banco Mundial (BM) e o Banco para Investimentos Internacionais — e o Fundo Monetário Internacional (FMI). Suas principais disposições, ratificadas pelos países capitalistas, orientam-se a uma política monetária cambiária (adoção do padrão-ouro indexada ao dólar) e a atribuição ao FMI para o estabelecimento de créditos, ampliando o endividamento dos países e sua dependência por este organismo. O sistema Bretton Woods foi cancelado em 1971 por Richard Nixon (o então presidente dos EUA).

Segundo os documentos produzidos pelo próprio Banco Mundial, entre seus objetivos estão o de fomentar e promover as políticas de combate à pobreza, em articulação com os governos nacionais dependentes da sua ajuda. Segundo informa:

> O Banco Mundial é a única agência supranacional de financiamentos que angaria fundos nos mercados financeiros internacionais para combater a pobreza através do financiamento de projetos nos países em desenvolvimento; ajuda a atrair investimentos privados através de coinvestimentos; oferece aconselhamento econômico e técnico aos países membros (Banco Mundial, 2007).

A partir da década de 1970, o Banco Mundial vem apresentando interesse no trato à pobreza. Marcados por turbulências financeiras, os anos 1980 (segundo surge desse documento; Banco Mundial, 2007) são denominados de "década perdida". Somente em 1990, a pobreza passa a constituir-se como um tema central, sendo um marco nas representações acerca do fenômeno. De acordo com sua introdução, "o presente relatório trata da pobreza no mundo em desenvolvimento — ou seja, trata dos pobres mais pobres do mundo. Busca, em primeiro lugar, medir qualitativa e quantitativamente a pobreza" (Banco Mundial, 1990, p. 1). O relatório classifica a pobreza conforme a situação econômica, medida pelo Produto Nacional Bruto (PNB) *per capita*. Sendo assim, predomina o conceito de pobreza assentado em indicadores econômicos, como a renda *per capita*. Como aparece no trecho a seguir:

> os grupos de países adotados neste relatório são assim definidos: economias de baixa renda são aquelas com PNB *per capita* igual ou inferior a U$ 545,00 em 1988; economias de renda média são aquelas com PNB *per capita* superior a U$ 545,00, mas inferior a U$ 6.000,00 em 1988; economias de alta renda são aquelas com PNB *per capita* igual ou superior a U$ 6.000,00 em 1988 (Banco Mundial, 1990, p. x).

No relatório de 1990, a estratégia do Banco Mundial para reduzir a pobreza "de modo rápido e politicamente sustentável" concentra-se em fatores relacionados: transferência renda, atividade laborativa e promoção de atividades vinculadas à assistência social. Pois o êxito desta estratégia dependeria dos "países clientes" seguirem fielmente suas diretrizes, condição indispensável para receber "ajuda" dos organismos internacionais, como mostra a citação a seguir:

> a ajuda externa deveria vincular-se mais estreitamente aos esforços que os futuros beneficiários se mostrassem dispostos a fazer para reduzir a pobreza (...). Reafirma-se assim a convicção de que a ajuda só funciona bem quando é acompanhada de uma boa estratégia desenvolvimentista (Banco Mundial, 1990, p. 4).

A proposta do BM é de reduzir a pobreza (extrema), de *aliviá-la*, pois parte do suposto de que "seria possível, *com pouco ônus para os países industrializados*, obter os recursos externos necessários ao custeio desta estratégia" (Banco Mundial, 1990, p. 6). Ainda mais, se declaradamente esta estratégia não exige elevados custos aos países centrais, nem ao capital, nem limites à acumulação capitalista, ela também tem consequências políticas para os países periféricos, na medida em que a realização dessas propostas de "ajuda" internacional para combater a pobreza deixa os países "assistidos" ainda mais *dependentes*, financeira e tecnicamente. Ou seja, ao definir como e em que estes recursos serão empregados, a instituição multilateral impõe aos "clientes" pobres uma determinada modalidade de "trabalho" e de "assistência", elementos-chave da sua proposta de combate à pobreza, assim como exigências e condicionalidades para as políticas econômica e social desses países "assistidos". Esta estratégia marcou a política do BM de combate à pobreza nos anos 1990.

Passada uma década desde 1990, o Banco Mundial esclarece, no prefácio do *World Development Report* de 2000/2001, que *não atingiu suas metas de redução da pobreza*. Pelo contrário, o número de pobres aumentou tanto na América Latina, no sul da Ásia e África Subsaariana como nos países da Europa e Ásia Central, em transição para a economia de mercado (Banco Mundial, 2002, p. 3). A instituição admite as dificuldades em combater a pobreza e sua complexidade.

Na tentativa de expor melhor o problema, primeiramente, o Banco Mundial apresenta uma breve retrospectiva acerca das distintas estratégias desenvolvimentistas adotadas pelos países, sob sua orientação, nas últimas décadas, afirmando assim que:

> nos anos 1950 e 1960, muitos consideravam os grandes investimentos em capital físico e infraestrutura como a principal via de desenvolvimento. Nos anos 1970, aumentou a conscientização de que o capital físico não era suficiente: a saúde e a educação tinham pelo menos a mesma importância... Nos anos 1980, após a crise da dívida, recessão global e experiências contrastantes (...) a ênfase passou a ser atribuída à melhoria da gestão econômica e liberação da força do mercado. Nos anos de 1990, o governo e as instituições passaram a ocupar o centro do debate, ao lado das questões de *vulnerabilidade* no âmbito local e nacional (Banco Mundial, 2002, p. 6).

Sua estratégia de redução da pobreza (extrema), anteriormente baseada na oferta de trabalho e de assistência social, *é modificada na década de 2000*. Agora, trata-se de *"promover oportunidades, facilitar a autonomia e aumentar a segurança dos pobres"* (ibidem). O conceito de pobreza se amplia, passando a abranger outros fatores. De acordo com o documento de 2000/2001 (idem, p. 12): "a estratégia apresentada neste relatório reconhece que a *pobreza é mais do que renda ou desenvolvimento humano inadequado*; como também *vulnerabilidade, falta de voz, poder e representação"*; incorporando assim uma visão multidimensional da pobreza, supostamente mais abrangente que a visão "econômica".

Ainda mais, no entendimento do Banco Mundial, os maiores responsáveis pelo malogro das suas iniciativas de combate à pobreza são os Estados nacionais. Os governantes dos países pobres seriam elitistas, ineficientes, corruptos, frágeis, incapacitados, como consta nos fragmentos a seguir (Banco Mundial, 2002):

> Outra causa de *vulnerabilidade* é a incapacidade do Estado ou da comunidade em desenvolver mecanismos de *redução* ou *alívio dos riscos* que os pobres enfrentam. (Banco Mundial, p. 37).
> Em muitos casos, os governos são mais sensíveis aos interesses da elite do que às necessidades de segmentos pobres (...) (Banco Mundial, p. 39).
> A melhoria da administração pública também requer o reforço da capacidade administrativa e reguladora e a redução da corrupção. O ônus da corrup-

ção em pequena escala recai desproporcionalmente sobre os pobres (...) (Banco Mundial, p. 39-40).

Ainda no mesmo relatório, o Banco Mundial faz referência ao documento "*Voice of the poors*", elaborado em parceria com universidades, que representou uma tentativa de compreensão "da realidade de mais de 60.000 homens e mulheres pobres de 60 países. Este estudo mostra que os pobres são *agentes ativos* em suas vidas, mas em geral não conseguem influenciar os fatores econômicos e sociais que determinam seu bem-estar" (Banco Mundial, 2002, p. 3). A pesquisa justifica o *novo posicionamento da instituição diante da pobreza*, redefinida em uma perspectiva *multidimensional*, sendo incorporados à análise aspectos ambientais e psicológicos. Neste contexto, afirmam, faz-se necessário "ouvir" diretamente aqueles que há tempos vivem quase sob as mesmas condições de penúria e se mostram "incapacitados" para romper com o círculo vicioso da miséria.

A suposta "novidade" nesta estratégia é que o Estado já não será o agente fundamental na proteção das "populações pobres" ou de "risco social", mas as próprias comunidades vulneráveis mobilizarão seus recursos para reverter a situação, numa espécie de "empoderamenteo". Neste sentido, afirma Pizzarro, ao ressaltar a nova concepção do Banco Mundial sobre os pobres, que "agora devem ser vistos como administradores estratégicos de um portfólio complexo de *ativos*", que a estratégia atual para combater a pobreza deve se orientar a "constatar e valorizar os *recursos* e *capacidades* que os pobres têm, em vez de insistir na escasses de ingressso, como o enfoque da pobreza faz" (apud Arregui e Wanderley, 2009, p. 156).

Diante dos fatos, é possível constatar que a instituição modifica sua concepção de pobreza e as estratégias para combatê-la, com o passar de uma década. Apesar de admitir a precariedade dos seus métodos anteriores, permanece a individualização da pobreza (ora como incapacidade do sujeito, ora como "vulnerabilidade" em relação ao contexto), a desarticulação da pobreza em relação à acumulação de riqueza, e a crença na força do comércio e na gestão capitalista como premissas da sua atuação programática para erradicar a pobreza. Outra publicação do Banco Mundial é o livro *Globalização, crescimento e pobreza* (Banco Mundial, 2003), em cujo prefácio se afirma que "o foco da nossa pesquisa está no impacto da integração econômica sobre os países em desenvolvimento, em especial sobre a população pobre que vive nesses países" (2003, p. 9). Nele, a instituição reitera que o fracasso das suas ações deve ser atribuído, em grande parte, a "políticas econômicas incompetentes, bem como desemprego e nacionalismo exacerbado, [que] levaram os governos a adotar o protecionismo" (2003, p. 9). Ainda, como consta na mesma fonte, para acentuar seu ideal de sucesso apresenta os Estados Unidos como exemplo de país desenvolvido e próspero: "a maior e, em alguns aspectos, a mais bem-sucedida economia do planeta, oferecendo a milhões de pessoas pobres uma oportunidade de crescer e prosperar" (2003, p. 33).

Incorporando o papel de "protetor" das nações pobres, o Banco Mundial sublinha, mais uma vez, que a ajuda internacional é o único meio destes países progredirem e se adaptarem à nova "realidade global":

> Nações de baixa renda em processo de reforma têm dificuldade em atrair investimentos. Aqui a ajuda internacional pode ter um papel complementar de grande valor para auxiliar os países em processo de reforma de suas políticas com a esperança de se tornarem globalizados. Logo, umas das razões pelas quais a ajuda internacional aumenta o crescimento nos países com ambientes de boas políticas é que ela atrai investimentos (Banco Mundial, 2003, p. 98-9).

Com tal definição de pobreza, o BM pretende identificar, quantificar e qualificar os pobres. A partir das condicionalidades impostas pelo BM aos países que demandam de apoio técnico e financeiro para receberem "ajuda" ou empréstimos, condiciona-se a política econômica desses países, colocando-os como reféns de suas normas e sua compreensão do que é melhor para o "desenvolvimento humano", para os trabalhadores e para as relações de produção, assim como indicam e fomentam instituições que estão direta ou indiretamente vinculadas aos interesses do poder hegemônico (organizações não governamentais e fundações, entre outras).

Sob a retórica de construir um mundo sem pobreza, o BM na verdade a reforça, incentivando a acumulação da riqueza socialmente produzida. Seja pelos incentivos às dívidas públicas, seja pelas soluções pontuais, com saídas temporárias das mais desumanas formas de vida, seja pelo desenvolvimento econômico, tecnológico e científico sem distribuição igual do seu produto, o BM demonstra seu lugar e sua opção política nessa sociedade, estruturada por interesses de classes antagônicos.

Em face do panorama global de pobreza e desigualdade, a comunidade internacional fixou várias metas para os primeiros anos do século, com base nos debates ocorridos em várias conferências das Nações Unidas realizadas nos anos 1990. São elas (ver "Os objetivos do Milênio", da ONU, apud Banco Mundial, 2000, p. 6):

— Reduzir pela metade a proporção de pessoas que vivem em situação de pobreza extrema (menos de 1 dólar por dia);
— Assegurar educação primária universal;
— liminar a desigualdade por sexo na educação primária e secundária (até 2005);
— Reduzir em dois terços a mortalidade infantil;
— Reduzir em três quartos a mortalidade materna;
— Assegurar acesso universal a serviços de saúde reprodutiva;
— Implementar estratégias nacionais de desenvolvimento sustentável em todos os países até 2005, para reverter a perda de recursos ambientais até 2015.

Diante de tantas metas, nos questionamos: serão possíveis tamanhas modificações nos índices humanos com um Estado ausente socialmente? Será possível solucionar a pobreza sem romper com o sistema que pressupõe a apropriação privada da riqueza socialmente produzida? Todas essas modificações seriam possíveis mediante ações de "sustentabilidade social", "empoderamento", dentre outras? A quem estariam atendendo os Relatórios e as projeções do Banco Mundial, trabalhadores ou detentores dos meios de produção?

3.3 Amartya Sen: o neodesenvolvimentismo, o microcrédito e o "empoderamento"

O economista indiano Amartya Sen recebeu o Prêmio Nobel em 1998. Seus trabalhos teóricos pretendem contribuir para uma nova compreensão dos conceitos sobre miséria, fome, pobreza e bem-estar social. Sobre o tema pobreza e miséria, destacam-se as obras *Pobres e famintos: um ensaio sobre direito e privação*, publicada em 1981, *Desenvolvimento como liberdade*, de publicação datada em 2000 e *Desigualdade reexaminada*, de 2001. Em suas obras, o autor retoma princípios do liberalismo (propriedade privada, liberdade e igualdade de oportunidades para a livre concorrência no mercado).

A análise de seus trabalhos é um desafio importante, pois hoje a lógica de seu pensamento tornou-se uma referência para o Banco Mundial na proposta das políticas para os países periféricos e também foram incluídos indicadores sociais nos padrões de classificação dos países que resultou na criação do IDH — Índice de Desenvolvimento Humano.

Amartya Sen pensa a pobreza não apenas como um baixo nível de renda (ou pobreza absoluta), não sendo mensurável apenas pelo nível de renda, mas como a *privação de capacidades básicas* que envolve acessos a bens e serviços; inclusive por isso lhe é atribuída a formulação de pobreza na sua multidimensionalidade. Para ele, o analfabetismo, a doença, a miséria, a falta de acesso ao crédito, a falta de acesso aos serviços públicos e a exclusão da participação social e política, dentre outros, revelam-se como "privações de capacidades", que impedem a superação da pobreza (Sen, 2000). No entanto, "a perspectiva da pobreza como privação de capacidades não envolve nenhuma negação da perspectiva sensata de que a renda baixa é claramente uma das causas principais da pobreza, pois a falta de renda pode ser uma razão primordial da privação de capacidades de uma pessoa" (Sen, 2000, p. 109).

A "questão social" e as suas expressões, para o autor, estão bem longe da discussão da acumulação capitalista e da apropriação privada da riqueza produzida. A concepção de desigualdade do autor vincula-se à desigualdade de oportunidades e da privação de necessidades básicas. A desigualdade é pensada individualmente, centrada no indivíduo e na ausência de condições básicas de sua existência (acesso à saúde, educação, saneamento básico, alimentos etc.), únicos elementos capazes de serem proximamente igualados entre os indivíduos empiricamente tão diversos. Como afirma:

é a constituição dessas "liberdades" (por exemplo, liberar o indivíduo da fome) que são capazes de dar às pessoas sua "condição de agentes" para atuarem livremente e construir seu futuro como queiram (Sen, 2000, p. 333-4).

Para Sen, considerar as capacidades individuais básicas melhora o entendimento da natureza e das causas da pobreza e supera a concepção de resolução da pobreza como mera distribuição de renda, potencializando o alcance das liberdades. Quanto à "pobreza relativa", Sen entende que a privação relativa de rendas pode causar "pobreza absoluta" de capacidades. Ser relativamente pobre num país rico pode representar desvantagem de capacidade, mesmo se a renda absoluta for alta para os padrões mundiais. Assim, em países ricos, é necessário mais renda para obter o mesmo "funcionamento social". Sob esta ótica, o combate à pobreza faz-se mediante a ampliação das capacidades e expansão das liberdades.

A tese de Sen, em *Desenvolvimento como liberdade*, é que o desenvolvimento representa um processo de expansão das liberdades reais que as pessoas desfrutam. Sendo assim, entende que as liberdades humanas contrastam com as análises restritas, em que o desenvolvimento é apresentado apenas como crescimento do produto, aumento das rendas pessoais, industrialização, avanço tecnológico ou modernização social. Partindo do pressuposto de que o crescimento do Produto Nacional Bruto (PNB) e das rendas é um meio de expandir as liberdades, não um fim em si, a expansão da liberdade é considerada o fim primordial (tendo um papel constitutivo) e o principal meio do desenvolvimento (constituindo um papel instrumental). O papel constitutivo refere-se às liberdades substantivas, e neste sentido a utilidade da riqueza está nas liberdades substantivas que ela ajuda a obter. As liberdades substantivas incluem capacidades elementares, como ter condições de evitar privações (fome, subnutrição e morbidez evitável), bem como as liberdades associadas ao "saber-ter" participação política e liberdade de expressão. Para o autor, o desenvolvimento como liberdade não é apenas a eliminação das privações materiais, mas também das privações políticas e de direitos civis básicos, remontando em sua discussão a proposição de Marshall, sobre os direitos constitutivos da cidadania.

Assim, no pensamento de Sen, é possível identificar os seguintes aspectos centrais.

• *Propriedade privada*

Para Sen, a propriedade privada não pode estar em questão porque é algo dado, como se fosse algo natural, indiscutível, fruto da diversidade humana existente entre as pessoas que envolve "características externas" como riquezas herdadas (a propriedade), o ambiente social e natural em que vivem e as "características pessoais" como idade, sexo [gênero], aptidões físicas e mentais (Sen, 2001, p. 29). Essas são para o autor diferenças dadas, o que significa que não há o que fazer quanto a elas e que não podem ser igualadas. A propriedade portanto é colocada no mesmo nível do gênero: assim como uns nascem mulheres outros nascem proprietários. Além disso, para ele não importa se o indivíduo é proprietário do resultado do seu trabalho próprio ou proprietário do produto do trabalho alheio, do capital.

Deixar de lado a discussão sobre a propriedade do capital é não entrar na principal questão que cria, perpetua e radicaliza a desigualdade, a acumulação de riqueza e o empobrecimento das pessoas. Não tocar na questão da propriedade é não tocar no cerne do problema da desigualdade e, portanto, da pobreza. Ideologicamente é útil e necessário ao capital naturalizar as relações de produção, mistificando a realidade e transformando o desenvolvimento como exclusivamente fruto do trabalho individual livre, escolhido por cada um dos agentes no mercado de acordo com suas aptidões desenvolvidas dadas as condições básicas, liberdades substantivas, para seu desenvolvimento. E para isso o próprio capital cria mecanismo de divulgação e perpetuação de seus interesses.

• *Igualdade*

Ao não optar pela economia política e ao não tratar das relações de produção da sociedade capitalista, da propriedade sobre o trabalho alheio como elemento constitutivo da diferença entre as pessoas, Sen opta pela discussão da "diversidade generalizada entre os seres humanos" para explicar a desigualdade social. E, com isso, a busca pela igualdade só é viável em termos individuais, no que diz respeito aos elementos mais básicos, do indivíduo enquanto ser isolado das reais relações sociais que o tornam diferente. Assim, utiliza o conceito de "liberdades substantivas" como elemento central da igualdade, sustentando que "as liberdades substantivas incluem capacidades elementares, como, por exemplo, ter condições de evitar privações como a fome, a subnutrição, a morbidez evitável e a morte prematura, bem como as liberdades associadas a saber ler, fazer cálculos aritméticos, ter participação política e liberdade de expressão etc." (Sen, 2000, p. 52).

Contudo, a igualdade entre as pessoas pela renda, por uma distribuição igualitária de ingresso é insuficiente e problemática, em parte, por sua impossibilidade empírica, dado que as pessoas são diferentes e tem habilidades diferentes e, portanto, não podem ter rendas iguais. De outra parte, por não ser, muitas vezes, o objetivo das pessoas terem o mesmo nível de renda de outros. Tal reflexão induz a uma falsa ideia de que o indivíduo tem chances de escolher sua renda, seu modo de vida e que indivíduos em situações distintas de pauperização não almejem melhorias de vida; ninguém em sã consciência escolhe ser pobre.

Para ele, a concepção de igualdade pela renda é uma falha do raciocínio utilitarista que imagina que "(1) o bem-estar social deva ser uma função em última análise das rendas, e (2) o bem-estar social deva ser maximizado por meio de uma distribuição igual de rendas, dada a renda total". Afirma que "esses pressupostos são questionáveis" porque "não deixam espaço para variações interpessoais substanciais na conversão de rendas individuais em bem-estar individual" (Sen, 2001, p. 158-9).

Para o autor, o homem busca outras coisas em sua vida além da maximização de sua satisfação a partir de uma cesta de bens; busca outros valores que não exclusivamente a utilidade, ligada apenas ao aspecto egoísta da natureza humana (Sen, 2001, p. 108-9). O homem também busca a realização de coisas para as quais dá valor (como a independência política de seu país, a eliminação da fome) bem como a realização de coisas produzidas por seus próprios esforços (como ser parte ativa da produção) (2001, p. 105).

A verdadeira liberdade é a "liberdade de condição de agente", baseada em "liberdades substantivas", que cria oportunidade para a "melhora do potencial das pessoas para cuidar de si mesmas e para influenciar o mundo, questões centrais no processo de desenvolvimento" (Sen, 2000, p. 33 e 2001, p. 103). Assim, bastaria melhorar os fatores que constituem a base dessa liberdade como o fornecimento de saúde, educação etc. para a afirmação de "condição de agente". O importante são "as liberdades substantivas — as capacidades — de escolher uma vida que se tem razão para valorizar, liberdade para ter estilos de vida diversos" (2000, p. 94-5).

Com isso, afirma, não basta prover renda, argumentando que a renda exclusivamente não leva à expansão das capacidades sem as quais não existe a possibilidade do exercício da liberdade básica para o desenvolvimento (Sen, 2001, p. 114). Cita como exemplo o seguro desemprego que permite que as pessoas tenham renda, mas não lhes permite a liberdade para escolher a melhor atividade que lhes convier. Assim, para ele,

A medida mental do prazer ou do desejo é maleável demais para constituir-se em um guia para privação e desvantagem. (...) Assim, é importante levar em conta... a criação de condições nas quais as pessoas tenham oportunidades reais de julgar o tipo de vida que gostariam de levar. Fatores econômicos e sociais como educação básica, serviços elementares de saúde e emprego seguro são importantes... pelo papel que podem desempenhar ao dar às pessoas a oportunidade de enfrentar o mundo com coragem e liberdade (Sen, 2000, p. 82).

- *O individualismo*

O cerne da concepção de igualdade do autor centra-se no indivíduo, que é naturalmente munido de elementos básicos que lhe permitem agir em prol de seu interesse e do interesse da coletividade. Esse indivíduo está apto a evitar a pobreza, dado que se torna agente de seu destino, está livre para agir como deseja, para decidir onde trabalhar, o que produzir, o que consumir. Assim, o centro da argumentação está no poder de escolha do indivíduo, que dadas as determinadas condições básicas, é livre para definir seu destino. O valor para ele está no poder de escolha, que independe dos objetos úteis que o indivíduo possui.

Isso tem pelo menos uma implicação importante: a distribuição das rendas não é fundamental para o enfrentamento da pobreza, e sim o desenvolvimento. Para o autor, não seria a distribuição equitativa da riqueza que combate a pobreza, mas o desenvolvimento econômico é que trará a solução para o seu enfrentamento. Além disso, para ele são as pessoas que decidem que bens/renda desejam para si: uns podem querer muito e outros pouco, uns podem estar felizes com determinadas coisas e outros com outras. Nas palavras do autor:

> Dada a diversidade interpessoal... o conjunto de bens possuídos pode efetivamente nos dizer pouquíssimo sobre a natureza da vida que cada pessoa pode levar. Portanto, as rendas reais podem ser indicadores muito insatisfatórios dos componentes importantes do bem-estar e da qualidade de vida que as pessoas têm razão para valorizar (Sen, 2000, p. 101).

> As pessoas podem ser pobres e felizes. Mais que isso, os pobres podem assim ser por sua livre vontade, devido as coisas que valorizam, se as pessoas têm acesso à comida elas podem escolher passar fome (Sen, 2000, p. 92).

O problema da pobreza ou riqueza está relacionado, para ele, a fatores tidos como externos ao funcionamento do capitalismo, e que poderiam facilmente ser resolvidos através de políticas específicas, no provimento de capacidades. Basta dar aos indivíduos condições básicas iguais para que eles exerçam com liberdade seu papel de homem econômico; bastaria livrá-lo das "fontes de privação" que lhe tolhe as oportunidades.

Assim, bastaria uma ação política assistencial eficiente para pôr fim ao drama do "subdesenvolvimento", deixando implícita a ideia de que os países pobres vivem nessa condição porque são atrasados e não criaram condições para o pleno exercício da liberdade humana; está presente a ideia de que bastam programas dirigidos a esses problemas para resolver a questão do desenvolvimento nos países pobres. O abandono do homem ao estado de pré-cidadão é decorrente de fatores externos ao funcionamento do capitalismo que podem ser reparados para tornar o capitalismo um sistema de real exercício da liberdade humana, focada na ideia de oportunidade de ser rico ou pobre, de dispor dos bens conforme seus desejos individuais, em um mercado livre.

- *Livre mercado*

Assim como não discute a propriedade na sociedade capitalista, também não existe menção em sua obra a monopólios, oligopólios, poder de mercado ou de processo de concentração e centralização de capital.

Portanto, defende o livre mercado como propiciador do desenvolvimento e liberdade. Segundo ele, "existem muitas evidências empíricas de que o sistema de mercado pode impulsionar o crescimento econômico rápido e a expansão do padrão de vida" (Sen, 2000, p. 41); porém, continua, há questões "políticas que restringem oportunidades de mercado podem ter o efeito de restringir a expansão das liberdades substantivas que teriam sido geradas pelo sistema de mercado" (ibidem).

As imperfeições nos mercados seriam elementos externos ao seu mecanismo que devem ser combatidos. Existem restrições que impedem seu perfeito funcionamento, são elementos externos, normalmente oriundos ainda de políticas de governo erradas e interferências que estragam a perfeição pretendida nos mercados livres. O perfeito funcionamento dos mercados depende de os indivíduos que dele participam terem, de saída, uma certa igualdade de condições como agentes autônomos. No contexto de liberdades substantivas que criam oportunidades, só liberdade de mercado não é suficiente para o desenvolvimento. O livre funcionamento dos mercados depende do desenvolvimento das oportunidades sociais, depende de que todos os seus participantes tenham as condições básicas de existência garantidas. Afirma que "os abrangentes poderes dos mecanismos de mercado têm que ser suplementados com a criação de oportunidades sociais básicas para a equidade e justiça social" (Sen, 2000, p. 170). Para isso, defende a intervenção pública na provisão de educação básica e assistência médica elementar (Sen, 2000, p. 169). Para ele os indivíduos só podem aproveitar as oportunidades em uma economia de indivíduos livres, com suas liberdades substantivas garantidas, em um mercado livre.

É interessante que suas ideias, enquanto uma exposição lógica, apartadas da realidade concreta de um mundo dominado por poderes garantidos pelos tipos de propriedades e de controle que dela resultam, têm uma lógica singela mas agradável aos ouvidos.

A ideia de mercado livre impõe, como ele próprio admite, que todos que participam dele sejam iguais. Mas como não considera a desigualdade presente nas diferentes coisas que cada um dos que participam desse mercado tem para vender — uns compram o trabalho alheio e outros vendem sua força de trabalho — não pode enxergar nenhuma troca desigual nessa relação, o que ameaça a ideia de mercado perfeito. Afinal, para Smith, o que os indivíduos trocavam no mercado era seu trabalho e não sua força de trabalho, duas mercadorias bem diferentes que, na forma como se relacionam, dão origem ao lucro, o que o próprio Smith chega perto de perceber quando diz que todo o produto é fruto do trabalho humano e não consegue dar uma explicação sólida para o lucro (Napoleoni, 1983, p. 61-2).

- *Desenvolvimento*

Para Sen, o desenvolvimento seria baseado não apenas no crescimento econômico, mas *na eliminação das privações de liberdade e na criação de oportunidades*, que podem ser desfrutadas no mercado de forma contínua (Sen, 2000, p. 10). O livre mercado é a aposta como agente principal do desenvolvimento e as oportunidades surgem naturalmente dado o conjunto de liberdades básicas.

Assim, a eliminação da pobreza, tida como um "acoplamento de desvantagens" que reduzem o potencial humano e priva-o de suas capacidades, pode ser alcançada com a criação de um círculo virtuoso que quebre esse acoplamento de desvantagens (Sen, 2000, p. 113). "Quanto mais incluso for o alcance da educação básica e dos serviços de saúde, maior será a probabilidade de que mesmo os potencialmente pobres tenham uma chance maior de superar a penúria" (ibidem). Essa é a fórmula para o rompimento com o "ciclo da pobreza", e o resultado é "certamente" o desenvolvimento econômico, o que permitiria às pessoas levar a vida da forma que melhor julgarem. O autor complementa:

muito além da observação do fato de a pobreza ser uma enorme tragédia que arruína a vida de expressivo número de pessoas em todo o mundo. A imensa tragédia da pobreza é, em si, suficientemente óbvia: vidas exauridas, felicidade sufocada, criatividade destruída, liberdades erradicadas pelos infortúnios da pobreza.

A visão clássica de que a pobreza se resume à escassez de renda talvez já esteja fixada em nossas mentes, mas, em última análise, deve ser encarada como falta de liberdade de diversos para que se usufruam condições de vida minimamente satisfatórias. A baixa renda certamente contribui para essa situação, somada à influência de diversos outros fatores, como a falta de escolas, de equipamento de saúde e de medicamentos, subjugação da mulher, problemas ambientais, falta de empregos (o que afeta os indivíduos mais do que a renda). A pobreza pode ser reduzida mediante a aplicação de benefícios sociais, mas, para garantir isso, é necessário empoderar as pessoas, principalmente as mais afetadas pela miséria, para que bens e serviços sejam aplicados de modo efetivo e as deficiências sejam eliminadas. (...) Os indivíduos permanecem desempoderados em decorrência de diversos processos complexos (Sen, 2009, p. xxv).

A ideia é que o próprio movimento do indivíduo, a partir do aproveitamento de oportunidades existentes ou criadas por ele mesmo, gera o desenvolvimento. É como se cada um pudesse ou tivesse, quando livre de privações, possibilidade de criar ou desenvolver um negócio para si e pudesse, se assim desejar, tornar-se um empresário, ou no mínimo, um empresário de si mesmo, escolhendo o melhor trabalho que serve às suas características pessoais, podendo ser filósofo ou carregador (Smith apud Sen) como desejar.

- *Liberdade*

O papel instrumental das liberdades está na contribuição para o progresso econômico. Sob a ótica de Sen, há diferentes tipos de liberdade, que é a capacidade de realização dos sujeitos, que apresentam inter-relações entre si, sendo que um tipo de liberdade pode contribuir para promover outras liberdades, mencionadas a seguir.

a) liberdade política — referente às escolhas que as pessoas têm para determinar quem deve governar e com que princípios deve fazê-lo, incluindo a liberdade de fiscalizar, criticar e se expressar politicamente. Trata-se de direitos políticos da democracia liberal, abarcando inclusive oportunidades de diálogo político.

b) facilidades econômicas — referentes às oportunidades que o indivíduo tem para utilizar recursos econômicos com finalidade de consumo, produção ou troca. São levadas em conta considerações distributivas em adição às agregativas, ou seja, o modo como as rendas adicionais geradas são distribuídas.

c) oportunidades sociais — referentes a disposições que a sociedade estabelece nas áreas de saúde e educação. Essas facilidades são importantes não só para a vida privada, mas para uma participação mais efetiva na vida econômica e política.

d) garantias de transparência — referentes ao modo como as pessoas lidam umas com as outras, supondo o que lhes é oferecido e o que podem obter. Estas garantias têm um papel instrumental importante como inibidores da corrupção, da irresponsabilidade financeira e transações ilícitas.

e) segurança protetora — referente a disposições necessárias para proporcionar uma rede de segurança social. Trata-se de disposições institucionais fixas, como seguro desemprego, suplementos de renda, distribuição de alimentos em crises de fome coletiva e outras situações.

As liberdades instrumentais, para o autor, aumentam diretamente as capacidades das pessoas e complementam-se mutuamente. Mas muitas vezes essas dimensões são postas em segundo plano, tendo maior relevância o direito às transações econômicas.

O fato de que o direito às transações econômicas tende a ser um grande motor do crescimento econômico tem sido amplamente aceito. Mas muitas outras relações permanecem pouco reconhecidas, e precisam ser mais plenamente compreendidas na análise das políticas. O crescimento econômico pode ajudar não só elevando rendas privadas, mas também possibilitando ao Estado financiar a seguridade social e a intervenção governamental ativa. Portanto, a contribuição do crescimento econômico tem de ser julgada não apenas pelo aumento de rendas privadas, mas também pela expansão de serviços sociais (incluindo, em muitos casos, redes de segurança social), que o crescimento econômico pode possibilitar (Sen, 2000, p. 57).

Sen enfoca, ainda, o impacto que as disposições sociais têm sobre a liberdade, condição fundamental para a sobrevivência, e no próprio desenvolvimento do país, que não deve se restringir apenas ao desenvolvimento econômico. Assim sendo, observa que o impacto do crescimento econômico depende em grande medida da maneira como os seus frutos são aproveitados. Para comprovar sua afirmativa, compara os efeitos do crescimento em economias como Coreia do Sul e Taiwan com os efeitos em economias como do Brasil, Índia e Paquistão. Os sucessos ocorridos no Leste Asiático, são, para o autor, devido à ênfase na educação elementar e na assistência básica à saúde, além de conclusão de reformas agrárias, resultado que contrasta com as outras economias analisadas, como a do Brasil, "que apresentaram um crescimento do PNB [Produto Nacional Bruto] *per capita* quase comparável, mas também têm uma longa história de grave desigualdade social, desemprego e descaso com o serviço público de saúde" (Sen, 2000, p. 62).

O autor argumenta que a resolução de problemas sociais como a pobreza e a mortalidade pode ser obtida por dois tipos de processos distintos: os processos mediados pelo crescimento e aqueles mediados pelo custeio público. No primeiro tipo de processo, a solução é desencadeada pelo crescimento econômico rápido, devendo ter uma base ampla e ser economicamente abrangente. Neste caso, seria importante ter uma forte orientação para o emprego e utilizar a prosperidade para a expansão de serviços sociais relevantes, como saúde, educação e segurança social.

Quanto ao processo mediado pelo custeio público, digamos que não é incompatível com países pobres. A solução estaria nos preços e custos relativamente baixos, importantes para determinar o quanto um país pode gastar. A viabilidade do processo deve-se ao fato de os serviços sociais relevantes serem altamente trabalho intensivos, baratos, devido aos baixos salários nos países pobres. "Uma economia pode ter menos dinheiro para despender em serviços de saúde e educação, mas também precisa gastar menos dinheiro para fornecer os mesmos serviços, que nos países mais ricos custariam muito mais" (Sen, 2000, p. 65). O autor lembra que há interesse em dar ênfase a essas disposições sociais sem esperar primeiro se transformar num país rico, uma vez que educação e os serviços de saúde são também imprescindíveis para o crescimento.

Amartya Sen sustenta a importância de pensar a pobreza com outros fatores que não se reduzam à renda, derivando no uso do conceito *multidimensional* da pobreza. Contudo, sua análise sobre a pobreza negligencia a dinâmica da acumulação do capital. Além de reatualizar a Teoria do "Capital Humano", tem-se a naturalização dos problemas sociais, entre outros temas.

- *O papel do microcrédito para o desenvolvimento no combate à pobreza*

Para Sen, o desenvolvimento como liberdade, e esta como realização das pessoas, conta com um instrumento privilegiado para ser atingido: *o microcrédito*.

O microcrédito consiste em pequenos créditos, de forma flexível, desburocratizada e com juros baixos, para as populações mais carentes, como forma de permitir o financiamento de atividades produtivas, educativas e outras, que os créditos comuns não permitem. O microcrédito permitiria às famílias e aos indivíduos a geração de fontes de renda, a construção de moradias, o acesso à escola etc., promovendo-se assim a *realização* das pessoas, ou seja a *liberdade*, fundamento do *desenvolvimento*, na concepção do autor.

Neste sentido, ao promover o microcrédito como instrumento fundamental do desenvolvimento, da liberdade, e portanto das formas de combate à pobreza, o pensamento de Sen se articula com as formulações e ações de outro indiano: Muhammad Yunus, conhecido como o "banqueiro dos pobres".

Economista, nascido em Bangladesh em 1940, Yunus cria em 1983 o Grameen Bank ou "Banco dos Pobres" (que já existia como instituição de crédito desde 1976), outorgando "microcrédito" para milhões de pessoas pobres, o que lhe valeu o Prêmio Nobel da Paz, em 2006. Assim, ele leva à prática os postulados teóricos de Sen: combater a pobreza criando oportunidades para as famílias pobres mediante o acesso a microcrédito, este tido como um "direito humano", que tem por objetivo criar fonte de renda às famílias pobres.

Mas o microcrédito não apenas se orienta para questões econômicas. Para Yunus, "o microcrédito não se limita a libertar da fome os pobres; ele também contribui para sua emancipação política. (...) O microcrédito pode não ser uma solução, mas é uma força de mudança, não só econômica e pessoal, mas também social e política" (Yunus; 2001, p. 9-10).

Ele é apresentado então não só como forma de enfrentamento da pobreza econômica, mas como forma de propiciar melhoras políticas, culturais e sociais. Isso sem alterar os fundamentos estruturais da sociedade capitalista, que gera a desigualdade como resultado da sua contradição central, entre capital e trabalho: a exploração de uma classe por outra.

Na organização e implementação, estes microcréditos podem ser promovidos, e assim é feito no Brasil, com a intermediação de ONGs, que operam e facilitam uma prestação descentralizada desta atividade, levando os pequenos recursos a regiões variadas.

Assim, o combate à pobreza, em particular, se faz a partir da própria atividade financeira, que facilita o crédito a regiões, famílias e pessoas as quais os bancos comuns não atendem. Este processo se torna tão estratégico para o capital que, além dos Nobéis de Economia (Sen, em 1998) e da Paz (Yunus, em 2006), a ONU proclama 2005 como o Ano Internacional do Microcrédito. O microcrédito tem se tornado uma realidade promovida por quase todos os governos que rezam na cartilha das reformas neoliberais: a promoção de microempresas, o estímulo às cooperativas e os programas de Economia Solidária, que contam com cursos de capacitação e acesso a créditos e microcréditos.

- *A proposta do "empoderamento"*

Para Sen, a pobreza é representada pelo fracasso dos sujeitos no mercado, reforçado ainda pela baixa autoestima, pela apatia, pelo "desempoderamento", na medida em que:

Os fracassados e os oprimidos acabam por perder a coragem de desejar coisas que outros, mais favoravelmente tratados pela sociedade, desejam confiantemente. A ausência de desejo por coisas além dos meios de que uma pessoa dispõe pode refletir não uma valoração deficiente por parte dela, mas apenas uma ausência de esperança, e o medo da inevitável frustração. O fracassado enfrenta as desigualdades sociais ajustando seus desejos às suas possibilidades (Sen, 1990, p. 10-1).

Como estratégia de combate à pobreza, Amartya Sen propõe um modelo de desenvolvimento que permita a expansão das liberdades substantivas e instrumentais das pessoas: esse é um projeto (de sociedade) considerado em aberto, não definido (como seria o "projeto socialista"), orientado para as pessoas enquanto "agentes", respeitando a diversidade humana e a liberdade de escolha. A pobreza e a tirania são os principais entraves à liberdade, segundo o autor. O *"empoderamento"* dessas pessoas é, então, proposto como meio e fim para a "transformação das relações de poder existentes" e superação do estado de pobreza. As estratégias de combate à pobreza se inserem então num processo essencialmente político, que precisa de atores capazes de "alterar correlações de força" em níveis macro, meso e micro articulados em torno de temas e lutas comuns, o que para Sen se traduz em "empoderamento" dos pobres, se orienta para a conquista da cidadania, enquanto plena capacidade de um ator (individual ou coletivo) de usar seus recursos econômicos, sociais, políticos e culturais para atuar com responsabilidade no espaço público na defesa de seus direitos, influenciando as ações dos governos na distribuição dos serviços e recursos. Neste sentido, os processos de transformação do Estado e de mudança social assentam na construção de redes e amplas alianças dos movimentos sociais e das organizações populares no campo da sociedade civil.

Assim, a abordagem de "empoderamento" implicaria no desenvolvimento das capacidades individuais dos pobres e excluídos e de suas organizações, o que seria suficiente para transformar as relações de poder, que limitam o acesso a bens, e as relações em geral com o Estado, o mercado e a sociedade civil. Através do "empoderamento" se teria a expectativa de que essas pessoas pobres e excluídas superariam as principais fontes de privação das liberdades, poderiam construir e escolher novas opções e poderiam implementar suas escolhas e se beneficiar delas.

As capacidades individuais representam, portanto, para Sen (2001), *graus de poder* (do pobre, do excluído) para fazer ou deixar de fazer coisas. Assim, o conceito de capacidades não significaria só as *habilidades* das pessoas, mas também as *oportunidades* reais que essas pessoas têm de fazer o que querem fazer (Sen, 2001).

Para o autor, o "empoderamento" é um dos vários conceitos tratados para tal desenvolvimento, conjuntamente com a *participação*, a *descentralização*, o *capital social* etc. Este debate tem sido proposto nos últimos tempos tanto pelos defensores de uma globalização regida pelo mercado (ou, dito de outra forma, pelo Império, pelo Consenso de Washington, pelo neoliberalismo) quanto pelos que defendem a construção de um "outro mundo possível" — neoliberais e pós-modernos confluem nesses projetos: os primeiros com o objetivo de dominar e ampliar a acumulação, os segundos visando humanizar o capital e incluir o "excluído".

Sen propõe, assim, o "empoderamento" como um projeto alternativo que implica a promoção de um *modelo de desenvolvimento* que permita a expansão das liberdades[2] substantivas e instrumentais das pessoas. Ou seja, um projeto (de sociedade) em aberto, orientado para as pessoas enquanto agentes e que respeita a diversidade humana e a liberdade de escolha. Nesse projeto, a pobreza e a tirania são os principais entraves a serem enfrentados.

Sen (2001) entende que da mesma forma que se ocultam as relações entre poder e desenvolvimento, também se diluem as relações entre poder e pobreza. A pobreza constituída é perpetuada por relações de poder. *A pobreza seria um estado de "desempoderamento"*. Isso porque sua leitura sobre a pobreza assume o pressuposto de que os indivíduos e os grupos pobres não têm poder suficiente para melhorar suas condições nem a sua posição nas relações de poder e dominação nas quais estão inseridos. Isso é mais

---

2. As liberdades estão inter-relacionadas e podem se fortalecer umas às outras. As liberdades políticas ajudam a promover a segurança econômica. As oportunidades sociais facilitam a participação econômica. As facilidades econômicas podem ajudar a gerar a abundância individual além de recursos públicos para serviços sociais (Sen, 2000).

visível, conclui Sen, no caso dos grupos mais "desempoderados" e vulneráveis, isto é, os das mulheres, dos idosos e das crianças.

O "empoderamento" passa a ser, para o autor, um meio e um fim para a transformação das relações de poder existentes e para superar o estado de pobreza. Seria um meio de construção de um "futuro possível", palpável, capaz de recuperar as esperanças da população e de mobilizar suas energias para a luta por direitos no plano local, nacional e internacional. Mas o "empoderamento" também seria um fim, porque o poder está na essência da definição e da superação da pobreza. O "empoderamento" necessitaria constantemente ser renovado para garantir que a correlação de forças não volte a reproduzir as relações de dominação que caracterizam a pobreza.

Assim, as estratégias de combate à pobreza inscrevem-se num processo essencialmente político, que precisa de atores capazes de alterar correlações de força nos diversos níveis sociais e articulados em torno de temas e lutas comuns. Atores com poder diferentes são necessários como catalisadores no processo de "empoderamento". Ao mesmo tempo, as características desses processos, suas potencialidades e limites, são diversas em função do tipo de mediadores; por exemplo: movimentos sociais, ONGs, governos, agências multilaterais que atuam como catalisadores.

No combate à pobreza, para Sen, o "empoderamento" dos pobres e de suas organizações se orienta para a conquista da cidadania, isto é, a conquista da plena capacidade de um ator individual ou coletivo de usar seus recursos econômicos, sociais, políticos e culturais para atuar com responsabilidade no espaço público na defesa de seus direitos, influenciando as ações dos governos na distribuição dos serviços e recursos.

Os processos de transformação do Estado e de mudança social orientados para a superação da pobreza assentam na construção de redes e de amplas alianças dos movimentos sociais e das organizações populares no campo da sociedade civil. As ONGs vêm tendo um papel fundamental na construção e no suporte dessas redes e alianças.

Por fim, chama a atenção que Sen conceba um projeto que transformaria as "relações de poder" e a "correlação de forças" mediante o suposto "empoderamento" dos pobres sem, porém, imaginar qualquer alteração nos fundamentos estruturais do poder econômico e político: a propriedade privada dos meios de produzir riqueza, a exploração da força de trabalho, o enorme poder concentrado nos monopólios, nas instituições como o FMI etc. Parece que o "empoderamento dos pobres e subalternos" não precisaria de um "des-empoderamento dos ricos e poderosos". Este parece ser mais um projeto ideológico do que um processo que efetivamente altera a correção de forças sociais.

Chama também a atenção a concepção do autor de um projeto social "aberto" (descartando e rejeitando "projetos fechados" como os projetos socialista ou comunista). Qual seria essa sociedade? Um "capitalismo mais humanizado" estaria dentro do horizonte propositivo de Sen? Este parece ser mais um debate sem conteúdo específico, que gera adesões a partir da livre interpretação que cada um faz da (vazia) proposta do autor.[3]

3.4 Narayan e a pobreza como uma questão de autoavaliação

Deepa Narayan (2000), desenvolve sua análise e propõe maiores desdobramentos do conceito sobre pobreza a partir do já apresentado por Sen, desde 1993, e apropriado pelo Banco Mundial. Narayan lança um procedimento de "Avaliações Participativas sobre a Pobreza" (APPs) com o objetivo de incorporar às discussões sobre a pobreza uma dimensão humana e social. Essa avaliação incorpora dados retirados de entrevistas realizadas junto às populações desprovidas de meios de sobrevivência, em vários países do mundo. Trata-se da síntese de autoavaliação da parcela da sociedade que vive em condições precárias e sob fortes privações, ou seja, *aferência da opinião do pobre sobre como é ser pobre*. Trata-se de considerar a vítima das mazelas sociais como fonte privilegiada, pois considera que:

> os pobres têm ampla e íntima experiência com o efeito adverso que tem a corrupção no atendimento da saúde, na educação, no abastecimento de água, na exploração florestal, nos programas de ajuda oferecidos pelo governo e,

---

3. Uma preliminar avaliação crítica sobre o conceito de "empoderamento" encontra-se em Petras, 2005.

em seu caso, na assistência social em suas vidas no cotidiano. O fenômeno da corrupção não só atinge a legitimidade das instituições públicas, a sociedade, o desenvolvimento integral dos povos e os demais aspectos de caráter mais geral mencionados anteriormente, mas também tem um impacto específico no gozo efetivo dos direitos humanos da coletividade em geral e os pobres em particular (Narayan, 2000, p. 83).

Assim, as melhorias da qualidade de vida vinculam-se, para Narayan, à disposição dos desprovidos para melhorar a sua própria condição de vida; o que está diretamente relacionado à forma como estes encaram as *oportunidades*, os *riscos* e as *limitações* que se lhe apresentam, estando nas próprias mãos a capacidade de mudar sua situação. Com isso, Narayan conclui que o sucesso das ações da sociedade para ajudar os mais empobrecidos só terá eficácia à medida que os beneficiários a aceitem e concordem.

Portanto, as estratégias de redução de pobreza só serão eficazes e sustentáveis se corresponderem a um conhecimento sistemático das percepções dos pobres sobre a sua situação de pobreza, e assim Narayan expõe mecanismos necessários para que a população empobrecida possa reconhecer suas demandas e fortalecer suas organizações. Afirma o autor que:

> nesse sentido, existe uma necessidade premente de, por um lado, garantir as condições necessárias para que os pobres fortaleçam suas próprias organizações, tanto nas comunidades em si, como em associações entre comunidades, e exercer deste modo seu direito à informação e a que lhes prestem contas sem temor a consequências pessoais negativas, e, por outro, que os Estados desenvolvam leis e regulamentos de acesso à informação não discriminatórias e de fácil acesso. A falta de acesso à informação coloca, indiscutivelmente, os setores mais carentes da sociedade em uma situação de vulnerabilidade com relação a possíveis atos abusivos de particulares e ações de corrupção por parte de entidades estatais e seus funcionários (Narayan, 2000, p. 104).

O instrumento de avaliação criado por Narayan, as APPs concentrou-se, basicamente em como os pobres percebem as várias manifestações da pobreza (renda baixa, falta de alimentos, propensão a doenças), em suas principais causas e fatores limitantes de suas oportunidades (por exemplo, pouco acesso a bens como terras e créditos; fatores geofísicos que causam isolamento e discriminação de sexo, etnia, classe ou religião, e em como eles viam os serviços públicos (por exemplo, centros de saúde, escolas, programas de planejamento familiar ou de extensão agrícola). Assim, ao utilizar esse enfoque, teria-se uma perspectiva multicultural da pobreza, uma perspectiva que perpassa a renda e os gastos em educação e saúde, uma perspectiva que considera a capacidade de os pobres serem ouvidos e de ganharem poder como agentes de seu próprio destino. Para argumentar sobre a importância e eficácia das APPs Narayan explicita:

> não é de se surpreender que quando as técnicas consultivas com os pobres são utilizadas, emerge um quadro bastante diferente das vias favorecidas para a erradicação da pobreza. Análises recentes com mais de 20.000 pessoas pobres em 23 países indicaram cinco vias: alternativas para a erradicação da pobreza. Estes talvez expressem com mais precisão as aspirações dos próprios pobres: (1) da corrupção para honestidade e justiça; (2) da violência para paz e equidade; (3) da impotência para a democracia de base; (4) da fraqueza para a capacidade de ação; (5) da subsistência mínima a bens e segurança (Narayan et al., 1999, p. 14).

Estas vias alternativas demonstram, para Narayan (ibidem), que, à medida que são abandonadas as rígidas óticas financeiras da pobreza, o quadro alcança uma complexidade bem mais significativa. Não é mais apropriado utilizar critérios meramente financeiros, quer na priorização de pesquisas úteis, quer na avaliação subsequente de impactos, de valores que contribuem com o *valor social líquido*, tais como: honestidade, paz, democracia e capacidade de ação.

O autor advoga, portanto, por uma concepção de *pobreza* como *um fenômeno multidimensional inter-relacionado*. Isso significa que, em sua análise, a pobreza e suas causas variam segundo a idade, gênero, cultura e outros contextos sociais e econômicos. Contrapõe-se o autor à definição da pobreza como mera ausência do que é necessário para o bem-estar material — especialmente alimentos, moradia, terra e outros ativos. Em outras palavras, para ele, a pobreza é a falta de recursos múltiplos, o que leva à fome e à privação física.

Com isso, Narayan explicita a importância de considerar o *aspecto psicológico da pobreza*. Pois, os pobres sentem a consciência de sua falta de voz, poder e independência que os sujeita à exploração. A pobreza os deixa mais vulneráveis à humilhação e ao tratamento desumano pelos agentes públicos e privados a quem, frequentemente, solicitam ajuda. Os pobres sofrem a dor causada pela inevitável ruptura com as normas sociais e sua incapacidade de manter sua identidade cultural por meio da participação em tradições, festivais e rituais, pela incapacidade de participar na vida comunitária, o que pode levá-los à ruptura das relações sociais (Narayan, 2000).

Assim, para o autor, uma definição resumida do conceito de pobreza, atribuída pelas próprias vítimas é: *Pobreza é fome, é falta de abrigo. Pobreza é estar doente e não poder ir ao médico. Pobreza é não poder ir à escola e não saber ler. Pobreza é não ter emprego, é temer o futuro, é viver um dia de cada vez. Pobreza é perder o seu filho para uma doença trazida pela água não tratada. Pobreza é falta de poder, falta de representação e liberdade.*

Narayan entende, desta forma, que as estratégias de redução da pobreza, para serem eficazes e sustentáveis, devem refletir um conhecimento sistemático das percepções dos pobres.

3.5 Giddens e a "Terceira Via" para a inovação e para a superação da pobreza

A relevância acadêmica de Giddens foi ampliada significativamente pelo papel intelectual e político que teve no governo do Primeiro Ministro inglês, Tony Blair, fundando ainda a chamada "Terceira Via". Vejamos seus postulados centrais no que tange a nosso tema.

A — Concepções sobre a pobreza

Embora proponha uma leitura própria sobre a pobreza, Giddens (2004) anuncia distintas formas de analisá-la; para ele há duas grandes leituras sociológicas da pobreza. Com isso, as explicações sobre a pobreza podem ser agrupadas em categorias principais: as teorias que consideram os indivíduos pobres responsáveis pela sua própria pobreza, e as teorias que consideram a pobreza como produzida e reproduzida pelas forças estruturais da sociedade. Estas abordagens opostas são, por vezes, descritas como teoria da *"culpabilização da vítima"* e teoria da *"culpabilização do sistema"*.

Relembra Giddens que eventos que marcaram a história apontam as atitudes que responsabilizaram, e ainda o fazem, os pobres pela sua posição desprivilegiada. Os esforços iniciais para atender os efeitos da pobreza, como as Casas dos Pobres do século XIX, estiveram enraizados na crença de que a pobreza era o resultado de um *desajustamento* ou *patologia* dos indivíduos. Aos pobres eram atribuídas a características de incapacidade — mediante à ausência de talento, à fraqueza física ou moral, à ausência de motivação, ou a capacidades abaixo da média — de vencer na sociedade. A posição social era tida como um reflexo do esforço ou talento pessoal: os que mereciam ser bem sucedidos assim o eram, enquanto os menos capazes estavam condenados a falhar. A existência de "vencedores" e de "vencidos" era vista como um fato da vida, afirma o autor.

Tal concepção ressurgiu, nos anos 1970 e 1980, à medida que a ênfase política colocada na atividade empresarial e a ambição individual recompensou aqueles que "obtiveram sucesso" na sociedade, e responsabilizou aqueles que o não tiveram pelas circunstâncias em que se encontravam. Procuraram-se frequentemente explicações para a pobreza nos "estilos de vida" dos pobres, bem como nas atitudes e concepções que supostamente teriam adotado. Oscar Lewis (apud Giddens, 2004) lançou uma das mais influentes destas teorias, argumentando que existe uma "cultura da pobreza" entre as pessoas pobres. De acordo com Lewis, a pobreza não é o resultado de inadequações individuais, mas de uma atmosfera social e cultural mais ampla, na qual as crianças pobres são socializadas. A cultura da pobreza é transmitida entre gerações porque os jovens desde cedo não veem razão para aspirar a algo mais. Ao contrário, resignam-se fatalistamente a uma vida de empobrecimento.

A tese da *"cultura da pobreza"* teve um novo desenvolvimento pelo sociólogo americano Charles Murray (apud Giddens, 2004). Segundo ele, os indivíduos que são pobres *sem culpa própria* — viúvos, órfãos ou incapacitados — fazem parte de uma categoria diferente daqueles que pertencem à "cultura da dependência". Com esse termo, Murray refere-se às pessoas pobres que dependem das provisões da segurança social em vez de entrarem no mercado de trabalho. Argumenta que o crescimento do Estado-providência criou uma *subcultura* que mina a ambição pessoal e a capacidade de autoajuda. Em vez de se orientarem para o futuro e lutarem por uma vida melhor, os dependentes da segurança social contentam-se em aceitar as ajudas. O Estado-Providência, argumenta o autor, corroeu o estímulo das pessoas para trabalharem.[4]

A tese da *"pobreza como resultante de grandes processos sociais"* propõe, segundo Giddens (2004), que as estruturas de uma sociedade — fatores como a classe, o gênero, a etnia, a posição ocupacional, a escolaridade e outros — moldam a forma como os recursos são distribuídos. Os que optam por esta leitura argumentam que a falta de ambição entre os pobres, muitas vezes tomada como *cultura da dependência*, é de fato uma consequência das suas situações condicionadas e não uma causa delas. Entendem, portanto, que a redução da pobreza não consiste apenas numa questão de mudança das concepções individuais, mas requer medidas políticas destinada a distribuir de forma mais uniforme os rendimentos e os recursos pela sociedade. Programas de transferência de renda, um salário mínimo e níveis mínimos de rendimentos garantidos para as famílias são exemplos de medidas políticas que procuraram remediar as desigualdades sociais persistentes.

---

4. Teorias como estas parecem ecoar entre a população britânica. Os inquéritos mostram que a maioria dos britânicos consideram os pobres como responsáveis pela sua própria pobreza e desconfiam daqueles que vivem "à borla" das "ajudas do governo". Muitos acreditam que as pessoas dependentes da seguridade social poderiam encontrar trabalho se estivessem determinadas a fazê-lo. Porém, estas perspectivas não correspondem à realidade da pobreza. Cerca de um quarto daqueles que vivem na pobreza na Grã-Bretanha encontram-se trabalhando, mas ganham muito pouco para conseguirem sair dos limites da pobreza. Dos restantes, a maioria são crianças com menos de 14 anos, adultos com 65 ou mais anos e os doentes ou incapacitados. Apesar da visão popular acerca dos níveis elevados de embustes à seguridade social, menos de 1% das candidaturas envolvem pedidos fraudulentos — número muito menor do que no caso das declarações do imposto sobre o rendimento, onde se estima que mais de 10% dos impostos são perdidos devido à evasão ou falsas declarações. Disponível em: <http://www.darvozaospobres.blogspot.com/>. Acesso em: 22 dez. 2010.

Na visão de Giddens (2000), diante do crescente empobrecimento da população, os programas convencionais de socorro à pobreza devem ser substituídos por abordagens centradas na comunidade, que permitam uma participação mais democrática, além de serem mais eficazes. Assim, para o autor, a formação de comunidades enfatiza as redes de apoio, o espírito de iniciativa e o cultivo do capital social como meio de gerar renovação econômica em localidades de baixa renda.

Sendo assim, a pobreza, para Giddens, se caracterizará na situação em que indivíduos, famílias e grupos da população são defrontados com a falta de recursos que não lhes permitam alimentar-se com o mínimo de calorias necessárias, assim como a impossibilidade de participar das atividades, ou gozar das condições de vida que são habituais, ou pelo menos, amplamente desejadas pelos membros da sociedade a que pertencem (Giddens, 2004). Esse fenômeno é interpretado de duas grandes formas: a *pobreza absoluta* — situação atribuída a qualquer indivíduo que viva abaixo dos padrões de subsistência (Giddens, 2004, p. 313), e a *pobreza relativa* — conceito relacionado ao resultado de comparações entre o padrão de vida de um indivíduo com o padrão de vida geral prevalecente numa sociedade, nesse caso, a pobreza é culturalmente definida (Giddens, 2004, p. 313).

B — A "Terceira Via" e o enfrentamento da pobreza

A chamada "Terceira Via"[5] parece, para Giddens, a solução mais apropriada para os problemas gerados pelo capitalismo. Estando esta entre *a direita e a esquerda*, para Giddens, a "Terceira Via" difere tanto da social-democracia quanto do neoliberalismo. Politicamente, "a 'Terceira Via' representa um movimento de modernização do centro. Embora aceite o valor socialista básico da justiça social, ela rejeita a política de classe, buscando

---

5. Em sua obra *Para além da esquerda e da direita: o futuro da política radical*, Giddens (1996) interpreta o motivo pelo qual o modelo do *Welfare State* não foi vitorioso. A partir dessa análise, ele propõe um novo modelo de desenvolvimento que se sobrepõe aos formulados, pela esquerda e pela direita: a "Terceira Via", como resultado de interações e ajustes dos países no sistema de globalização.

uma base de apoio que perpasse as classes da sociedade" (Giddens apud Antunes, 1999, p. 48). Na esfera econômica, a "Terceira Via" prega uma nova "economia mista", pautando-se no "equilíbrio" entre a regulamentação e a desregulamentação e entre os aspectos econômico e não econômico na vida da sociedade. Ela deve "preservar a competição econômica", quando ela é ameaçada pelo monopólio. Deve também "controlar os monopólios nacionais" e "criar e sustentar as bases institucionais dos mercados" (Giddens, apud Antunes, 1999, p. 50).

Giddens destaca três conjuntos de desenvolvimentos que possuem especial impacto na sociedade mundial (1996, p. 12); são eles: globalização intensificadora,[6] ordem social pós-tradicional[7] e expansão da reflexividade social (Giddens, 1996, p. 15-6).

Diante de tamanhas mudanças, há alterações substantivas na vida social que impuseram incertezas artificiais, ou seja, criadas pelas mãos dos homens, de forma que os remédios até então conhecidos se tornaram antiquados. É considerando essas novas configurações que Giddens (1996) analisa o socialismo, o conservadorismo e o neoliberalismo.

O neoliberalismo não é conservador no sentido de conservar as tradições. Ao contrário, conforme o autor aponta: ele inicia processos radicais de mudança, estimulado pela incessante expansão de mercados. (...) a direita tornou-se radical, enquanto a esquerda busca principalmente preservar — tentando proteger, por exemplo, o que sobrou do *Welfare State* (Giddens, 1996, p. 17).

---

6. A globalização não é apenas nem primordialmente um fenômeno econômico, e não deve ser equacionada como o surgimento de um "sistema mundial". A globalização trata efetivamente da transformação do espaço e do tempo (Giddens, 1996, p. 12). Trata-se de uma *ação a distância*, e relaciona sua intensificação nos últimos anos ao surgimento da comunicação global instantânea e ao transporte de massa (Giddens, 1996, p. 13).

7. Uma ordem social pós-tradicional não é aquela na qual a tradição desaparece — longe disso. É aquela na qual a tradição muda seu *status*. As tradições têm de explicar-se, têm de se tornar abertas à interrogação ou ao discurso. (...) Tradições de grande importância foram inventadas ou reinventadas, como as do nacionalismo ou da religião. Não menos importantes foram as tradições, de tipo mais realista, reconstruídas para lidar com a família, o gênero e a sexualidade, entre outras áreas da vida social. Em vez de serem desfeitas, estas foram reformuladas de modo a fixar mulheres firmemente no lar, reforçar as divisões entre os sexos e estabilizar determinados cânones 'normais' de comportamento sexual (Giddens, 1996, p. 13-4).

Respaldado nos argumentos de que as mudanças da sociedade imprimem novos desafios teóricos e políticos, o autor defende a "exaustão das ideologias políticas recebidas" (1996, p. 18) e, por tanto, que seriam necessários tratamentos radicais (1996, p. 19), propondo seis pontos para reconstruir uma "*política radical*" (Giddens, 1996, p. 21-8): (1) Restaurar as solidariedades danificadas; (2) Reconhecer a centralidade da política de vida — *política de estilo de vida* — onde "aquilo que costumava ser fixado pela natureza ou pela tradição está atualmente sujeito a decisões humanas"; (3) Política gerativa — "é uma política que busca permitir aos indivíduos e grupos fazerem as coisas acontecerem, e não esperarem que as coisas lhes aconteçam, no contexto de preocupações e objetivos sociais totais"; (4) Incrementar formas mais radicais de democratização; (5) Repensar o *Welfare State* e sobre questões mais amplas de pobreza global; (6) Enfrentar o papel da violência nas questões humanas. Destarte, haveria urgência e a necessidade de existir uma responsabilidade coletiva e individual, cujos princípios, observa o autor, seriam: "os valores de santidade da vida humana, os direitos humanos universais, a preservação das espécies e o cuidado com as gerações presentes e futuras de crianças" (1996, p. 29).

Giddens analisa e define o Estado Moderno pela intervenção na economia, principalmente através da organização da previdência, "a fim de tornar a ordem social mais equitativa" (1996, p. 153). Sobre essa preocupação, orienta-se discutir o *Welfare State*, do qual ressaltará três, dentre as suas múltiplas fontes estruturais (1996, p. 156), a saber:

1) As instituições previdenciárias, no *Welfare State*, assistiam os que não podiam ingressar no mercado de trabalho, assim como estavam ligadas ao desenvolvimento industrial;

2) O *Welfare State* sempre foi um Estado nacional, com a intenção de promover o sentimento de solidariedade nacional;

3) Há a preocupação com a administração do "risco", constituindo-se como forma de seguro social para lidar com acasos (previsíveis) (1996, p. 157). Diante deste pressuposto, Giddens afirma que os problemas enfrentados pelo *Welfare State* vinculam-se ao trabalho, à solidariedade e administração de "risco", que são suas principais temáticas (1996, p. 159). Para o autor, "os '*novos pobres*' são aqueles

que se encontram em uma situação frágil, de 'risco', no mercado de trabalho, ou foram completamente excluídos dele".

A partir desta última reflexão, aponta como problema as "subclasses", que são criadas a partir da *dependência* em relação à previdência, não como vítimas do sistema, mas como "indivíduos que se excluem desse sistema, optando, em vez disso, por fazer uso dos benefícios do *Welfare State*" (1996, p. 165).

As "subclasses" não são apenas focos de privação dentro das sociedades nacionais; são fissuras ao longo das quais o Terceiro Mundo entra em contato com o Primeiro. O *isolamento social* separa os grupos desprivilegiados do resto da ordem social dentro das nações e espelha a divisão entre ricos e pobres em uma escala global — e está ligado de forma causal a essa divisão (Giddens, 1996, p. 169).

Para Giddens, os sistemas previdenciários foram incapazes de realizar muita distribuição de riqueza e renda tendo o *Welfare State* se tornado "em parte um instrumento para ajudar a promover os interesses de uma classe média em expansão" (1996, p. 169-70). Em que pese o objetivo de redistribuição, como a erradicação da pobreza, não ter sido alcançado, pode-se afirmar que ocorreu uma redistribuição na partilha dos riscos e que "os programas previdenciais conseguiram efetivamente (...) uma generalização da seguridade social, em especial ao longo do ciclo de vida" (1996, p. 165).

Assim, concordando com os argumentos neoliberais (ver, por exemplo, as considerações de Hayek, e do Banco Mundial), o autor pondera que "a *pobreza foi minorada não pela redistribuição dos mais afluentes para os pobres, mas devido aos aumentos totais na riqueza que elevaram o padrão de todos*" (1996, p. 170). Assim, para Giddens, *o crescimento da riqueza configura-se como uma solução para pobreza*, visto que assim altera a qualidade de vida e favorece acessos aos distintos bens e serviços, indo na contramão da tese de Marx.

Desta forma, Giddens afirma que o sucesso do *Welfare State* é real e significativo, mas enfatiza que esta *distribuição do risco* foi despolitizada ou enfrentada por meio de "contenção", pois o risco artificial é instável, "ele não pode mais ser enfrentado de maneira atuarial" (1996, p. 170). Ou seja, há imponderáveis que jamais podem ser previstos ou seus riscos totalmente controlados.

Enfim, Giddens adota uma posição contrária à aplicação da teoria keynesiana ou até do chamado "Estado de bem-estar", afirmando que o desenvolvimento, o crescimento, a melhora de condições de vida devem se fundamentar em atos e ideias *que vão para além da esquerda e da direita* (1996).

Portanto, para o autor, um novo "acordo" se faz urgentemente necessário hoje, porém ele não pode mais assumir a forma de uma distribuição de benefícios de cima para baixo. Ao contrário, as medidas previdenciárias destinadas a se opor aos efeitos polarizadores daquilo que continua a ser uma sociedade de classes devem possibilitar a aquisição de poder e não ser meramente *"distributivas"*. Elas devem se preocupar exatamente com aquela *reconstrução de solidariedade social*, mencionada anteriormente, no nível da família e no de uma cultura cívica mais ampla. E um acordo desses deve dar a devida atenção não apenas às particularidades das classes e sim às outras expressões da vida na sociedade.

O *Welfare State* cresceu como um modo de proteção contra os infortúnios que "acontecem" às pessoas — com certeza, no que diz respeito à seguridade social, ele basicamente recolhe os pedaços depois que as adversidades ocorreram. A *previdência positiva*, em oposição à outrora experimentada, deposita uma ênfase muito maior na mobilização de *medidas de políticas de vida*, direcionadas mais uma vez à ligação da autonomia com as responsabilidades pessoais e coletivas (1996, p. 26-7).

Diante de uma ordem social pós-tradicional e também a tradicional, a Seguridade Social deve estar aberta à interrogação, refletindo sobre sua característica de mera distribuidora de renda, para assumir aspectos de uma "previdência positiva", o que exige uma prestação efetiva do Estado com vistas a desenvolver ações que promovam a vida e não somente meios de subsistência em caso de infortúnios.

A falta de consenso sobre este novo estilo de desenvolvimento, resulta no embate entre "forças conservadoras", que insistem em tratar a natureza de forma instrumental, mantendo seu padrão de consumo e prosperidade, e "forças progressistas", que lutam por uma civilização socialmente justa, por políticas econômicas que levem em conta as questões ambientais, e por uma visão da natureza em harmonia com os seres humanos. Deste conflito, resultam novas e profundas divisões[8] entre as nações, as classes sociais e os partidos. Questões como o uso mais eficiente dos recursos (como o caso das emissões de carbono) e a restrição do consumo em nível global, colocam urgentemente em debate o próprio conceito de necessidades humanas; constituem a luta de novos movimentos sociais, mas devem ocupar o espaço da cidadania como um todo, e fazer parte, de forma séria, de uma educação pós-moderna crítica. Porém as problemáticas relacionadas aos riscos de grande consequência só podem ser tratadas sob uma abordagem interdisciplinar, pois qualquer ação efetiva passa, simultaneamente, por questões socioeconômicas, culturais, político-institucionais e ambientais (Giddens, 2004).

C — O "risco social" para Giddens

"Riscos", para Giddens, são formas adotadas para "colonizar o futuro" (2002, p. 106), fenômeno típico da sociedade moderna, caracterizado como *"perigo calculado e remediável pela segurança*, baseada geralmente em um equilíbrio de confiança e risco aceitável" (2002, p. 106). É com o advento da globalização que os riscos promovem sérias consequências, o que Giddens chamará de *"riscos de alta consequência"*, por afetarem um grande número de pessoas. O "clima de risco" das sociedades contemporâneas se caracteriza pelas "mudanças regulares nas reivindicações ao saber mediadas pelos sistemas especialistas" (2000, p. 117). Isso não quer dizer que hoje a vida seja mais arriscada do que em épocas pretéritas. É que analisar os *riscos* significa também considerar o *imprevisível e o imponderável* (2000, p. 117). Contudo, Giddens ressalva que a sensação de risco na sociedade tende a aumentar quanto mais os conhecimentos se especia-

---

8. O homem pós-moderno, certo de seu saber, usa e abusa de tudo o que está a seu alcance; desenvolveu um sistema produtivista que não leva em consideração as preocupações éticas; pela sua intervenção, alterou completamente a natureza, e hoje "em vez de se preocupar, acima de tudo, com o que a natureza poderia fazer-lhe, tem agora que se preocupar com o que fez à natureza" (Giddens apud Siqueira, 2000).

lizam, explicitando os limites do conhecimento atual sobre a sociedade, conforme podemos identificar na seguinte afirmação: "A modernidade é uma ordem pós-tradicional, mas não uma ordem em que as certezas da tradição e do hábito tenham sido substituídas pela certeza do conhecimento racional" (2000, p. 10). O "risco", assim, se apresenta como uma expressão especulativa, tendo seus efeitos nem sempre calculáveis.

A noção de "risco" vincula-se, assim, à ideia de probabilidade e de incerteza, descrevendo situações cujo resultado é parcial ou completamente desconhecido, com a possibilidade desse resultado envolver potencial risco (Giddens, 2004). A sociedade de risco revela, de certa forma, um sentimento de insegurança latente, mesmo a nível individual. Gera-se, portanto, um aprofundamento da dependência dos peritos, os que detêm o conhecimento pericial e, consequentemente, o poder para decidir. Para o autor, todas as áreas da atividade social se tornaram governadas por decisões estabelecidas com base nas pretensões do conhecimento pericial de um ou outro tipo. Neste sentido, as escolhas devem ser feitas dentro do que é aceitável no contexto social. Embora todos os comportamentos sociais se tenham tornado potencialmente da responsabilidade individual, é necessário que os envolvidos demonstrem um comportamento racional, organizado, controlado e reflexivamente monitorado de acordo com as assunções, objetivos, requisitos e procedimentos institucionalmente prevalecentes (Giddens, 1994). Neste contexto, o indivíduo tentará reencontrar os meios de afirmar uma identidade, de romper com o anonimato em protesto contra as conformidades e os limites impostos pela própria sociedade. Esta tentativa poderia ser considerada como protesto ou mesmo transgressão, não fosse um dos imperativos da sociedade reflexiva o de cada um construir e re-construir continuamente a sua narrativa identitária. Segundo Giddens,

> com o advento da modernidade, a reflexividade assume um caráter diferente. Ela é introduzida na própria base de reprodução do sistema... A reflexividade da vida social moderna consiste no fato de que as práticas sociais são constantemente examinadas e reformadas à luz de informação renovada sobre estas próprias práticas, alterando assim constitutivamente seu caráter (Giddens, 1991, p. 45).

Com isso, Giddens, nessa época de incertezas, entende o "risco" como algo manufaturado, conforme afirma a seguir:

> o risco manufaturado é resultado da intervenção humana na natureza e nas condições da vida social. As incertezas (e as oportunidades) que ele cria são amplamente novas. Elas não podem ser tratadas como remédios antigos; mas tampouco respondem à receita do Iluminismo: mais conhecimento, mais controle (Giddens, 1994, p. 38).

Então, os "riscos" são criados

> por formas normativas sancionadas de atividades — como no caso dos jogos de azar ou esportes. Os mercados de investimentos representam facilmente o exemplo mais proeminente da vida social moderna. Todas as firmas de negócios (...) e todos os investidores, operam num ambiente onde cada um tem de prever os lances do outros no sentido de maximizar os lucros. As incertezas envolvidas nas decisões de investimentos derivam em parte das dificuldades de antecipar eventos extrínsecos, tais como inovações tecnológicas, mas fazem também parte da natureza dos próprios mercados (Giddens, 1994, p. 130).

Existem situações ou eventos que colocam em risco ou comprometem os indivíduos, o seu bem-estar e a sua segurança. Para controlar esses riscos sociais é necessário que as sociedades criem *sistemas de proteção social*, a serem implementados de forma coletiva na defesa do patrimônio do grande capital e individual para salvaguardar trabalhadores visto como seres únicos, sem representatividade de classe.

3.6 Robert Castel e a "desfiliação social"

Outro autor de relevância no debate acadêmico é o francês Robert Castel, de enorme repercussão ao pensar as novidades da "questão social" no contexto de crise capitalista e fim da experiência soviética. Seu debate sobre as "metamorfoses da questão social", muitas vezes identificada com as análises de seu conterrâneo, Pierre Rosanvallon, na *Nova questão social* (1997), no entanto se diferencia significativamente deste. Vejamos alguns dos seus principais postulados.

A — As metamorfoses da "questão social"

Castel caracteriza a "questão social" como "uma inquietação quanto à capacidade de manter a coesão de uma sociedade. A ameaça de ruptura é apresentada por grupos cuja existência abala a coesão do conjunto" (Castel, 1998, p. 41). Explicitando a composição de tais grupos, o autor aponta que o motivo de as populações dependerem de intervenções sociais seria basicamente pelo fato de serem ou não capazes de trabalhar, sendo tratados de forma distinta em função desse critério. A análise parte da identificação de longo prazo de uma correlação profunda entre o lugar ocupado pelo indivíduo na divisão social do trabalho e a sua participação nas redes de sociabilidade e nos sistemas de proteção.

Segundo Castel (1998a), as metamorfoses da "questão social" são oriundas das transformações históricas que marcam a sociedade pós-industrial, e incidem no mundo do trabalho; da precarização das relações empregatícias; dos efeitos da globalização; do neoliberalismo; e da desregulamentação do Estado social.

A dimensão social já existia na sociedade pré-industrial, uma vez que uma sociedade ordenada era ameaçada pela pressão exercida pelos que nela não encontram o seu lugar. Castel remete a uma chamada "Teoria da Desvantagem", no sentido em que os clientes potenciais da assistência seriam reconhecidos por um núcleo de situações de dependência reconhecidas que os incapacita de se enquadrar à ordem do trabalho, devido a deficiências físicas ou psíquicas manifestas, devido à idade, à doença e que poderiam se estender a situações familiares desastrosas.

Desde o século XIV, existiam intervenções públicas que prestavam assistência aos indigentes e cuidavam da ordem pública. Castel chama de social-assistenciais as intervenções públicas por meio das quais o Estado agia como fiador da organização e do trabalho e regulador da mobilidade laboral. Os destinatários dessa assistência diferiam pelo fato de poderem ou não trabalhar e o tratamento que lhes era dado era substancialmente distinto.

A diferença da "questão social" na fase do capitalismo industrial para a anterior diz respeito ao surgimento de novos atores e novos conflitos. A "questão social" torna-se a questão de qual lugar os contingentes mais dessocializados podem ocupar na sociedade industrial, colocando com muita propriedade que "a questão social se põe explicitamente às margens da sociedade mas 'questiona' o conjunto da sociedade" (Castel, 1998, p. 34). Nesse sentido, a resposta à questão "será o conjunto dos dispositivos montados para promover sua integração" (Castel, 1998, p. 31). Assim sendo, o lugar do social é visto entre organização política e o sistema econômico, deixando clara a necessidade de construir sistemas de regulação não mercantil com o objetivo de tentar preencher esse espaço. Neste ponto, surge a questão do papel que o Estado é chamado a desempenhar. Castel chama de "Estado social" à intervenção do Estado na interseção do mercado e o trabalho.

No pós-guerra, a articulação do econômico e do social parecia ter encontrado uma solução satisfatória o bastante para que fosse considerada definitiva. O modo de gestão política associou as sociedades privada e social, o desenvolvimento econômico e a conquista dos direitos sociais, o mercado e o Estado. Neste contexto se instalou o Estado social, cuja intervenção se desdobrou em três direções: a garantia da proteção social generalizada, a manutenção do equilíbrio macroeconômico e a busca de um compromisso entre os diferentes implicados no processo de crescimento. Trata-se da instauração de uma regulação circular onde o

> Estado dirige a economia. Constrói uma correspondência entre objetivos econômicos, objetivos políticos, objetivos sociais. Circularidade de uma regulação que pesa sobre o econômico para promover o social e que faz o social o meio de tirar de apuros a economia quando esta se abate (Castel, 1998, p. 487).

Globalmente as performances da sociedade salarial pareciam suprimir o déficit de integração do início da sociedade industrial. A mesma montagem que combinava desenvolvimento econômico e regulações estatais atuou em outros domínios, como educação, saúde pública, planejamento dos recursos, urbanismo e planejamento para as famílias. Quando a "questão social" parecia dissolver-se a trajetória foi interrompida.

Sem tratar diretamente das causas da crise que se instalou no início da década de 1970, o autor afirma que o abalo afetou em primeiro lugar o emprego. A sua principal manifestação é o surgimento do desemprego de massa e, não menos importante, a precarização do trabalho. Após décadas de quase pleno-emprego, com a generalização da proteção surgem, novamente, os "inúteis para o mundo", ou seja, pessoas e grupos que se tornam supranumerários, diante das alterações das competências econômicas e sociais. Trata-se de um contingente sem força de pressão, ou potencial de luta, que não existe socialmente, por não fazerem nada de socialmente útil. "No sentido, é claro, de que existir socialmente equivaleria a ter, efetivamente, um lugar na sociedade... ao mesmo tempo, eles estão bem presentes — e isso é o problema, pois são numerosos demais" (Castel, 1998, p. 33).

Neste ponto, verifica-se, segundo Castel, uma profunda *metamorfose da "questão social"*. Se inicialmente a questão era como fazer um ator social subordinado, dependente, tornar-se um sujeito social, agora a questão é amenizar esta presença, torná-la discreta até apagá-la. Castel, afirma tratar-se de uma nova problemática.

Sob a ótica de Castel, a sociedade atual encontra-se numa bifurcação: aceitar uma sociedade inteiramente submetida às exigências do mercado ou construir uma figura do Estado social capaz de atender ao novo desafio. A aceitação da primeira opção representaria o desmoronamento da sociedade salarial. Já a segunda opção representaria uma redefinição do pacto social, um pacto de solidariedade, um pacto de trabalho, enfim um pacto de cidadania.

B — A "desfiliação social"

De acordo com Castel, o que produz a vulnerabilidade não é um estado de faltas (como alimentação, moradia, saúde, educação), mas sim o efeito de dois vetores: o eixo da integração ou não integração pelo trabalho, e o eixo da inserção ou não inserção em uma sociabilidade sociofamiliar.

Enquanto no eixo do trabalho pode existir integração, precarização e exclusão, no eixo relacional podem haver diferentes inserções, que giram entre dois extremos: a inscrição sólida em uma rede de sociabilidade e o isolamento social total. O entrecruzamento entre os dois eixos produz recortes e zonas diferentes do espaço social, de acordo com o grau de coesão assegurado. Assim, são formadas, segundo o autor, quatro zonas:

1. Zona de integração: correspondente coesão social com trabalho estável e a inserção relacional sólida;
2. Zona de vulnerabilidade (de intermediária): há precariedade nas relações de trabalho e fragilidade nas relações sociais;
3. Zona de "desfiliação": correspondente a uma ausência de participação em qualquer atividade produtiva e isolamento social;
4. Zona de assistência: incapacidade de trabalho e forte inserção social.

As quatro zonas compreendem quatro modalidades de existência social, segundo uma relação que vai da autonomia à dependência, ou da estabilidade à turbulência máxima. Nesta perspectiva, a vulnerabilidade é produzida pela precariedade do trabalho somada à fragilidade do vínculo social. Porém, a "desfiliação" seria a vulnerabilidade já acentuada, a ausência de trabalho e o isolamento social. Desse modo, a "desfiliação" manifesta-se como uma ruptura em relação às normas de reprodução social hegemônicas, que controlam a inscrição social. Segundo Castel, o espaço de existência social que mais cresce é o da "desfiliação".

* *Precarização do trabalho*

Para Castel (1998a), a precarização do trabalho e a perda de garantias trabalhistas provocaram uma vulnerabilidade de massa, pois muitas pessoas ficaram sem a abrangência da proteção e do reconhecimento moral, ambos garantidos pelo trabalho assalariado. A precarização em geral e a escassez desta forma de trabalho produziram uma transformação na "questão social", potencializando a produção dos "desfiliados", isto é, estrangeiros, vagabundos, incapacitados, que ficam em uma zona de assistência, seja do Estado, seja de outras organizações.

Com a conquista dos direitos trabalhistas — proveniente da organização coletiva dos trabalhadores — e a consolidação do Estado Providência, havia um certo otimismo nos anos 1960/70. A zona de vulnerabilidade parecia controlada, pois havia uma zona de integração forte, sendo que a zona de desfiliação era marginal. Hoje, porém, "a zona de integração se fratura, a zona de vulnerabilidade está em expansão e alimenta continuamente a zona de desfiliação" (Castel, 1994, p. 34).

Castel apresenta suas análises afirmando a importância do Estado Providência e criticando o processo de retração e precarização da intervenção social estatal. Para o autor, o ideal liberal tem uma face sombria: a individualidade negativa dos que se encontram sem vínculos e sem suportes, privados de qualquer proteção e de qualquer reconhecimento. O Estado social, portanto, foi construído segundo ele para tentar enfrentar essa problemática, porém, não tem tido sucesso. Segundo ele, antes, na sociedade pré-industrial, a vulnerabilidade nascia do excesso de coerções, enquanto hoje essa vulnerabilidade surgiria pelo enfraquecimento das proteções. Surge a ideia de "risco social".

- *Desfiliação e "risco social"*

No que concerne às redes de sociabilidade primária, suas mudanças são mais complexas para serem evidenciadas. Castel distingue duas variáveis que compõem esse eixo: a variável familiar e a variável dita cultural. Esta engloba

> a partilha de modos de vida enraizados em uma tradição, a participação em valores concretos que, através do investimento nas práticas comuns e na cumplicidade produzida pelo sentimento de pertencer a um mesmo meio, estruturam a vida cotidiana e dão sentido à sua reprodução (Castel, 1994, p. 39).

A família pode ser entendida como uma rede não especializada que participa da sociabilidade primária, isto é, cria laços entre os membros de seu grupo, que geram sentimentos de pertencimento e interdependência. Nesse território, as subjetividades são reproduzidas, a partir das injunções da tradição e do costume. As relações familiares, por exemplo, veiculam papéis sociais que permitem a transmissão da cultura e a reprodução da existência social.

A família é um elemento decisivo da constituição que o autor denomina de proteção aproximada. Além de fazer essa proteção, a família tem uma dimensão cultural, "que é, ao mesmo tempo, uma maneira de habitar um espaço e de partilhar dos valores comuns sobre a base de uma unidade de condição" (Castel, 1994, p. 42).

Castel levanta a hipótese de que as transformações sociais também incidem na estrutura familiar, podendo levar ao empobrecimento desta instituição enquanto vetor fundamental da inserção relacional (Castel, 1994, p. 42). A desfiliação, para o autor, é a inexistência de trabalho e a quebra da sociabilidade primária, que resultam da precarização do trabalho e da insuficiência do território familiar e social — rede de proximidade — para reproduzir a existência e garantir a proteção de algum membro. A precariedade econômica traz a privação, e a fragilidade relacional resulta no isolamento social.

O risco de desfiliação ocorre quando o conjunto das relações de proximidade que um indivíduo mantém a partir de sua inscrição territorial, que é também sua inscrição familiar e social, é insuficiente para reproduzir sua existência e para assegurar sua proteção (Castel, 1998a, p. 50-1).

- *Ruptura ou negação da inscrição social*

A desfiliação também pode acontecer quando há uma negação das normas que estabelecem o *status* ou a posição social que cada indivíduo deve ocupar para participar das trocas sociais. Um exemplo de desfiliação pode se verificar, de acordo com Castel (1998b), na história de vida de Tristão e Isolda. Ambos são os heróis de uma lenda céltica do século XIV, que foi recontada diversas vezes na região da Irlanda. São tidos como desfiliados por vivenciarem uma experiência de "desengajamento social (...), quer dizer, o descolamento de regulações por meio das quais a vida social se reproduz e se reconduz" (Castel, 1998b, p. 174).

A desfiliação denota a não inscrição nas regras da filiação e da reprodução bem como nas relações sociais convencionadas e hegemônicas, que pode acontecer mediante a negação dos indivíduos ou pela falta de oportunidade deste acesso. Quando o pertencimento social é negado ou abandonado pelos autores, vive-se uma experiência do absoluto ou uma desterritorialização.

O desenlace da desfiliação é ganhar ou morrer e hoje quase não há grandes heróis e nobres para jogar tal partida. No entanto, "existem sempre desfiliados, por exemplo, os adolescentes em ruptura ou os heróis de romance *noir* portadores de paixão sem solução" (Castel, 1998b, p. 188).

- *"Risco social" e violência*

O processo de desfiliação nos três eixos — precarização do trabalho, precarização da sociabilidade e negação do *status* social — pode evidenciar não apenas contextos em que a violência emerge, mas complexificar critérios de entendimento e análise deste fenômeno social. Castel entende a violência como uma das consequências da "desfiliação".

Como sugere Castel, para o enfrentamento da violência, então, é preciso, além de controlar a zona de vulnerabilidade e risco, reparar a zona de desfiliação com medidas concretas de *inserção e inclusão social*.

Capítulo 4
A leitura marxista sobre a pobreza:
a outra face da acumulação capitalista

Seria impossível tratar, mesmo que brevemente, as categorias centrais, o método, as principais abordagens e perspectivas que conformam uma tradição tão variada e rica como a marxista. A alternativa válida é apresentar os pilares centrais da obra de Marx, permeando boa parte desta longa tradição teórica e política. Eles fundam a perspectiva teórico-metodológica do marxismo, cuja ortodoxia, em termos lukacsianos, radica na apropriação do método de conhecimento científico da realidade (Lukács, 1974).

São esses pilares do pensamento marxiano e seu método de conhecimento que nos permitirão compreender a abordagem e o tratamento da pobreza e da riqueza na perspectiva marxista.

Lênin (1983) caracteriza, no pensamento marxiano, *três fontes centrais*. Elas representam a apropriação crítica e dialética, por parte de Marx, do principal no pensamento da sua época. Marx se apropria desse pensamento, e o supera criticamente; sua doutrina, conforme afirma Lênin, "nasceu como *continuação* direta e imediata das doutrinas dos representantes mais eminentes da filosofia, da economia política e do socialismo" (1983, p. 72). Essas três fontes, ou partes constitutivas do marxismo, são:

1) o *Materialismo Histórico-Dialético*. Sua elaboração constitui na apropriação crítica da *Filosofia Alemã*, principalmente da produção de Hegel (idealismo objetivo) e de Feuerbach (materialismo contem-

plativo), incorporando a *dialética hegeliana* "que reflete a matéria em perpétuo desenvolvimento" (Lênin, 1983, p. 73), reerguida agora a partir do *materialismo feuerbachiano*, do qual Marx supera seu caráter contemplativo (ver as "Teses sobre Feuerbach", *in* Marx e Engels, 1975, p. 1).

2) *a Crítica da Economia Política*. Ao pensar o Modo de Produção Capitalista, Marx incorpora, e supera criticamente, os principais expoentes da *Economia Política Inglesa*: particularmente Adam Smith e David Ricardo. A partir deles Marx desenvolve a *Teoria do valor-trabalho*, que é dotada de historicidade relacional com a *Teoria da mais-valia*, ou, como afirma Lênin, "lá onde os economistas burgueses viam relações entre objetos (…), Marx descobriu *relações entre homens* (1983, p. 75), tornando visível a *exploração* do homem pelo homem.

3) *o Socialismo Científico* ou a *Perspectiva de Revolução*. Sem pretender uma ciência neutra, Marx concebe o conhecimento científico como arma para a ação política. Assim debate com os *Socialistas Utópicos Franceses*, especialmente Sanit-Simon, Proudhon, Owen, Fourier e Blac, que realizam uma "crítica romântica do capitalismo". A crítica radical (no sentido de ir às raízes) da sociedade capitalista se sustenta no *conhecimento científico* da realidade, passando do "socialismo utópico" ao "socialismo científico", conforme propõe Engels (apud Marx e Engels, p. 1975, 1,5 e ss.), e na *perspectiva de revolução*, o que fundam aquilo que Lênin chama de *Doutrina da Luta de Classes* (1983, p. 77).

Para isso Marx toma de Hegel a *perspetiva de totalidade*, onde o singular e o universal se articulam mediante as particularidades, onde cada concreto real se insere num concreto de maior complexidade, que o contém e determina: a pobreza e a riqueza, neste caso, só podem ser compreendidas nesta perspectiva como determinação de uma realidade mais ampla, como particularidade do Modo de Produção Capitalista (MPC). Essa é uma totalidade (diferente do "todo durkheimiano") *dialética*, marcada pela positividade e negatividade, ou seja, pela *contradição*.

Assim, ainda que a muitos a palavra contradição possa ser substituída por sinônimos a fim de não cometer repetições, aqui optamos justamente pela sua enfadonha recorrência. Diante do exposto, veremos que a pobreza jamais pode ser analisada, nesta perspectiva, separadamente da riqueza, pois se trata de unidade contraditória de opostos. No nosso entendimento, para a tradição marxista a *contradição* é uma categoria fundamental na análise da pobreza.

Nesse sentido, para Marx, a pobreza não é um aspecto marginal, ou um problema colateral do desenvolvimento capitalista, mas representa, como veremos, um momento central e fundante da acumulação capitalista.

4.1 Acumulação e Pauperização na Lei Geral da Acumulação Capitalista — a "pobreza" na obra de Marx

Para compreender a abordagem marxiana sobre a pobreza e pensarmos suas formas de enfrentamento partimos de alguns pressupostos: a pobreza só pode ser explicada na sociedade capitalista em relação à contradição de classes, e para compreender as formas de enfrentamento às expressões da chamada "questão social" é necessário conhecer as determinações impostas historicamente pelas contradições próprias do modo de produção capitalista e as lutas de classes. Tais determinações constituem a realidade concreta na qual os sujeitos históricos se movem. A dimensão econômico-política das formas de enfrentamento do Estado/Sociedade Civil ocorre no contexto da acumulação capitalista, marcada atualmente pela hegemonia do capital financeiro.

A — A pobreza não é um fenômeno por si só explicável

A pobreza, no Modo de Produção Capitalista, não pode ser lida como um fenômeno isolado, distante da relação social posta por esta sociedade (que se mantém sob os pilares da contradição de classes, uma relação entre aqueles que vendem a sua própria força de trabalho e aqueles que a compram).

A pobreza não é um resquício de sociedades pré-capitalistas, ou um produto de um insuficiente desenvolvimento. Ela é *um produto necessário do MPC*. O capitalismo, como sistema social de produção de valores, tem como resultado do seu próprio desenvolvimento a acumulação de capital por um lado, e a pauperização absoluta e relativa por outro (ver Marx, 1980, I, p. 712, no capítulo XXIII). Desta forma, o próprio desenvolvimento capitalista, o aumento da riqueza socialmente produzida, não só não reduz a pobreza, como pelo contrário a produz e amplia: com mais desenvolvimento capitalista, maior pauperização (ver Montaño, 2011). A maior riqueza produzida na sociedade comandada pelo capital não gera sua maior distribuição, mas sua acumulação. Quanto maior a riqueza socialmente produzida, maior a acumulação dela por alguns poucos (que dela se apropriam mediante a exploração de mais-valia) e maior a pauperização da maioria (que a produzem, mas pouco lhes resta em relação à riqueza por eles produzida).

Assim, pobreza não é um aspecto residual, transitório do capitalismo, é estrutural e resultado do seu próprio desenvolvimento. O capitalismo gera acumulação, por um lado, e pobreza por outro; jamais eliminaria nem um nem outro.

Aqui, neste debate, temos como referência os estudos de Marx em *O Capital* (1980) acerca da produção progressiva de uma *superpopulação relativa ou de um exército industrial de reserva* (EIR), partindo da análise da acumulação do capital. Inicialmente, a acumulação do capital segue uma ampliação puramente quantitativa. Com o avanço das forças produtivas, há uma derivação que leva à mudança qualitativa da "composição orgânica do capital" (Marx, 1980, I, p. 730-43), ocorrendo um acréscimo de sua parte constante (matéria-prima e meios de produção) em detrimento da parte variável (a própria força de trabalho). Relembremos que a força de trabalho, portanto, não só reproduz seu próprio valor, ela também cria valor excedente, mais-valia (idem, p. 201 e ss.).

Essa mudança qualitativa na produção mecanizada tende a expulsar a força de trabalho do processo de produção, enquanto a simples expansão quantitativa das fábricas absorve força de trabalho. Os trabalhadores são assim, constantemente repelidos e atraídos segundo as necessidades do capital.

Vale ressaltar que o produto do processo produtivo se decompõe em três partes: a) uma quantidade que só representa o trabalho contido (e transferido) nos meios de produção (representa o valor capital constante); b) outra onde só figura o trabalho necessário para a reprodução da força de trabalho (representa o valor do capital variável); c) e uma terceira que só representa o trabalho excedente (a mais-valia).

Portanto, partimos da constatação de que o trabalho (a relação orgânica com a natureza, a transformação da matéria-prima em produto, das mais variadas formas, utilizando os mais distintos meios, instrumentos e ferramentas) é fundamental para a vida humana e a apropriação do excedente desse trabalho é a condição de sobrevivência da sociedade capitalista. Por conseguinte, a força de trabalho não pode ser descartada, pois é fonte de valor.

À medida que há o avanço das forças produtivas, há uma crescente diminuição da necessidade do capital variável. A redução relativa da parte variável do capital assume a aparência de um crescimento absoluto da população trabalhadora muito mais rápido que o do capital variável ou dos meios de ocupação dessa população. Mas a verdade é que a acumulação capitalista tende a produzir uma população trabalhadora supérflua, isto é, que ultrapassa as necessidades médias de expansão do capital, tornando-se, desse modo, "excedente".

Com o aumento da potencialidade produtiva do capital (produto da apropriação privada do desenvolvimento tecnológico e das mudanças na organização da produção, ver Marx, 1980, I, p. 722-3), ou seja, com a ampliação da escala de produção (com maior produtividade e maior composição orgânica do capital), amplia-se a escala em que a atração maior dos trabalhadores pelo capital está ligada à maior repulsão deles. Por isso, a população trabalhadora, ao produzir a acumulação do capital, produz, em proporções crescentes, os meios que fazem dela uma população supérflua, que por sua vez é fundamental para acumulação capitalista. Essa "população supérflua" expulsa (total ou parcialmente) do mercado formal de trabalho, foi assim tratada como "marginal".

B — A população pauperizada não é marginal, e sim necessária

Essa é uma discussão tão polêmica quanto necessária. Em contexto de análises individualizantes, guiadas ou pela tradicional racionalidade positivista ou pela emergente racionalidade pós-moderna, as análises microssociais sem mediações com a totalidade esbarram no binômio "integrado/marginal", "funcional/disfuncional", ou "incluído/excluído"; e categorias tão fundamentais como exploração, contradição, luta de classes, entre outras, saem de cena. Retomando Marx, o excedente populacional não é *marginal*, mas necessário e funcional ao capital; segundo o autor,

> se uma população trabalhadora excedente é produto necessário da acumulação ou do desenvolvimento da riqueza com base no capitalismo, essa superpopulação torna-se, por sua vez, a *alavanca da acumulação capitalista*, até uma condição de existência do modo de produção capitalista. Ela constitui um exército industrial de reserva disponível, que pertence ao capital de maneira tão absoluta, como se ele o tivesse criado e mantido por ele (Marx, 1980, I, p. 733-4, grifos nossos).[1]

Sendo assim, por que o exército industrial de reserva (EIR) é tão importante para o capital? Fundamentalmente por proporcionar material humano em situações variáveis de expansão do próprio capital e por ser uma forma de regulamentação salarial. Assim, Marx apresenta as funções do EIR:

1) Oferta de material humano a serviço das necessidades variáveis de expansão do capital

O capital segue flutuações do mercado de consumo, safras etc., e para sua expansão necessita de força de trabalho disponível para desempenhar

---

1. Jose Nun et al. (1990) realizam um estudo sobre "A marginalidade na América Latina", num informe apresentado em 1967 para Ilpes-Cepal (Instituto Latino-Americano de Planejamento Econômico e Social — Comissão Econômica para América Latina e Caribe) e DESAL (Centro para o Desenvolvimento Econômico e Social de América Latina). Nele, apresentam-se os argumentos críticos à noção de marginalidade. Outras análises críticas sobre o conceito de marginalidade encontram-se em Quijano (1973) e Barbosa Lima (1983, p. 21 e ss.).

tarefas temporárias, que por sua vez são fundamentais para produção, mas com períodos determinados. Assim, com trabalhadores disponíveis não é necessário o deslocamento de outros que estão produzindo, não sendo necessária a redução ou interferências que prejudiquem a escala produtiva em outro ramo.

A disponibilidade de força de trabalho também favorece o capital em momentos de alta e de baixa da produção, o que Marx chamou de ciclos industriais, ciclos que tendem a desembocar numa crise geral,[2] e o beneficiado deste vai depender da correlação de forças entre as classes em questão (735 — nota I).

Porém, a expansão súbita e intermitente da escala de produção só é possível mediante o material humano disponível, independentemente do crescimento absoluto da população. Esse aumento é criado pelo simples processo de "liberar" continuamente parte dos trabalhadores. A produção capitalista necessita de uma quantidade de força de trabalho disponível, para funcionar à sua vontade, e para isso precisa de um exército industrial de reserva que não dependa de limites naturais.

Então, altera-se o suposto de que "ao acréscimo ou decréscimo do capital variável correspondem exatamente o acréscimo ou decréscimo do número de trabalhadores ocupados" (Marx, 1980, I, p. 737). Na verdade, "permanecendo o mesmo o número de trabalhadores empregados, ou até diminuindo, o capital variável aumenta se o trabalhador individual fornece mais trabalho, aumentando assim seu salário". Quer dizer: o aumento do capital variável pode aumentar o salário de alguns poucos trabalhadores produtivos, sem por isso aumentar o número de trabalhadores: "o acréscimo do capital variável é então índice de mais trabalho, mas não de mais trabalhadores empregados" (idem, p. 737).

E esse trabalho excessivo da parte empregada da classe trabalhadora engrossa as fileiras de seu exército de reserva, enquanto inversamente a forte pressão que o EIR exerce sobre aquela massa empregada, através da

---

2. Sobre a crise estrutural do sistema do capital, ver, a partir dos fundamentos em Marx ao considerar os ciclos da produção capitalista (1980, III, p. 416), e o tratamento da ondas que Trotsky traz de Kondratieff, as análises de Mandel em *O capitalismo tardio* (1982) e *A crise do capital* (1980), e de Mészáros em *Para além do capital* (2002).

concorrência, compele-a ao trabalho excessivo e a sujeitar-se às exigências do capital. A condenação de uma parte da classe trabalhadora à *ociosidade forçada*, em virtude do trabalho excessivo da outra parte, torna-se fonte de enriquecimento individual dos capitalistas.

2) Regulação dos salários e direitos trabalhistas

Outro ponto importante para salientar é que o EIR interfere no salário. O salário, por sua vez, está diretamente vinculado à relação de oferta e procura de força de trabalho no mercado. Assim, a equação fica bem fácil de decifrar, quanto maior a oferta, menor a procura, por conseguinte os salários tendem a decair. Isso porque os salários não são determinados pelas variações do número absoluto da população trabalhadora, mas, pela proporção variável em que a classe trabalhadora se divide em exército da ativa e exército da reserva.

Ou seja, o EIR tem uma função econômica e política, e nesse caso quem sai com plena vantagem são os que compram a força de trabalho, que obedece à lógica da oferta e da procura, quanto maior a oferta de mão de obra menor o seu preço (salário).

Em momentos de escassez de trabalhadores disponíveis ou do EIR, tende a haver um aumento salarial e dos direitos trabalhistas.

Nem a busca por emprego por parte do trabalhador, nem a busca por trabalhadores por parte do capital, representam mecanismos naturais de crescimento, ou seja, a procura de trabalho, pelo capitalista, não se identifica com o crescimento do capital, nem a oferta de trabalho, pelo trabalhador, com o crescimento da classe trabalhadora. Essa relação de procura de trabalho e oferta de trabalho vincula-se à acumulação do capital, que age ao mesmo tempo dos dois lados. Se sua acumulação aumenta a procura de trabalho, aumenta também a oferta de trabalhadores, "dispensando-os", ao mesmo tempo em que a pressão dos desempregados compele os empregados a fornecer mais trabalho adicional:

> o capital age sobre ambos os lados ao mesmo tempo. Se, por um lado, sua acumulação multiplica a demanda de trabalho, por outro multiplica a oferta

de trabalhadores mediante a sua "liberação", enquanto, ao mesmo tempo, a pressão dos desocupados força os ocupados a porem mais trabalho em ação, portanto até certo ponto, torna a oferta de trabalho independente da oferta de trabalhadores (Marx, 1980, I, p. 742).

A relevância econômica e política do EIR para o capital já foi tratada; mas precisamos ainda ressaltar a sua sua importância ideológica. Em contexto de elevado desemprego, os trabalhadores empregados têm sobre seus calcanhares a ameaça da rápida substituição por outro trabalhador que certamente aceitará trabalhar em condições piores. Conforme Marx, "o movimento da lei da oferta e da procura de trabalho torna completo o despotismo do capital" (Marx, 1980, I, p. 743). Ainda, em contexto de crise, conforme aponta Mota (1995), a classe trabalhadora desenvolve um comportamento político individual e defensivo, onde para evitar a alternativa ao desemprego acaba aceitando perdas salarias e de direitos trabalhistas.

C — As diferentes formas de existência da superpopulação relativa

Para Marx, todo trabalhador desempregado ou parcialmente empregado faz parte da superpopulação relativa. Sendo assim, há três formas com que ela pode se apresentar (Marx, 1980, I, p. 743 e ss.). São elas:

Flutuante — trabalhadores que ora são repelidos, ora atraídos, o que chamamos de sazonais. E ao aumentar o número dos empregados decresce com o aumento da escala de produção, muito comum, no contexto atual, em indústrias que dependem do plantio e colheita de vegetais. *Latente* — trabalhadores que podem imigrar para a zona industrial. Causa: a possibilidade latente de imigração campo-cidade, produto da apropriação da agricultura pela produção capitalista, que expulsa trabalhadores do campo. Esta repulsão de trabalhadores do campo não é compensada pela indústria. *Estagnada* — trabalhadores em atividade, mas com ocupação totalmente irregular a exemplo do trabalhador do chamado "setor informal",[3] precários

---

3. Para uma crítica ao conceito de "setor informal", ver Tavares, 2004.

etc. com "duração máxima de trabalho e mínima de salário". E finalmente o *pauperismo*, "o mais profundo sedimento da superpopulação relativa vegeta no inferno da indigência, do pauperismo". Estando inclusos aqui, os aptos para trabalhar (em condições cada vez mais precárias e executando atividades "degradantes"), os órfãos e filhos de indigentes e os incapazes de trabalhar (público-alvo da política de assistência social).

D — A produção e reprodução do EIR é resultado da Lei geral e absoluta da acumulação capitalista

Resumidamente, a existência do Exército Industrial de Reserva (EIR) está diretamente vinculada à acumulação de riqueza pelo capitalista, ou seja, quanto maior a potência de acumular riqueza, maior tende a ser a magnitude do EIR. E quanto maior esse EIR em relação ao exército ativo, tanto mais tende a crescer a superpopulação. E quanto maior a massa de superpopulação maior o pauperismo.

Como não poderia ser diferente, o capital adapta o número de trabalhadores e também da superpopulação às suas necessidades. Portanto, a manutenção dessa superpopulação é fundamental para o capital. A superpopulação tende a aumentar devido ao avanço das forças produtivas comandadas pelo capital.[4] A crescente produtividade dos meios de produção está diretamente vinculada à diminuição progressiva da necessidade da força de trabalho, mesmo sendo esta última indispensável na criação de valor. Mas, esse ajustamento da produção é o responsável pela criação de uma superpopulação relativa e também pela miséria e pelo pauperismo.

A lei de acumulação na sociedade capitalista se estabelece: com o crescimento dos meios de produção, há uma diminuição do dispêndio da força humana; assim, não é o trabalhador que emprega os meios de produção, mas o contrário; quanto maior o desenvolvimento dos meio de

---

4. Sobre isto, ver também Mészáros em *A produção destrutiva do Estado capitalista* (1989) e *Para além do capital* (2002).

produção maior a pressão sobre o trabalhador e maior a sua exploração que tende a aumentar a autovalorização do capital; a classe trabalhadora hoje cresce mais rápido do que as necessidades do capital, o que tende a ampliar o EIR; embora, no plano da aparência, o trabalho humano pareça supérfluo, mas é fundamental para o capital, por isso a necessidade de ter em abundância força de trabalho disponível sujeita a desempenhar qualquer atividade, em qualquer circunstância; a acumulação de miséria equivale a acumulação de capital; e, por fim, à medida que se acumula o capital tendem a piorar as condições de trabalho, mesmo mediante o aumento do salário. Como afirma Marx,

> graças ao progresso da produtividade do trabalho social, quantidade sempre crescente de meios de produção pode ser mobilizada com um dispêndio progressivamente menor de força humana. Este enunciado *é uma lei na sociedade capitalista onde o instrumental de trabalho emprega o trabalhador e não este o instrumental*. Esta lei se transmuta na seguinte: quanto maior a produtividade do trabalho, tanto maior a pressão dos trabalhadores sobre os meios de emprego, tanto mais precária, portanto, sua condição de existência, a saber, a venda da própria força para aumentar a riqueza alheia ou a expansão do capital. O crescimento dos meios de produção e da produtividade do trabalho, mais rápido que o crescimento da população produtiva, expressa-se, de maneira inversa, na sociedade capitalista. Nesta a população trabalhadora aumenta sempre mais rapidamente do que as condições em que o capital pode empregar os acréscimos dessa população para expandir-se (Marx, 1980, I, p. 748).

As repercussões dessa lei é que quanto maior a produtividade do trabalho, maiores as demandas do trabalhador sobre meios de emprego, e mais precária, portanto, sua condição de existência.

No capital, a população cresce mais rapidamente do que os meios de produção para empregá-los. Nos termos de Marx,

> todos os métodos para elevar a produtividade do trabalho coletivo são aplicados às custas do trabalhador individual; todos os meios para desenvolver a produção redundam em meios de dominação e exploração do produtor (idem, p. 758).

À medida que há acumulação do capital, segue-se a tendência de piorar a situação do trabalhador, suba ou desça sua remuneração. Por conseguinte, a acumulação de miséria corresponde à acumulação de capital. Essa característica de antagonismo é vista pelos economistas políticos como natural.

E — "Pauperização absoluta" e "pauperização relativa"

Ainda que muitas vezes a diferenciação entre a *pauperização absoluta* e *relativa* assuma a aparência esquemática e meramente conceitual, no contexto atual se torna fundamental a sua explicitação, inclusive para compreender as formas de seu enfrentamento.

Conforme Marx analisa, é uma lei geral da acumulação capitalista a substituição paulatina e permanente de força de trabalho (capital variável) por maquinaria e meios de produção (capital constante) (Marx, 1980, I, p. 224 e ss.). Como resultado disso, segundo já apontamos, o próprio desenvolvimento das forças produtivas, comandado pela lógica e interesses hegemônicos do capital — que torna a força de trabalho, e o operário, um mero apêndice, extensão da máquina-ferramenta (idem, p. 482 e ss.) e que leva à subsunção real do trabalho ao capital (Marx, s.d., 92-3 e 104-8) — expulsa cada vez maior volume de trabalhadores do mercado formal de trabalho. Sendo a única fonte de renda do trabalhador a venda da sua força de trabalho, a impossibilidade deste ser empregado pelo capital o leva a um processo de empobrecimento ou pauperização absolutos.

• *Pauperização absoluta*. É nesse processo, tendencialmente permanente e ineliminável no desenvolvimento capitalista, que se constitui e se expande a *pauperização absoluta*. Para Marx, pauperização ou pobreza absoluta é o resultado, cada vez mais expandido e atingindo cada vez maior volume da população trabalhadora, do próprio desenvolvimento das forças produtivas, da própria expansão capitalista, onde o trabalhador é constantemente expulso dos meios de produção, não tendo assim qualquer possibilidade de sustentação mediante a venda da sua força de trabalho. O trabalhador sem emprego é um trabalhador sem salário, e portanto sem fonte de renda.

Este, o desemprego, é, portanto, um processo estrutural, tendencial do sistema capitalista, jamais relacionado à precária condição subjetiva do trabalhador. O desemprego, não é, na análise de Marx, resultado das carências pessoais do indivíduo, mas das próprias condições estruturais do desenvolvimento capitalista. Assim, qualquer proposta de "combate ao desemprego" mediante programas de qualificação, de autoajuda, de microcrédito etc., entretanto não o supõem como resultado estrutural do capitalismo, mas como déficit do trabalhador, é considerado nesta perspectiva um paliativo individual que em nada altera os fundamentos ou o efeito geral do problema: o desemprego e a pauperização absoluta. Não é, por exemplo, a qualificação deste ou aquele desempregado que vai ajudar a resolver o problema do desemprego em geral.

Quem se submete a este fenômeno de expulsão e exclusão do mercado de trabalho, da possibilidade de vender a sua força de trabalho, se insere num processo de empobrecimento ou pauperização absolutos, sem conseguir obter pelos seus próprios meios os bens e serviços necessários para sua reprodução, individual e familiar. Assim, nas palavras de Marx, "o pauperismo constitui o asilo dos inválidos do exército ativo dos trabalhadores e o peso morto do exército industrial de reserva", sendo, no entanto "condição de existência da produção capitalista", pois "quanto maiores essa camada de lázaros da classe trabalhadora e o exército industrial de reserva, tanto maior (...) o pauperismo" (1980, I, p. 747).

Segundo a Cepal (Comissão Econômica para a América Latina), um terço da população da América Latina vive com menos de dois dólares por dia. São 185 milhões de pessoas, e só o Brasil contribui com 49 milhões dessa soma, estando entre as maiores economias do mundo (Caccia Bava, 2011).

Neste sentido, a pauperização absoluta conflui na formação do "lúmpen proletariado", descrito por Marx e Engels (em *O Dezoito Brumário*) como "uma massa indefinida e desintegrada" de indivíduos "arruinados e aventureiros rebentos da burguesia, (...) vagabundos, soldados desligados do exército, presidiários libertos, (...) chantagistas, (...) punguistas, trapaceiros, (...) mendigos" etc. (*in* Marx e Engels, 1977, p. 243). Assim, como massa "desclassada" e expulsa parcialmente do mercado de produção e de consumo, e enquanto despojada de consciência política, o lúmpen tem fundamental importância, não tanto econômica, mas política e de legitimação sistêmica e das elites dirigentes, dada a fácil maleabilidade de que são objeto. Programas assistencialistas e precários, assim como ações clientelistas, facilmente "conquistam" adesões políticas desta subclasse.

Mas a pauperização absoluta não se conforma apenas pelos desempregados. Como um dos efeitos do EIR, como já observamos, há uma tendencial queda do salário, por debaixo do valor da força de trabalho, tendo o trabalhador um salário insuficiente como para adquirir o necessário para sua sobrevivência. No atual contexto de crise e reestruturação neoliberal do capital, as mudanças nas relações capital-trabalho, a precarização nos direitos trabalhistas, nas conquistas do trabalhador entorno aos direitos sociais, a terceirização ou subcontratação etc. levam a que o próprio trabalhador assalariado, com salários tão baixos, sofra um processo de pauperização absoluta. Prova disso é a crescente massa de trabalhadores que vive em condições de carências de algumas das necessidades fundamentais, abaixo do nível de subsistência.

- *Pauperização relativa*. Pode ser caracterizada, a pauperização relativa, como o processo de progressivo aumento da distância entre o valor produzido pelo trabalhador e a parcela dessa riqueza produzida da qual este se apropria. Ou seja, a riqueza produzida pelo trabalhador se divide numa parte cada vez maior de mais-valia (apropriada pelo capital), e outra parte, proporcionalmente cada vez menor, que corresponde ao seu salário (parte da riqueza produzida que fica com o trabalhador).

Assim sendo, mesmo podendo algum trabalhador ter um salário que lhe permita condições boas ou ótimas de vida (elevado poder aquisitivo), a parte de valor por ele produzido que permanece com ele é cada vez menor em relação ao total da riqueza produzida (ou da mais-valia pelo capitalista apropriada).

Afirma Marx que, ao crescer a produção de riqueza, os trabalhadores (particularmente os de maior qualificação)

"recebem, sob a forma de meios de pagamento, uma porção importante do seu próprio produto excedente que se expande e se transforma em quantidade cada vez maior de capital adicional. Desse modo, podem ampliar seus gastos, provendo-se melhor de roupas, móveis etc., e formar um pequeno fundo de reserva em dinheiro. *Roupa, alimentação e tratamento melhores e maior pecúlio não eliminam [no entanto] a dependência e a exploração do escravo, nem a do assalariado*" (Marx, 1980, I, p. 717-8).

Nesta esteira, estudando as condições atuais da pobreza, para Salama,

a pobreza absoluta seria aquela com a qual qualquer indivíduo ou grupo familiar viveria, se não possuísse renda suficiente para se reproduzir, sendo esta renda versão monetária do mínimo de calorias necessário à reprodução fisiológica, mínimo ao qual acrescentamos as despesas ligadas a moradia, ao transporte etc.
A *pobreza relativa* (...) aqueles cujo nível de renda fosse aquém da metade, ou 40%, ou ainda de 60% do rendimento mediano, segundo as mais difundidas definições, ou, algumas vezes, inferior à metade da renda média. O patamar de pobreza relativa evolui com a renda mediana ou média. Se os rendimentos aumentam, o patamar cresce e inversamente (Salama e Destremau, 1999, p. 51).

Dito de outra forma, por ser inerente e fundamental à sociedade capitalista, a pobreza é ineliminável. Portanto, ao crescer a riqueza amplia-se necessariamente a pobreza, mesmo em países que possuam o índice de miséria e indigência próximo de, ou igual a zero, e mesmo em locais ou cidades onde os trabalhadores vivam com conforto e suas necessidades básicas integralmente satisfeitas, suas aquisições são, em relação à riqueza produzida e acumulada, inferiores.

Para Netto, mesmo considerando a "pobreza relativa" como aquela atribuída pela "renda inferior à metade da renda média", no entanto, "a distinção entre pobreza (pauperização) absoluta e relativa, na tradição marxista, nada tem a ver com os indicadores geralmente utilizados para a mensuração da pobreza", sendo determinada pela "redução da parte que lhes cabe [aos trabalhadores] do total dos valores criados, enquanto cresce a parte apropriada pelos capitalistas" (2007, p. 141 e 143). O fato de produzir mais-valia, apropriada pelo capital, é que funda e reproduz, no capitalismo, a pauperização ou pobreza *relativa*.

Sendo assim, os planos de findar a miséria, portanto pobreza absoluta, pode ser compatível com a sociedade capitalista, mas a pobreza relativa sempre existirá nessa sociedade.

F — O pauperismo absoluto é respondido pela intervenção da Assistência Social e/ou práticas filantrópicas e caritativas

Salvando as diferenças históricas, Marx apontava, no início do século XIX, como a assistência aos pobres foi uma estratégia de alívio e eternização da miséria. Para o capital, é fundamental a composição de um exército capaz de executar qualquer atividade. E, assim, a assistência e a caridade aos mais pobres se tornaram, com o desenvolvimento do capitalismo, um placebo para o irremediável.

O monge veneziano Ortes, um dos grandes escritores econômicos do século XVIII, explicita o antagonismo da produção capitalista como lei natural genérica da riqueza social. E dez anos depois, o ministro anglicano Townsend apontava a pobreza como condição da riqueza. Assim, diz Marx,

> se o monge veneziano [Ortes] via na fatalidade que eterniza a miséria, a razão de ser da caridade cristã, (...) o dignitário protestante [Townsend], ao contrário, nela encontrava o motivo para condenar as leis que asseguravam ao pobre uma mísera assistência pública (Marx, 1980, I, p. 750-1).

Para uma sólida e crítica análise da pobreza, portanto, incorporamos o referencial teórico-metodológico marxista, considerando que:

a) Trabalho, "antes de tudo, é um processo entre o homem e a natureza" (Marx, 1980, I, p. 202); no entanto, não vamos nos deter nas primeiras formas de trabalho, mas sim a sua inserção no mercado, na lógica de compra e venda da força de trabalho, cuja relação se estabelece entre aqueles que detêm os meios de produção e os que não os detêm, sendo que estes, para sobreviver, são obrigados a vender sua própria força de trabalho, assim como os outros precisam comprá-la. Esta relação divide a sociedade capitalista em duas classes com interesses antagônicos;

b) A "questão social", sendo uma expressão que começa a ser empregada a partir da influência positivista, que pressupõe a separação das questões econômicas, políticas e sociais (ver Netto, 2001, p. 42), é aqui conceituada como resultante da contradição entre capital e trabalho em seus interesses, enfrentamentos e lutas de classes (ver também Iamamoto in Iamamoto e Carvalho, 1995, 2001, 2004 e 2008).

c) A pobreza contemporânea é uma manifestação da "questão social", portanto, resultante da relação de exploração entre capital e trabalho inerente ao modo de produção capitalista, portanto não se trata de um problema de mercado mediante mecanismos extraeconômicos;

d) Assumindo aqui como referências de análise a teoria do valor-trabalho, o materialismo histórico-dialético e a perspectiva de revolução, partimos do pressuposto que a história é resultante das relações sociais, e que, portanto, a análise da sociedade deve ser feita a partir da história dos homens. Na sociedade capitalista, essa história é construída através da luta de classes, cheia de contradições.

e) Com isto, segundo Marx (1980, I, p. 712 e ss.), a composição do capital segue dois aspectos: a composição orgânica (do ponto de vista do valor), que se divide em capital constante e capital variável, e a composição técnica (do ponto de vista da matéria), em meios de produção e força de trabalho viva sendo a composição média do capital a média geral da composição do capital de um país.

Não se alterando a composição do capital (determinada massa de meios de produção exige para funcionar a mesma quantidade de força de trabalho), o acréscimo do capital implica acréscimo de sua parte variável; aumentando o capital, aumenta a procura de trabalho (oferta de emprego). Portanto, ao surgirem novos mercados, pode ocorrer maior demanda de trabalho (mais postos de trabalho) e menor oferta, ocasionando assim, elevação dos salários (Marx, 1980, I, p. 713).

A lei geral do modo de produção capitalista é produzir mais-valia, e aumentar seu capital. O salário pressupõe sempre, por sua natureza, fornecimento de determinada quantidade de trabalho não pago por parte do trabalhador. Portanto, "um acréscimo salarial significa, na melhor hipótese, apenas redução quantitativa do trabalho gratuito" (idem, p. 720), sem eliminar a exploração. Essa redução nunca pode chegar ao ponto de ameaçar a existência do próprio sistema.

Uma elevação do preço da força de trabalho leva à seguinte alternativa: ou o preço do trabalho continua a elevar-se, por não perturbar essa alta o desenvolvimento da acumulação, ou a acumulação diminui em virtude de elevar-se o preço do trabalho. Neste caso, o "mecanismo da produção capitalista remove os obstáculos que ele mesmo cria temporariamente" (Marx, 1980, I, p. 720). A diminuição ou aumento salarial, não é resultado do aumento/diminuição do número de trabalhadores disponíveis (do exército de reserva), mas do aumento da acumulação, que demanda maior ou menor número de trabalhadores. Sendo o salário determinado pela lei da relação oferta/demanda.

A lei da produção capitalista é assim apresentado por Marx: *a relação entre capital, acumulação e salários* é apenas a relação entre o trabalho gratuito [tempo de trabalho excedente] que se transforma em capital e o trabalho adicional necessário [tempo de trabalho necessário] para pôr em movimento esse capital suplementar. Não é de modo nenhum uma relação entre duas grandezas independentes entre si, de um lado a magnitude do capital, do outro o número dos trabalhadores; em última análise, *é apenas a relação entre trabalho não pago e trabalho pago da mesma população trabalhadora"* (Marx, 1980, I, p. 721).

Essa lei, mistificada em lei natural, só significa que sua natureza exclui todo decréscimo do grau de exploração do trabalho ou toda elevação do preço do trabalho que possam comprometer seriamente a reprodução contínua da relação capitalista e sua reprodução em escala sempre ampliada.

Analisando os fundamentos gerais do sistema capitalista, Marx chega à conclusão de que o desenvolvimento da produtividade do trabalho social se torna a mais poderosa alavanca da acumulação. No entanto, o grau de produtividade do trabalho se expressa pelo volume relativo dos meios de produção que um trabalhador, num tempo dado, transforma em produto, com o mesmo dispêndio de força de trabalho. E a grandeza crescente dos meios de produção, em relação à força de trabalho neles incorporada, expressa a produtividade crescente do trabalho. O aumento da produtividade dos meios de produção se manifesta na redução da quantidade de trabalho em relação à massa dos meios de produção que põe em movimento.

A mudança na composição técnica do capital, aumento da massa dos meios de produção em relação à massa de força de trabalho, reflete-se na composição orgânica do capital, com o aumento da parte constante em detrimento da parte variável. No valor das mercadorias, esta mudança pode ser vista: nele, a parte constante do capital cresce com o aumento da acumulação; a parte variável diminui relativamente quando aumenta a acumulação.

Com a produtividade crescente do trabalho não só aumenta o volume dos meios de produção que ele consome, mas cai o valor desses meios de produção em comparação com seu volume. Seu valor aumenta em termos absolutos, mas não em proporção com seu volume; o volume geral (e o valor geral) da produção aumenta, porém diminui o valor por cada mercadoria.

Para isso, a primeira condição da produção capitalista é que é necessária certa acumulação em mãos de produtores particulares para investir na atividade produtiva. O fator constitutivo da acumulação é o desenvolvimento de métodos para elevar a produtividade, que ao mesmo tempo são métodos para elevar a produção de mais-valia.

Porém, se certo grau de acumulação é condição para o desenvolvimento do modo de produção capitalista, com este processa-se uma acumulação ampliada de capital. Com a acumulação do capital desenvolve-se o modo de produção especificamente capitalista e com este desenvolve-se a acumulação do capital. Esses dois fatores, os impulsos mútuos entre a acumulação e o modo capitalista de produzir, modificam a composição técnica do capital, e, desse modo, a parte variável se torna cada vez menor em relação à constante.

A acumulação do capital apresenta alguns processos, que inicialmente marcam fases do desenvolvimento capitalistas:

1) o primeiro processo da acumulação é a *concentração* de capital em muitos capitalistas. Com a acumulação, pode ocorrer surgimento de novos capitalistas e fragmentação de capitais já existentes. Por isso, a acumulação provoca: a) concentração crescente de meios de produção e de controle sobre o trabalho, e b) repulsão do capital em muitos capitais individuais, fragmentários. Esta concentração é limitada pelo grau de crescimento da riqueza social: aumenta a concentração só se aumentar a riqueza social. Neste sentido, a concentração é um processo preponderante nas fases de expansão capitalista. Alguns fatores são necessários para o processo de concentração de capital:

a) separação do trabalhador dos meios de produção;

b) subsunção formal e real do trabalho ao capital;

c) relação de emprego (compra e venda de força de trabalho);

d) exploração de mais-valia.

2) o segundo processo é a *centralização* de capitais já formados, a exploração do capitalista pelo capitalista, a transformação de muitos capitais pequenos em poucos capitais grandes. Neste processo, sem prejuízo da simultaneidade com a concentração, há alteração na repartição dos capitais que já existem; não estando limitado a centralização (como ocorre na concentração) ao acréscimo absoluto da riqueza pode haver centralização sem nada crescer a riqueza social (Marx, 1980, I, p. 727). Portanto, pode haver elevada centralização de capital mesmo em períodos de crise ou recessão. A centralização não é equivalente à monopolização; porém, assim como a concentração é pressuposto da acumulação simples, a centralização é pressuposto da monopolização. Também alguns fatores comparecem no processo de centralização (Marx, 1980, I, p. 727-8).

a) Concorrência. A batalha da concorrência é conduzida por meio da redução dos preços das mercadorias, e o barateamento das mercadorias depende da maior produtividade do trabalho, e este da escala da produção. Assim os capitais grandes esmagam os pequenos. Com o desenvolvimento do modo de produção capitalista, aumenta a dimensão mínima do capital individual exigido para levar avante um negócio em condições normais. Assim, a concorrência acaba sempre com a derrota de muitos capitais pequenos, cujos capitais ou soçobram ou se transferem para as mãos do vencedor.

b) Crédito. A produção capitalista faz surgir uma força inteiramente nova, o crédito, como auxiliar modesto da acumulação, que tem como função levar para as mãos de capitalistas isolados ou associados os meios financeiros dispersos, arma nova e terrível na luta da concorrência que se transforma num imenso mecanismo social de centralização dos capitais (Marx, 1980, I, p. 727-8).

A concorrência e o crédito são as duas mais poderosas alavancas da centralização. O progresso da centralização não depende de maneira nenhuma do incremento positivo de capital social. E é isto especialmente que distingue a centralização da concentração (ibidem).

3) o terceiro processo é a *monopolização*. O conceito de monopólio só é introduzido no texto, por Engels, sendo entendido como desenvolvimento extremo da centralização, a tal ponto que a empresa monopolista passa a controlar a produção e consumo de um ramo produtivo. Isto ocorre de tal forma que elimina-se a concorrência equilibrada, passando o capitalismo de uma fase concorrencial à fase monopolista. Também, para além dos anteriores, alguns fatores devem ocorrer para o desenvolvimento da monopolização:

a) Infraestrutura. O aumento da riqueza social (que passa da forma circular para a de espiral) é um processo bastante lento, comparado com a centralização. O mundo ainda estaria sem estradas de ferro, portos, usinas hidrelétricas, refinarias de petróleo, se tivesse de esperar que a acumulação capacitasse alguns capitais isolados para a construção de uma ferrovia. É aqui que o Estado passa a financiar a construção da infraestrutura necessária ao capital.

b) Investimento em tecnologia. Os capitais adicionais servem preferentemente de veículo para explorar novos investimentos e descobertas, para introduzir aperfeiçoamentos industriais em geral. Segundo Mandel, a tecnologia de ponta é um dos principais diferenciais da empresa monopolista.

c) Expulsão de força de trabalho. O capital atrai relativamente cada vez menos trabalhadores. E o velho capital, periodicamente reproduzido com a nova composição, repele cada vez mais trabalhadores que antes empregava (Marx, 1980, I, p. 730).

A acumulação do capital, inicialmente uma ampliação puramente quantitativa, deriva da mudança qualitativa de sua composição, ocorrendo constante acréscimo de sua parte constante à custa da parte variável, o que leva à pauperização absoluta ou relativa.

G — Pobreza, a outra face da acumulação capitalista.

É a partir das considerações anteriores que podemos concluir sobre o papel central que a *pobreza* tem no pensamento marxista. Tal centralidade sustenta-se no fato de ela ser, não um processo deflagrado pelas carências individuais ou até de um determinado grupo ou região, mas uma determinação estrutural do próprio Modo de Produção Capitalista.

Efetivamente, a pobreza (absoluta e relativa) é resultado do próprio desenvolvimento do capital. Para Netto,

> a pobreza, na ordem do capital e ao contrário do que ocorria nas formações sociais precedentes, *não decorre* de uma penúria generalizada, mas, paradoxal e contraditoriamente, de uma contínua produção de riquezas. (...) Se, nas formas de sociedade precedentes à sociedade burguesa, a pobreza estava ligada a um quadro geral de escassez (...), [na sociedade burguesa ela se mostra] conectada a um quadro geral tendente a reduzir com força a situação de escassez. Numa palavra, [na sociedade burguesa a pobreza] se produz pelas mesmas condições que propiciam os supostos, no plano imediato, da sua redução e, no limite, da sua supressão (2007, p. 143).

Também, conforme Montaño (2011),

> no Modo de Produção Capitalista a pobreza (...) *é o resultado da acumulação privada de capital*, mediante a exploração (da mais-valia) (...) No MPC não é o

precário desenvolvimento, mas o *próprio desenvolvimento* que gera desigualdade e pobreza. No capitalismo quanto mais se desenvolvem as forças produtivas, maior acumulação ampliada de capital, e maior pobreza (absoluta ou relativa) (...). Quanto mais riqueza produz o trabalhador, maior é a exploração, mais riqueza é expropriada (do trabalhador) e apropriada (pelo capital). Assim, não é a escassez que gera a pobreza, mas a abundância (concentrada a riqueza em poucas mãos), que gera desigualdade e pauperização absoluta e relativa.

A pobreza, nesta perspectiva, não é o resultado do insuficiente desenvolvimento capitalista, nem é o efeito marginal de uma fase de crise. No capitalismo, a pobreza é um produto estrutural de seu desenvolvimento. É que o desenvolvimento capitalista, o aumento da riqueza socialmente produzida, não deriva da maior distribuição, mas da maior *acumulação de capital*. No capitalismo, a maior riqueza produzida significa maior apropriação privada, e não sua maior socialização. E a acumulação de riqueza, por um lado, é complementada pela pauperização (absoluta ou relativa) por outro.

Nas palavras de Marx, "a magnitude relativa do exército industrial de reserva cresce (...) com as potências das riquezas" (Marx, 1980, I, p. 747), o que leva Montaño a afirmar que "no MPC, a *pobreza* (...) é o *par dialético* da *acumulação* capitalista" (Montaño, 2011).

A compreensão de uma necessariamente implica o estudo da outra. Em absoluto poderemos caracterizar corretamente os fundamentos da *pobreza*, no capitalismo, sem considerar os processos que fundam a *acumulação* de capital. Assim, os estudos que desconsideram esta determinação central do MPC estão fadados a uma análise meramente descritiva da pobreza, sem a compreensão dos seus fundamentos. Portanto, a pobreza é um fenômeno da própria "lei geral da acumulação capitalista".

Em idêntico sentido, as formas de intervenção social sobre as manifestações da "questão social" que apontam a "diminuir a pobreza" sem alterar em absoluto o processo e/ou o volume da acumulação capitalista, não passam de paliativos pontuais, mesmo que necessários no contexto capitalista, para amenizar a pobreza, sem impactar nos fundamentos que a geram.

Capítulo 5
Alguns equívocos no tratamento da pobreza:
uma análise crítica

A análise marxiana, da qual partilhamos, nos permite estabelecer alguns pontos críticos, e diminuir alguns equívocos das análises sobre a pobreza. Como vimos, só é possível analisar a pobreza no Modo de Produção Capitalista em articulação com a acumulação de riqueza, numa dinâmica de exploração e apropriação do valor produzido por outrem. Assim, Marx nos coloca um desafio de não separarmos os fenômenos sociais pobreza e riqueza. Portanto, a *contradição* é assumida neste livro como categoria fundamental de análise na tentativa de romper com uma perspectiva unilateral de leitura da dinâmica da sociedade capitalista. A ausência dessa categoria (a contradição pobreza/acumulação) na discussão e na proposição de enfrentamento da pobreza pode levar a alguns equívocos, que comparecem nas variadas visões, apresentadas anteriormente, enquanto *concepções* sobre pobreza, suas supostas *causas*, e suas propostas de *enfrentamento*. Vejamos alguns desses equívocos.

5.1 A visão "*darwinista*" — a *naturalização* da pobreza

Existe uma concepção sobre pobreza, que poderíamos chamar de "darwinista", que concebe suas **causas** em torno de dois tipos de fatores: A) a pobreza como um fenômeno *natural* e *inevitável* (pobreza é resultado da concorrência e da desigual capacidade das pessoas); e B) particularmente a pobreza como problema de *aumento de natalidade*, em contexto de escassez. Nesta abordagem, concebem-se as seguintes formas de **enfrentamento**: A) *caridade* e *filantropia*; e B) redução da pobreza pelo *controle de natalidade*.

A) A pobreza como fenômeno natural e inevitável. Pautada numa espécie de "darwinismo social", esta concepção entende a pobreza como resultado de uma seleção natural, em que os mais fortes sobressaem e superam a situação da pobreza, comparando as relações humanas com a cadeia alimentar ou com o comportamento de animais que vivem em grupo, e colocando características biológicas como determinantes das relações sociais.

O anacronismo, referenciado em comparações de sociedades distintas da sociedade capitalista, reforça a ideia de que estaria na natureza humana a crueldade, a competição, a conquista, a inveja entre outras paixões.

Os dois tipos de argumentação não são excludentes e estão pautados numa suposta incapacidade humana de superar as diferenças sociais, levando a uma apatia e aceitação da exploração e injustiça social: elas são da "natureza humana".

Nesse caso, a historiografia se apresenta como uma fonte de análise; o passado torna-se indispensável para a compreensão do presente. Então a pobreza é tratada teoricamente como processo evolutivo. A existência da pobreza em todas as formas sociais justificaria sua condição *natural* e sua *inevitabilidade*.

Partindo da perspectiva marxiana da história, onde não é a sucessão de fatos passados que explica o presente, ao contrário, a análise do passado deve ser desenvolvida a partir do presente, o mais desenvolvido explica o menos desenvolvido,[1] é a análise do MPC que vai nos esclarecer sobre os

---

1. A sociedade burguesa é a organização histórica mais desenvolvida, mais diferenciada da produção. As categorias que exprimem suas relações, a compreensão de sua própria articulação, permitem penetrar na articulação e nas relações de produção de todas as formas de sociedades desaparecidas, sobre cujas ruínas e elementos se acha edificada (...). A anatomia do homem é a chave da anatomia do macaco. O que nas espécies animais inferiores indica uma forma superior não pode, ao contrário, ser compreendido senão quando se conhece a forma superior. A economia burguesa fornece a chave da economia da antiguidade etc. Porém, não conforme o método dos economistas que fazem

fundamentos da pobreza na contemporaneidade. A pobreza, portanto, não é um dado da natureza humana, mas um resultado pautado nas formas de organização social, assumindo particularidades diversas e tendo seus fundamentos diferentemente vinculados às formas de produção e distribuição da riqueza historicamente determinadas. Pobreza é um fenômeno histórico e socialmente construído, e portanto historicamente superável.

Assim, sobre a naturalização das reais causas da pobreza, esclarece Marx:

> a lei da acumulação capitalista, mistificada em lei natural, (...) só significa que sua natureza exclui todo decréscimo do grau de exploração do trabalho ou toda elevação do preço do trabalho que possam comprometer seriamente a reprodução contínua da relação capitalista e sua reprodução em escala sempre ampliada (Marx,1980, I, p. 722).

Ou seja, o MPC, comandado pela lógica do capital, da acumulação ampliada do capital, da produção (pelo trabalhador) de mais-valia, e a sua exploração (pelo capitalista), jamais permitirá que se afete negativamente tal acumulação.

B) Como problema de aumento de natalidade. A relação entre pobreza e natalidade tem importante eco nas análises sociais e econômicas e aparece como solução da pobreza o controle da natalidade e também o planejamento familiar. Essa concepção é expressa em Malthus, que ao se preocupar com o crescimento populacional acelerado, propôs um "controle da natalidade", afirmando que o bem-estar populacional estaria intimamente relacionado ao crescimento demográfico do planeta. Sua tese era de que o crescimento desordenado acarretaria na falta de recursos alimentícios para a população gerando como consequência a fome.

Em seu *Ensaio sobre o princípio da população*, de 1798 (no desabrochar da revolução industrial), argumenta que a população cresce em *progressão geométrica* (ex.: 2, 4, 8, 16, 32...) e constituiria um fator variável, que cresceria sem parar, enquanto o crescimento da produção de alimentos ocorreria

---

desaparecer todas as diferenças históricas e veem a forma burguesa em todas as formas de sociedade (Marx, 1978, p. 120).

apenas em *progressão aritmética* (ex.: 2, 4, 6, 8, 10...) e possuiria certo limite de produção, por depender de um fator fixo: a própria extensão territorial dos continentes (ver Malthus, 1982).

Com a crescente taxa de natalidade e a redução na taxa de mortalidade, o número de indivíduos cresceria em progressão geométrica de forma anormal no ambiente, o que comporia uma "praga biológica". A superpopulação ficaria então sem controle até que surjam predadores que façam esse controle externo ou se os predadores e parasitas (doenças) não aparecerem, o descontrole continua até que acabem os alimentos disponíveis no ambiente, gerando competição entre os homens e controle populacional por fome. Para Malthus, esse controle é feito através de guerras, doenças e miséria, estando o grande crescimento populacional gerando a fome e também práticas de violência e desordem social.

Assim, Malthus concluiu que o ritmo de crescimento populacional seria mais acelerado que o ritmo de crescimento da produção de alimentos (progressão geométrica *versus* progressão aritmética). Previu também que um dia as possibilidades de aumento da área cultivada estariam esgotadas, pois todos os continentes estariam plenamente ocupados pela agropecuária e, no entanto, a população mundial ainda continuaria crescendo.

A solução defendida por Malthus não será a (paternalista) assistência (como veremos no item 5.4), mas a sujeição moral de retardar o casamento; a prática da castidade anterior ao casamento e a limitação do número de filhos segundo as condições financeiras da família.

Ainda que Malthus possa não ser referência explícita, a concepção de pobreza como um problema demográfico e sua solução a partir do controle da natalidade está nas agendas e programas de políticas de controle da fome e da miséria. Em determinados momentos, foram financiadas políticas de ligadura e vasectomia em mulheres e homens pobres. O senso comum reproduz acriticamente o comentário de quanto mais filhos maior a pobreza, não da família, mas da sociedade.[2]

---

2. A exemplo das políticas de "controle de natalidade" na China ou na Índia, das propostas de "Planejamento Familiar", particularmente nas populações pobres, estimuladas pelo Banco Mundial, e pelo FMI. No caso do Brasil, podemos citar a condicionalidade do Bolsa Família de incremento do

A retomada do arcaico pensamento malthusiano na atualidade repõe um equívoco substantivo: se em outras organizações sociais a fome e a miséria eram oriundas da escassez, na sociedade capitalista elas são absolutamente desenvolvidas a partir da apropriação privada da riqueza socialmente produzida, são resultado da própria lógica do capital: a exploração e apropriação privada pelo capital da mais-valia produzida pelo trabalhador. Exemplo disso é a queima de parte da produção agropecuária quando sua sobre-oferta ameaça a queda do seu preço. Ou seja, a pobreza não é o resultado de uma insuficiente produção de alimentos (escassez) face ao aumento populacional, mas da mercantilização, seguindo os interesses privados do capital (o lucro), desses alimentos, ademais abundantes.

5.2 A visão da pobreza como *"disfunção"* — a *autorresponsabilização* e *culpabilização* do indivíduo

Decorrente do conceito positivista e funcionalista de "desajuste" ou "disfunção", desenvolve-se uma compreensão sobre a pobreza que, ao caracterizar suas *causas*, a concebe como: A) uma *opção* pessoal; B) *"disfunção"*, *"desajuste"* ou como "patologia" do indivíduo ou grupos "marginais"; C) *"déficit"* educacional e de capacidades.

Com este entendimento das causas, apresentam-se as seguintes formas de *enfrentamento*: o higienismo, educação e "refuncionalização", adaptação (ou ajustamento corretivo) e *"inclusão social"*. A solução da pobreza mediante a *"autoajuda"* e *religião*. O combate à pobreza mediante a *"criminalização da pobreza"*.

A) A pobreza como opção (preguiça, características pessoais). Esta visão está muito presente em livros de autoajuda, onde a opção do indivíduo, sua motivação, suas escolhas e competências podem mudar sua

---

valor até o terceiro filho. Para uma crítica ao controle de natalidade dos pobres, ver: <http://cultura-davida.blogspot.com/2008/03/arma-poltica-do-controle-de-natalidade.html>. Acesso em: jun. 2011.

condição de pobre. Títulos como: "Só é pobre quem quer", "Pai rico, pai pobre", "Como ser rico", embasados num forte *empobrecimento da razão* e senso comum, atestam como aqui a pobreza passa a ser concebida como algo mentalmente controlado e administrado por cada pessoa.

Também esta concepção da pobreza como opção encontra-se na suposição de que há igualdade de oportunidades, em que os indivíduos concorrem ou perseguem fins que alcançarão ou não segundo suas próprias condições ou escolhas. Com a célebre e equivocada frase de que "há trabalho para todos, basta querer" se individualiza o problema e se reforça a lógica de subalternidade, em que indivíduos devem se submeter a qualquer situação laboral em troca de qualquer quantia.

B) A pobreza como *"patologia"*, *"disfunção"* ou *"desajuste"* do indivíduo ou grupos "marginais".[3] Ao partir da ideia, tanto positivista quanto funcionalista, de que a ordem social é um sistema integrado e estável, mesmo que sujeito a melhoras, e que tal como um organismo biológico pode sofrer "doenças" que devem ser curadas, desenvolve-se um conceito de patologia, de disfunção e de desajuste sociais. A ordem social, para ser preservada na sua normalidade, deve enfrentar estas formas de patologias e desajustes. A pobreza é aqui concebida como uma patologia, como um desajuste, que deve ser curado, extirpado do organismo saudável. O indivíduo (pobre), responsável pela sua situação de "desajuste", de "patologia", deve ser "refuncionalizado", "curado" da sua condição, como forma de devolver a normalidade ao sistema.

Vinculam-se a estas concepções de pobreza os binômios: normalidade-anomia, ajustamento-desajuste, funcional-disfuncional, integração-desintegração, inclusão-exclusão. A pobreza representa aqui o aspecto patológico de cada um desses binômios, cuja solução (para a recuperação da saúde e normalidade do sistema) estaria na retomada da "normalidade", por via de formas de "inclusão" e "integração" (emprego, educação, atenção sanitária ou higienista, registros civis, assistência, filantropia etc.), ou de reclusão e criminalização.

---

3. Sobre o conceito de marginalidade, ver análise crítica em Barbosa Lima (1983, p. 21 e ss.).

Quando a pobreza se considera como uma disfunção, ora o pobre é "incluído" ou "reajustado" mediante abrigos, assistência e educação (protege-se o indivíduo), ora é "recluído" e reprimido, mediante encarceramento e criminalização (protege-se a sociedade ameaçada pelo indivíduo desajustado).

C) A pobreza como consequência do déficit de educação ou de capacitação: a Teoria do "capital humano". Conceitua-se a pobreza como resultado da falta de capacitação do indivíduo; neste sentido se dá à educação o status de solução de todos os problemas, falseando a realidade e culpabilizando os sujeitos.

A origem da Teoria do "capital humano"[4] está ligada à obra de Theodore W. Schultz. O pressuposto central dessa teoria é de que o trabalho humano, quando qualificado por meio da educação, é um dos mais importantes meios para a ampliação da produtividade econômica, e, portanto, das taxas de lucro do capital.

Esse conceito foi ampliado e popularizado por Gary Becker e retomado, nos anos 1980, pelos organismos multilaterais mais diretamente vinculados ao pensamento neoliberal, no contexto das demandas resultantes da reestruturação produtiva. Como que inspirada nos conceitos marxianos de "capital fixo" (maquinaria e meios de produção) e "capital variável" (força de trabalho), a noção de *capital humano* concebe os seres humanos como capital, ou incorpora o capital como uma potência deles. O "capital humano" explicaria assim o desigual desenvolvimento econômico entre países.

Aqui, o "trabalho" desaparece como categoria central de análise, e é absorvido no interior do conceito de "capital", o qual vem adornar o título da especial característica do trabalhador: o "humano". A ideia é aplicar o

---

4. Para o estudo da Teoria do "capital humano" ver as obras de Theodore Schultz, *O valor econômico da educação* (1963) e *O capital humano — investimentos em educação e pesquisa* (1971); Frederick H. Harbison e Charles A. Myers, *Educação, mão de obra e crescimento econômico* (1965). No Brasil, destaca-se Cláudio de Moura Castro, *Educação, educabilidade e desenvolvimento econômico* (1976). Para uma crítica à teoria do "capital humano", consultar as obras de José Oliveira Arapiraca, *A Usaid e a educação brasileira* (1982); Gaudêncio Frigotto, *Educação e capitalismo real* (1995), Wagner Rossi, *Capitalismo e educação: contribuição ao estudo crítico da economia da educação capitalista* (1978).

conceito "capital" a seres humanos, e tem a função de transformar *pessoas* em capital a serviço das empresas.

A proposta da teoria do "capital humano" tanto para o desenvolvimento como para o combate à pobreza será a *"Educação"*: as pessoas se educam; a educação tem como principal efeito mudar suas "habilidades" e conhecimentos; quanto mais uma pessoa estuda, maior sua habilidade cognitiva e maior sua produtividade; e a maior produtividade permite que a pessoa perceba maiores rendas e o capitalista aumente seu capital.

Blaug afirma que "uma educação adicional elevará os rendimentos futuros, e, neste sentido, a aquisição de educação é da natureza de um investimento privado em rendimentos futuros" (1971, p. 21). Assim, há uma direta relação entre a produtividade física do capital e a educação, justificando-se o tratamento analítico da educação como capital, isto é, "capital humano", posto que se torna parte da pessoa que a recebe, e tanto permitiria ao trabalhador melhorar seus níveis de renda, e, quanto ao capital, valorizar e acumular riqueza, ao valorizar a força de trabalho.

Podemos encontrar similaridades entre essa argumentação com as propostas das agências multilaterais de solução dos problemas de desigualdade entre nações e entre pobres e ricos.[5] Esta proposta se traduz em políticas pontuais de transferência de renda com supostas articulações

---

5. Em concordância com o programa *"Educação para Todos"* (em 1998, ver: <http://unesdoc.unesco. org/images/0008/000862/086291por.pdf>. Acesso em: jun. 2011.); a Unesco concebe hoje a Educação como forma de alcançar os "Objetivos de Desenvolvimento do Milênio", na medida em que, entre outros resultados, "a *Educação combate a pobreza*". Disponível em: <http://www.unesco.org/new/fileadmin/MULTIMEDIA/FIELD/Brasilia/pdf/MDG_EFA_new_figures_pt_21-09-2010.pdf>. Acesso em: jun. 2011. Em 2000, essa entidade promove a *"Declaração das ONGs: Educação para Todos"* (em Dakar; disponível em: <http://unesdoc.unesco.org/images/0013/001394/139455por.pdf>. Acesso em: jun. 2011.). Dando seguimento ao mesmo, o "Foro Mundial da Educação", em abril de 2000, adota o "marco de ação de Dakar, de Educação para todos" (<http://unesdoc.unesco.org/images/0012/001211/121147s.pdf>. Acesso em: jun. 2011.).

Conforme relatório da Unesco, ainda, na *Declaração de Tarija*: "As Ministras e os Ministros de Educação da Ibero-América, reunidos na XIII Conferência Ibero-americana de Educação, reconhecemos: 1) O papel fundamental da educação na redução da desigualdade e no logro da inclusão social, objetivos permanentes para nossos países, e elementos centrais da democracia; 2) Que a educação deve ocupar um lugar central nas políticas públicas da Ibero-América, e atribuímos uma importância fundamental ao papel da escola e à condição e desempenho docente" (Unesco, Tarija, Bolívia, 4 e 5 de setembro de 2003; <http://www.oeibrpt.org/xiiicie.htm>. Acesso em: jun. 2011.).

entre a educação e a saúde. Sendo que a educação, em dias atuais, é reduzida à mera frequência escolar e a saúde ao controle da pré-natal e da vacinação, não por uma saúde preventiva, mas por controles pontuais de frequência a programas insipientes e focalizados. Supostamente essas medidas garantiriam a igualdade de oportunidades, ficando a cabo dos sujeitos a responsabilidade pelo seu próprio sucesso ou fracasso.

O conceito de "capital humano" é, para a tradição marxista, uma forma ideológica de transformar o trabalhador num capitalista, como proprietário de um tipo de "capital": sua força de trabalho. Marx já tratava desta questão no livro II de *O Capital*:

> Economistas apologéticos apresentam a coisa erroneamente. (...) dizem eles: (...) a própria *força de trabalho* [do trabalhador] é portanto o *capital* que possui em forma de mercadoria e donde lhe vem continuamente a renda. Na realidade, a força de trabalho é seu patrimônio (...) mas não seu capital. É a única mercadoria que pode e tem de vender continuamente, para viver, e que só opera como capital (variável) quando está nas mãos dos comprador, o capitalista. (...) Com esse modo de ver, o escravo seria capitalista (Marx, 1980, II, 469).

A teoria do "capital humano", ao restringir sua análise às habilidades individuais, formalmente excluiu a relevância do conceito de classe social e de conflito de classe para explicar o fenômeno do mercado de trabalho. A massa de indivíduos que não detêm o controle dos recursos produtivos é forçada a vender sua força de trabalho para sobreviver. E nesse contexto, a educação, vista como treinamento profissional, e a saúde desempenham *duas funções econômicas*: têm um papel importante, ainda que indireto, na produção de riqueza e são essenciais para a perpetuação da ordem econômica e social, na reprodução material e na qualificação da força de trabalho.

Essa teoria também tem fundamentalmente *um papel ideológico*, na formação de uma falsa consciência, que *responsabiliza os sujeitos pela sua reprodução material*, diminuindo os custos do capital e ampliando o nível de individualismo e competitividade. A qualificação passa a ser o diferencial no mercado competitivo, o que vai impactar na organização da classe trabalhadora e na identificação dos aliados políticos, sendo naturalizada a imposição e exigência do mercado como escolha pessoal.

Cria-se, com isso, a ideia mistificada de que a performance produtiva da força de trabalho seria decorrente do nível individual de escolaridade, camuflando as determinações das condições tecnológicas e da organização do processo de produção.

5.3 A visão "*empirista*" — o *reducionismo* da pobreza à "pobreza absoluta"

Quando se pensa a pobreza a partir da sua aparência imediata — a incapacidade de consumo — surge uma perspectiva "empirista" que vê como sua *causa* o déficit na *capacidade para o consumo*, no *patrimônio* ou no *poder monetário e renda*. Nesta concepção empirista, apresentam-se diferentes formulações a partir de diversos tipos de indicadores para descrever a pobreza: A) a análise pautada na renda, B) a análise pautada nos índices de consumo, C) a análise pautada pela ausência de patrimônio, D) a definição de pobreza baseada na insatisfação de necessidades básicas.

Nesta abordagem empírica, a forma de *enfrentamento* da pobreza é basicamente mediante *Políticas e Serviços Sociais*.

Aqui aparecem as diferenciações clássicas entre "linha de pobreza" e "linha de indigência". A "linha de indigência" caracteriza a população que não consegue atingir o valor econômico necessário para a aquisição de uma cesta de alimentos que detenha a quantidade calórica mínima à sobrevivência. A "linha de pobreza" se refere ao contingente populacional que, atingindo tal valor, apresenta carência em alguma necessidade básica, como habitação, vestuário, transporte, saúde, educação, lazer etc.

Uma vantagem vista por especialistas é que esse tipo de indicador facilita a comparação internacional. Por exemplo, considerando a "linha de indigência" como sendo 1 dólar *per capita* por dia, e a "linha de pobreza", 2 dólares por dia, é possível saber a posição relativa dos países no quesito pobreza. Estes indicadores são importantes porque ressaltam a falta de recursos necessários à reprodução do ser humano, até mesmo a física, e são importantes para avaliar o grau de presença das camadas indigentes e pobres, e para comparar o nível de pobreza entre nações, principalmente entre países centrais e periféricos, facilitando a descrição quantitativa e geográfica destas populações.

No entanto, estes indicadores de pobreza e indigência não consideram as causas da pobreza, nem a relação pobreza-acumulação, apenas descrevem seu estado. Outro limite decorrente do anterior é que apresentam a realidade da "pobreza absoluta", sem conceber a "pobreza relativa", que permite visualizar a pobreza em relação à acumulação de riqueza. Finalmente, levam a conceber a pobreza como produto do déficit, da escassez, nos países não desenvolvidos, enquanto nos países centrais a pobreza (absoluta) seria considerada inexistente ou reduzida; isto em função da desconsideração da pobreza relativa.

Por outro lado, a identificação de quem é ou não pobre, passa a ser uma das principais questões dos governos neoliberais, que promovem uma intervenção social estatal mínima e focalizam suas ações precarizadas nos mais necessitados. Assim, se torna imprescindível definir quem é ou não pobre, e em contexto de contenção de gastos e cortes no orçamento com as despesas "sociais", o critério é o mais pobre dos pobres, reduzindo os parâmetros dos indicadores de pobreza.

Vejamos, a partir destas considerações, os limites dos diversos tipos de indicadores:

A) *limites de uma análise pautada na renda*. As possibilidades de identificação da linha de pobreza são diversificadas: o critério utilizado pelo Banco Mundial é de estabelecer a linha da pobreza em U\$ 2,00 diários; segundo o Dieese, o rendimento básico para o trabalhador cobrir as suas despesas é de R\$ 2.227; a linha adotada nos EUA é de U\$ 22.050,00 por ano, uma renda *per capita* mensal, para uma família com 4 membros, é de U\$ 459,00 por mês e U\$ 15,00 por dia; o padrão do OCDE é quem recebe menos de 60% da média do rendimento por adulto equivalente de cada país; para o BIRD os critérios de pobreza estão fixados em R\$ 120,00 por mês para toda a família.

O Brasil optou pelo critério do Banco Mundial: pobre é quem recebe até U\$ 2,00 diariamente e indigente é quem recebe até um dólar diário, e pelo BIRD ambos os critérios de pobreza estão fixados em R$ 120,00 por mês para toda a família. Segundo o Dieese, em dezembro de 2010, o custo da cesta básica de alimentos em 17 capitais variava entre R$ 175,00 (em Aracaju) e R$ 265 (São Paulo), num contexto em que o salário mínimo tinha o piso de R$ 510,00.

Segundo Caccia Bava (2011) há um consenso entre especialistas de que a pobreza deve ser medida pela capacidade de consumo privado e das condições de acesso a serviços. O indivíduo que não possui renda para adquirir a cesta alimentar que atenda as suas necessidades nutricionais é definido como o mais pobre, o miserável e o indigente. Já a linha de pobreza é definida além das necessidades nutricionais, e considera-se o acesso a condições de sobrevivência, como moradia, saneamento, transporte etc.

A renda é um fluxo monetário, e a reprodução dos indivíduos não passa exclusivamente pelo dinheiro, lembrando que o seu volume não determina a capacidade de autoconsumo, que está relacionada aos preços e custos de um determinado local. Além do mais, o cálculo da renda mensal não é necessariamente um dado fixo, lembrando que um trabalhador formal ou informalmente inserido no mercado de trabalho possui estabilidade parcial da renda. Seja porque informalmente não há como garantir ao certo seu rendimento; ou seja, por outro lado, porque seu posto de trabalho está constantemente ameaçado pelo Exército Industrial de Reserva (EIR), que aguarda prontamente uma oportunidade.

B) *Limites de uma análise pautada nos índices de consumo.* Este tipo de indicador mede a pobreza a partir dos produtos que podem ser adquiridos ou obtidos pelos sujeitos. Com relação às necessidades fisiológicas as referências são de um consumo diário que varia de 1.750 a 4.532 calorias/dia (POF/IBGE: 1987-1988).

Um limite deste tipo de indicador é que a pobreza não pode ser identificada pelo aumento de compra e venda de produtos e serviços, visto que não necessariamente o indivíduo utiliza recursos próprios para adquirir bens, podendo ser por via de empréstimos ou obséquios familiares, por créditos, ou por compras parceladas, ou até por serviços fornecidos ou bens transferidos pelo Estado.

Um outro elemento importante nessa discussão é que se por um lado o aumento do consumo significa aquisição de bens e serviços, nesta análise não se trata o fato desse consumo garantir a realização da mais-valia pelo capital.

C) *Limites de uma análise pautada pela ausência de patrimônio*. Define os pobres precisamente por sua "falta" de patrimônio. Nesse caso considera-se patrimônio: habitação em condições salubres, o suficiente acesso à saúde, à educação; suficiência para obter emprego ou atividade informal capaz de garantir a subsistência e também renda ou investimentos de títulos e aplicações bancárias.

Para Streeten (1998), as "faltas" de patrimônio físico e humano constituem causas da pobreza e a definem. Essa análise desconsidera a possibilidade de patrimônio conquistado com salários antigos e já inexistentes, por herança anterior, e não por renda permanente, assim como se desconsidera a perda de determinados patrimônios por calamidades naturais, políticas e econômicas.

Na complexidade da sociedade capitalista, a pobreza não está apenas vinculada às posses e sim à condição na qual o indivíduo se insere.

D) *Limites da definição de pobreza baseada na insatisfação de necessidades básicas*. Esta abordagem considera essencial o acesso a alguns bens, de modo que sem estes os "cidadãos" não seriam capazes de usufruírem uma vida minimamente digna. Água potável, rede de esgoto, coleta de lixo, acesso ao transporte coletivo, à educação, são bens imprescindíveis para que os indivíduos possam levar vidas saudáveis e tenham chances de inserção na sociedade. Esta abordagem tem como característica principal a universalidade, uma vez que estas são necessidades de todo e qualquer indivíduo. Mesmo com alguma dificuldade, as Necessidades Básicas Insatisfeitas (NBI) são mensuráveis e sua satisfação é economicamente benéfica na medida em que aumenta a produtividade dos indivíduos. Porém, há alguma arbitrariedade no cálculo do indicador, posto que é necessário estipular quais são as necessidades além de um piso para elas.

O principal argumento favorável a esta visão é que as pesquisas domiciliares investigam cada vez mais uma grande variedade de variáveis socioeconômicas que são capazes de refletir as várias faces das condições de vida de uma população. Assim, torna-se possível definir quem e quantos são os pobres e determinar o perfil desses indivíduos ou famílias. A linha de pobreza é uma abordagem que cabe bem ao caso brasileiro devido ao seu nível de urbanização e desenvolvimento da sociedade de consumo, tornando a renda o mais próximo de garantir o nível de bem-estar.

Por outro lado, as principais críticas à construção dessas linhas de interpretação e medição da pobreza recaem na fragilidade desta leitura da pobreza por acúmulo de patrimônio, pois um trabalhador de uma importante empresa pode ter a renda e os patrimônios comparáveis com um empresário, no entanto a condição de classe e a fonte de renda se originam de duas esferas opostas: o trabalhador garante sua renda pela venda da força de trabalho e o empresário pela expropriação de riqueza produzida por trabalhadores. Nessa unidade de diferenças temos um explorado e um explorador.

Ainda que cause estranheza, nem sempre aquele que trabalha em piores condições e é pior remunerado é o mais explorado, ou seja, a exploração está vinculada à riqueza (mais-valia) produzida pelo trabalhador.

Assim, a desvinculação do *enfrentamento da pobreza* em relação aos níveis de *acumulação capitalista* mostra o limite desta compreensão e medição da pobreza absoluta, que não considera a relação pobreza-acumulação.

5.4 A visão *"paternalista"* — a pobreza como resultado da *assistência social*

Ao conceber a pobreza como um processo determinado e/ou reproduzido pelo comportamento do indivíduo, aparece uma visão "paternalista" sobre o Estado, segundo o qual este produziria pobreza a partir da sua intervenção assistencial; assim sua *causa* seria o *paternalismo estatal* que gera imobilismo, conformismo e acomodação dos sujeitos assistidos.

Aqui, a forma básica de *enfrentamento* da pobreza apresentada é, primeiramente, pelo estímulo à *participação dos sujeitos* e o *"empoderamento"*. Por outro lado, tem-se o enfrentamento da pobreza pela *ação voluntária e solidária* da sociedade civil. E, finalmente, a solução da pobreza mediante a "*autoajuda*".

Inspirado na perspectiva malthuseana, entende-se aqui que a assistência aos pobres não faz outra coisa que reproduzir a pobreza, criando uma atitude conformista e comodista das pessoas pobres assistidas. Assim, criticando as políticas de assistência aos pobres, afirma Malthus:

> as leis inglesas de amparo aos pobres tendem a deprimir a condição geral dos pobres das duas seguintes maneiras. Sua primeira tendência óbvia é a de aumentar a população sem aumentar a comida para seu sustento. Um homem pobre pode se casar tendo pouca ou nenhuma perspectiva de sustentar sua família sem o auxílio das paróquias. Pode-se, então, dizer que estas criam pobres que mantêm: e, como em consequência do aumento populacional as provisões do país devem ser distribuídas em menores proporções a cada homem, é evidente que o trabalho daqueles que não são mantidas pela ajuda paroquial comprará em menor quantidade de provisões do que antes e, consequentemente, mais dentre estes trabalhadores devem ser levados a solicitar auxílio. Em segundo lugar, a quantidade de provisões consumida nas casas de trabalho por uma parte da sociedade que não pode, em geral, ser considerada como a mais valiosa diminui a porção que, de outra forma, pertencia a membros mais industriosos e valiosos e, assim, da mesma maneira, força mais gente a se tornar dependente (Malthus, 1982, p. 77).
> Essas fortes indicações da ineficiência das leis de amparo aos pobres podem ser consideradas não apenas como provas incontrovertidas do fato de que elas não cumprem o que prometem, mas também como suporte da suposição mais poderosa de que elas não o podem fazer (idem, p. 86).

Para ele, a assistência, a exemplo da Lei dos Pobres (Inglaterra, 1601), é considerada um estímulo à preguiça, à acomodação; ideia que levou o parlamento inglês a rever e alterar tal norma em 1834 (em pleno avanço das lutas de classes). Hoje, vive-se um *reprise* desse momento, quando, a exemplo de Bresser Pereira, Pedro Malan e outros, culpabiliza-se a Seguridade Social que a Constituição de 88 desenha tanto pela *inoperância* do Estado (dada a crise de governança que gera), quanto pelo *paternalismo* do Estado, responsável pela acomodação das pessoas assistidas. A contrarreforma do Estado (a exemplo da revisão da Lei dos Pobres), minimiza a intervenção social do Estado, focalizando, precarizando e privatizando a ação social, é mostra disso.

Nessa perspectiva, a quem ainda não tem competência para enfrentar com sucesso o mercado, a quem não tem condições de prover-se de bens e serviços, além de uma transitória intervenção estatal e da "solidariedade" de atores da sociedade civil ou a "responsabilidade social" empresarial, promove-se a participação dos indivíduos ou das comunidades carentes para enfrentarem seus carecimentos, promove-se o "empoderamento".

5.5 A visão *"desenvolvimentista"* — a pobreza como uma *fase* ou *"distorção"* do sistema capitalista, passível de solução

Há quem pense a pobreza como produto de um insuficiente desenvolvimento, tendo como *causas* da pobreza: A) subdesenvolvimento ou insuficiente desenvolvimento econômico; e B) uma fase de crise capitalista.

Neste caso, as formas de *enfrentamento* passam pelo desenvolvimento econômico: "Fazer crescer o bolo para logo distribuí-lo". Neste sentido a estratégia para tal desenvolvimento orienta-se em função da situação de que se trate: A) para caso do subdesenvolvimento ou o insuficiente desenvolvimento capitalista, promove-se Políticas e Serviços Sociais e estímulo à produção e ao consumo; B) para o caso de uma crise capitalista, procura-se a superação dela mediante a redução dos custos de produção (e do valor da força de trabalho), a redução de gasto social do Estado e a focalização da política social.

Entende-se aqui a pobreza como um problema de escassez, seja produto de um estágio ainda não suficientemente desenvolvido do país (subdesenvolvido), seja resultado de uma fase de crise (em países desenvolvidos). Em ambos os casos a pobreza é pensada como um fenômeno transitório, não estrutural, que representaria um estágio de reduzida produção de bens.

Na verdade, por um lado, o subdesenvolvimento de um país não pode ser visto como condição autônoma de uma nação, mas como produto de uma relação do sistema mundial capitalista, como um "desenvolvimento desigual e combinado", conforme Trotsky (1985, p. 19 e ss.), numa relação de dependência entre países centrais e periféricos. Por outro lado, a crise capitalista também não pode ser analisada como uma doença, como um fenômeno externo ao próprio desenvolvimento capitalista; ela representa uma fase necessária da dinâmica cíclica do capitalismo, passando for períodos de expansão, de estagnação e de recessão ou crise, conforme análise de Marx (1980), de Trotsky (2007), de Mandel (1990) e de Mészáros (2002). Desenvolvimento, expansão e crise são fases de um único processo, estrutural e cíclico do capitalismo. Portanto, as formas de enfrentamento da pobreza que visam promover o desenvolvimento ou que procuram a superação da crise nada podem fazer para a redução da pobreza se tais medidas não vierem acompanhadas de mudanças na distribuição da riqueza, portanto, limites na acumulação de capital.

5.6 A noção de "nova pobreza"

Na atualidade, há quem conceba a pobreza (ou alguns tipos de pobreza) como um fenômeno novo, tendo como "novas" *causas*: a) os efeitos da "globalização", da ofensiva neoliberal, da desregulamentação da proteção social e da precarização do trabalho, no contexto de uma suposta sociedade considerada por alguns como "pós-industrial" (ver Bell, 1973; Hard; Negri, 2001), e por outros como "pós-moderna"; b) o resultado do desemprego de longa duração, das dificuldades de acesso a um emprego estável para camadas crescentes da população, produzindo a existência de uma pobreza para além do EIR; c) as "metamorfoses da questão social" (Castel, 1998) ou a configuração de uma "nova questão social" (Rosanvallon, 1997).[6]

---

6. Ainda que Rosanvallon e Castel entendam, de maneira diferente, que as mudanças no mundo contemporâneo configurem uma *nova* ou *metamorfoseada* "questão social", ambos possuem posturas políticas e defendem funções estatais bem distintas. O primeiro caracteriza o "Estado-Providência" como uma "máquina de indenizar" os desempregados, o que leva tanto a um insustentável *gasto social do Estado*, com *aumento de despesas para o trabalhador assalariado*, quanto à *desresponsabilização dos usuários* nas respostas às suas necessidades (Rosanvallon, 1997). Rosanvallon propõe então, a passagem de um "Estado passivo" (que garante rendimentos mínimos aos cidadãos) a um "Estado ativo" (criando

Com tal compreensão da pobreza, concebe-se a seguinte forma de *enfrentamento*: a promoção de políticas públicas de emprego e renda (focalizada); Políticas de Transferência de Renda e ou promoção do "imposto negativo"; gestão da pobreza e "empoderamento".

Aqueles que entendem que há uma "nova pobreza", a entendem como um dos efeitos da chamada "globalização", e que se situa no marco ora do neoliberalismo, ora de uma sociedade tida como "pós-industrial", ou até "pós-moderna", tendo como expressão direta a desregulamentação da proteção social e a precarização do trabalho. Tratar-se-ia de um fato novo que foi registrado entre os anos 1980 e 1990, quando milhões de pessoas, que viviam próximas ou acima da linha de pobreza, caíram de nível socioeconômico. Um fenômeno que assume padrões, características e sentidos dos mais variados, impactando, diferentemente do passado, grupos e pessoas que nunca tinham vivenciado o estado de pobreza, cujo traço comum é o declínio nos níveis de renda, com considerável deterioração nos padrões de vida.

Para Paugam (2003), a "nova pobreza" remete a mudanças econômicas e sociais da sociedade industrial do fim do século. O desemprego de longa duração, as dificuldades de acesso a um emprego estável para camadas crescentes da população, as situações de isolamento ligadas, ainda que parcialmente, à reestruturação dos modelos familiares explicariam o surgimento dessas "novas figuras" da pobreza nas sociedades desenvolvidas. Nessa linha de argumentação, o autor complementa que esse processo não trata somente das famílias dos países em desenvolvimento, mas atinge pessoas que nunca viveram em condições miseráveis durante a infância ou habitaram cortiços e favelas. Segundo o autor, dentro dessa "nova ordem social", o retrato da pobreza não pode se limitar aos mendicantes, desam-

---

empregos em vez de indenizar desempregados), num espaço pós-social-democrata, que na verdade tem mais a ver com um *Estado mínimo no social*, conforme a programática neoliberal. Já Castel defende um *Estado Social* cuja intervenção regule o mercado e o trabalho. Para o autor a diferença da "questão social" na fase do capitalismo contemporâneo para o anterior diz respeito ao surgimento de *novos atores e novos conflitos*, sustentado no *fim da centralidade do vínculo salarial*. A resposta à "desfiliação social" do desempregado, para o autor, "será o conjunto dos dispositivos montados para promover sua integração" (Castel, 1998, p. 31). O papel desse "Estado Social" seria, para Castel, contrariamente a Rosanvallon, o de responsável pela respostas à "questão social", se aproximando mais da defesa de um Estado intervencionista na esfera social.

parados, miseráveis, moradores de rua, favelados etc. Os "novos pobres" seriam os supranumerários, os desfiliados, os que teriam um déficit de integração, como nomeia um dos principais estudiosos da "questão social", como já vimos, o sociólogo Robert Castel (1998). Para outro autor,

> O novo pobre hoje pode ser um ex-executivo endividado e desempregado, uma família vitimada pelos desastres ambientais, desabrigados pelos alagamentos, um herdeiro que perdeu o patrimônio, um sonegador de impostos que foi autuado pela Receita Federal, e além dos milhares de pessoas que sobrevivem com baixos salários em territórios de exclusão e possuem contratos de trabalho precários ou se encontram na informalidade e que precisam de uma assistência, benefício ou renda da política social (Gaudier, in Salama e Destremeau, 1999).

Conforme esta análise, o enfrentamento da "nova pobreza" deveria vir ora mediante os programas de *transferência de renda*, ora pelo chamado *"empoderamento"* da população mais empobrecida, como surge da seguinte entrevista:

> O contexto de globalização demanda por um novo desenho nas políticas sociais, e é ai que se insere a proposta de transferência de renda, diga-se de passagem, não é genuinamente brasileira, e sim uma noção que vem sendo amplamente debatida há muito nos fóruns internacionais. Como um direito econômico de último tipo, não seria assistencialismo e sim um direito universal como o da saúde, educação, segurança, entre tantos outros. Mas obviamente reconhecemos o uso político dessa nova política, que acreditamos ser irreversível independente do governo em questão. Todos os indicadores têm apontado para resultados positivos, seja na distribuição de renda ou no acesso à melhoria na qualidade de vida, inclusive no empoderamento das mulheres, que, no caso do Programa Bolsa Família, são a maioria no recebimento do beneficio. Existem inúmeras pesquisas empíricas que apontam para esses resultados, mas há muita partidarização e ideologização nas análises realizadas. Por exemplo, conheci comunidades inteiras desmonetarizadas, em que a única renda provinha dessas políticas, e isso é apontado como uma tendência, pois a renda futuramente não será somente fruto do trabalho e sim de redistribuição de riquezas, isso no passado isso só poderia ser pensado para uma elite proprietária do capital.

Hoje essa ideia da distribuição de renda está contida na proposta do Imposto Negativo, concebida por Milton Friedman, também Prêmio Nobel de Economia, dentro do marco liberal, pois atuaria de maneira a não prejudicar o funcionamento do mercado, ao mesmo tempo em que garantiria uma renda a todas as pessoas. Em muitos países já foi implantado, inclusive no Brasil pela Lei da Renda Básica de Cidadania em 2004, mas está sendo [implementada] de uma forma gradual. Acontece que para receber essa renda o método de verificação proposto é o *ex ante*, diferente dos sistemas mais usuais que operam *ex post*, ou seja, por meio da verificação da renda do beneficiário anterior ao recebimento do benefício. Se a pessoa é inadimplente, isso será captado por meio do cruzamento de dados dos sistemas públicos de informação e ai encaminhado para o corte do benefício se esse for o critério (Curado, 2011).

A leitura da "nova pobreza" parte assim do pressuposto de que o acirramento da contradição capital e trabalho, que ampliou a precarização das condições de trabalho, impactou negativamente os índices de pobreza absoluta, levando ao empobrecimento substantivo de segmentos da classe trabalhadora. O crescimento ainda maior da acumulação de riqueza em mãos de poucos e o ambiente propício para a competição desenfreada, levaram também à falência de pequenos, médios e, em menor escala, grandes empresários não monopolistas, o que constitui um novo quadro de pobreza mundial, estando a pobreza presente também nos países centrais.

Contudo, essas expressões não rompem com o fundamento estrutural da pobreza na sociedade capitalista, mas guardam a essência da contradição, a produção de riqueza e sua apropriação privada. Assim, representam como o capital vem respondendo à crise, a partir da espoliação da classe trabalhadora, buscando a manutenção do lucro em sua máxima potência.

Alguns autores, a exemplo de Rosanvallon e Castel, discutem a categoria "nova questão social", que ao nosso ver partem do mesmo pressuposto da "nova pobreza" e, na verdade, o que trazem como novas determinações que reestruturariam a categoria anterior de "questão social" e de pobreza seriam as novas formas de "exclusão social". Para Rosanvallon (1995), o crescimento do desemprego e o aparecimento de novas formas de pobreza não remetem às antigas formas de exploração. Esses problemas são permanentes desde a década de 1980 e suas reconfigurações exigem respostas distintas das dadas em décadas anteriores. A exclusão e o desemprego de longa duração não se configurariam como situações temporárias e sim estáveis (Rosanvallon, 1995) e, com isso, demandam outras respostas: seria necessário reestruturar o princípio da solidariedade, e isso requer uma redefinição política e filosófica do "contrato social" sobre o qual se funda o Estado-providência (idem, p. 49-50). A igualdade de oportunidades não consiste apenas nas desigualdades da natureza ou nas disparidades de fortuna (idem, p. 210), seu objetivo está em proporcionar aos indivíduos meios para fazer frente a seus azares (idem). O Estado deve assumir a forma do "Estado-Providência Ativo", responsável em desenvolver a cidadania.

Trata-se, para Rosanvallon, de um Estado com uma tríplice dinâmica:

1) *socialização mais flexível*: desburocratizar e racionalizar a gestão dos grandes equipamentos e funções coletivas.

2) *descentralização*: remodelar e tornar os serviços públicos mais próximos dos usuários. Trata-se de atribuir tarefas e responsabilidades das coletividades nos domínios sociais e culturais.

3) *autonomização*: transferir para as coletividades tarefas que são dos serviços públicos.

A nova dinâmica proposta por Rosanvallon traz à cena aspectos importantes da contrarreforma do Estado, resposta dada à crise do chamado "Estado de Bem-Estar Social". A socialização encontra-se na esfera da minimização do "Estado Social", a responsabilização da sociedade civil (instituições, fundações), e a responsabilização de indivíduos e/ou pequenos grupos para responder às demandas que outrora foram responsabilidade do "Estado-Providência". Em nome da novidade, remonta-se a estrutura das respostas às manifestações da questão social nos moldes da ofensiva neoliberal. Sendo assim,

> não se trata de escrever a história da "questão social" senão de pensá-la historicamente. Isso implica em entender o desenvolvimento histórico como um processo contraditório e não linear, que permita capturar a processualidade social e o movimento da realidade, deixando de fora aquelas interpretações fechadas que orientam e conduzem a esquemáticas análises, levando-nos,

necessariamente, a pensar em períodos cronológicos rigidamente fixados, em que existe uma sucessão de acontecimentos históricos não inter-relacionados, em que cada momento é visto como superação do anterior. Dessa forma, o passado será entendido como uma realidade "morta" trancada nos museus, como se fosse possível escindir o presente do passado e começar cada novo momento partindo do zero. Tampouco trata-se de apagar as diferenças nas formações históricas, muito pelo contrário, as diferenciações entre distintos contextos são necessárias e de máxima importância (Pastorini, 2004, p. 48-9).

Considerando que as mudanças ocorridas a partir da década de 1970 não substituíram o sistema mas reestruturaram aspectos para manter a ordem vigente, preservando a estrutura fundamental da sociedade capitalista e da contradição que a perfila, a "questão social" enquanto resultante da contradição de classes, de nova tem a permanência da mais velha condição de existência da sociedade capitalista, mesmo se manifestando de variadas e renovadas formas.

Na verdade, há no contexto atual *"novos pobres"* (pessoas, famílias e grupos que se incorporaram recentemente aos níveis de pobreza), porém não há uma *"nova pobreza"*: os fatores causantes da pobreza, no MPC, são essencialmente os mesmos, a contradição capital-trabalho, a exploração, a subsunção real do trabalho ao capital, a apropriação privada dos fatores que determinam o desenvolvimento das forças produtivas. A pobreza e seus fundamentos não é nova, mas estrutural e própria do MPC, porém há formas novas de se manifestar ou expressar, e particularmente há novos sujeitos que hoje passam a ampliar as fileiras da população abaixo da linha de pobreza ou indigência.

5.7 A visão *"territorial"/"grupal"* — a pobreza como *risco* ou *exclusão social*

Apresenta-se hoje, também, uma visão que concebe a pobreza a partir das características de um grupo ou de uma localidade, conceituando-se a pobreza: a) como "risco" e vulnerabilidade social"; ou b) como "exclusão social". Assim, entende-se como *causas*: o local de moradia de risco; o pertencimento a grupos sociais de risco; as condições de vida, hábitos, educação, condições sanitárias etc.; as desigualdades diversas entre indivíduos de um mesmo território ou grupo, que geram "exclusão social". Neste caso, pensa-se como formas de *enfrentamento*, a avaliação de risco (ou mapa de risco), o deslocamento e/ou abrigo, a educação, a inserção de agentes comunitários, o "empoderamento" entre outras.

Ao pensar a pobreza, e suas mais distintas expressões, a partir de territórios ou grupos específicos, pode-se deslocar o problema oriundo da contradição de classes e sua inserção distinta no sistema produtivo, para instâncias particulares. Assim as particularidades de um grupo ou território assumem centralidade na interpretação das mazelas sociais assim como em seu enfrentamento. Se por um lado as particularidades devam ser consideradas, ao assumir o parâmetro mais importante, tende-se a replicar as desigualdades e podendo comprometer o caráter universal de determinada política pública. Ao separar em pequenos núcleos ou territórios a vida social perde-se a noção de totalidade. Se as respostas a cada um desses territórios estiverem vinculadas às suas demandas, certamente os grupos mais enriquecidos demandarão respostas mais sofisticadas e com maior custo. Com isso territórios ou grupos burgueses, caso tenham seus desejos contemplados, reforçarão as diferenças.

O debate sobre a dimensão territorial ou grupal da pobreza é tão necessário quanto polêmico: necessário porque permeia as discussões sobre esse fenômeno e seu enfrentamento, e polêmico porque tem sido utilizado por distintos autores, inclusive com posicionamentos ético-políticos opostos.

As várias determinações do conceito de território e territorial se apresentam como:

- uma *determinação fundamental para compreender a pobreza contemporânea, com suas características multifacetadas*. Assim as discussões sobre território seriam associadas a uma categoria que amplia a concepção de pobreza. Pois, a dimensão espacial, do território, da comunidade e da vizinhança são elementos estruturantes da concepção de pobreza. As comunidades e territórios constituiriam, neste sentido, as unidades privilegiadas de análise do fenômeno. Na proposta, considerar a dimensão do território qualifica, amplia e contribui nas discussões e na compreensão dos processos de pobreza e exclusão, que acontecem em espaços territoriais, permeados por relações sociais e laços de respeito, cooperação e conflito, reciprocidade, atuação de redes institucionais e comunitárias (Bronzo, 2010, p. 16).

- uma *explicitação da relação de interdependência entre os diversos vetores da exclusão* e da *combinação múltipla de vetores de inclusão ou inserção social* em determinados espaços da cidade, o reconhecimento da heterogeneidade da pobreza implicaria um atendimento particularizado, vinculado à focalização no território como *lócus*, no qual essa heterogeneidade se manifesta e se cristaliza e também possibilita uma rede de serviços capaz de atender às demandas, necessidades e problemas identificados (idem, p. 132).

- um esforço de *compreensão do indivíduo para além do lugar que ocupa na estrutura social*, o que significaria considerar também o lugar que ele ocupa no território, suas relações pessoais e de poder.

- uma tentativa de *mostrar a influência das representações dos espaços territoriais na identidade do sujeito*. A representação social do território das classes populares articulada à comportamentos, valores e "formas de ser" que determinariam previamente o comportamento dos sujeitos (Zaluar e Alvito, 1999).

Diante desses pontos, consideramos que o território equaliza as contradições de classes, com as outras manifestações territoriais. Ao remover a centralidade dos interesses antagônicos das classes sociais, na sociedade capitalista, retira-se do debate também a categoria exploração, isso questionaria medularmente a Lei Geral de Acumulação Capitalista. Visto que, ao dissociar o "território" da dinâmica capitalista, autonomiza-o da própria lógica da apropriação da riqueza socialmente produzida, por uma classe, que detém os meios de produção e a propriedade da terra. Assim, a identidade de classe é diluída, e o indivíduo tende a identificar-se mais com o espaço territorial, no plano das lutas e reivindicações, estando o território e suas particularidades nas agendas de reivindicações, cada grupo pelo seu território.

Tratamos aqui território como uma determinação de análise, fortemente vinculada à pobreza, sem pretensões de esgotá-la. Levantamos tal polêmica por considerá-la fundamental na discussão de risco e vulnerabilidade. O debate do território aparece nos mapeamentos de riscos sociais, ambientais, econômicos etc., e os mapas de riscos definem prioridades de intervenção, que em tempos de forte focalização das políticas sociais, aparece como ação interventiva possível.

Assim, centros urbanos, municípios e bairros são setorializados, e representados por números e códigos, cuja funcionalidade está no fornecimento de serviços e políticas sociais. Os territórios setorializados têm, a partir dessa divisão, seus próprios centros de atendimento e recursos previamente destinados, podendo acessá-lo aqueles que ao setor pertencerem. Em contextos de lei de responsabilização fiscal, cada município é responsável pela oferta de serviços e estes funcionam de acordo com a arrecadação ou recursos próprios. Isso impõe, aos espaços com menores arrecadações, menores ofertas e qualidade nos atendimentos. O que necessariamente compromete a universalização das políticas sociais, diferenciando os sujeitos a partir do seu território.

Contudo, a noção de território, e a territorialidade, certamente podem contribuir na análise da pobreza e das refrações da "questão social", apresentando determinações e características assumidas e expressas numa localidade, nas particularidades culturais e históricas desenvolvidas num contexto geográfico específico, nas condições ambientais e nos recursos próprios do território. Assim, ao "localizar" as refrações da "questão social" num território, é possível certamente se compreender com maior detalhamento as características particulares com que se apresentam os "problemas", os "riscos", as "carências", permitindo inclusive intervenções mais adequadas às características e particularidades próprias desse território. Porém, a análise que privilegia a *dimensão territorial* por sobre a *dimensão de classe*, mesmo podendo compreender as formas em que a "questão social" se manifesta nessa localidade, acaba perdendo o foco das suas causas, na Lei da Acumulação Capitalista, na Teoria do Valor-Trabalho.

Uma coisa é incluir a noção de "território" para dotar de mais e mais ricas determinações a questão da pobreza, outra coisa é imaginar que sua gênese possa ser explicada a partir das dimensões territoriais.

Vejamos agora em particular as ideias de pobreza como "risco" e como "exclusão" sociais.

a) O debate sobre "risco social" não é novo dentro das ciências sociais. Os anos 1980 são marcados pela intensificação desse debate; entre outros, Giddens e Boaventura de Sousa Santos divulgam esse tema e o apresentam como fenômeno de análise da sociedade moderna. Algumas análises sobre "riscos" enfatizam seus aspectos cultural e social. O "risco" é apresentado como algo mensurável e vinculado ao controle e prevenção. O controle do risco pressupõe o apelo aos princípios de solidariedade, de cidadania, de humanidade e de coresponsabilidade dos indivíduos em face aos perigos que os ameaçam; requer, portanto, a construção de outras formas de viver a democracia e a cidadania e a participação de todos os indivíduos como cidadãos diante dos perigos que nos ameaçam (Giddens, 2004, p. 313).

As ameaças apresentadas pelos "riscos" não estão distribuídas igualmente. Nem todos os indivíduos são afetados pelos "riscos". Alguns, mesmo afetados, têm condições de enfrentá-los. Na escala nacional, estadual e até internacional, a equalização das distintas formas de enfrentamento e vulnerabilidade a um determinado risco exige políticas públicas que levem a uma atenuação dos "riscos" para todos (Giddens, 1996, p. 170).

Diante das desigualdades sociais, a gestão dos "riscos" se apresenta como uma maneira de atenuar tais diferenças, que são cada vez mais agudas na escala mundial. A gestão dos "riscos", sejam eles naturais, tecnológicos ou sociais, leva necessariamente a negociações e medidas que envolvem as agências multilaterais, governos dos estados, empresas, associações ou grupos de pressão e a sociedade em geral, na tentativa de encontrar os fatores que os desencadeiam e, com isso, determinar as condições para seu enfrentamento.

Esse debate coloca em evidência questões importantes e que precisam ser desvendadas e apontadas como mecanismos de legitimação e perpetuação do sistema capitalista. Dentre essas características apontamos:

1) a ideia de "risco social" desloca a centralidade da contradição de classes nas manifestações da questão social para os sujeitos, ou pequenos grupos, que respondem das mais diversificadas formas as consequências de uma sociedade estruturalmente desigual. As dádivas da riqueza socialmente produzida e dos avanços tecnológicos, e seus benefícios à produção e à ciência, são acompanhadas pelas mais famigeradas formas de exploração, cujo desenvolvimento da sociedade necessariamente levará a um segmento importante da classe trabalhadora às mais precárias condições de vida, pondo-os frente a situações limites, que para garantir a própria sobrevivência são compelidos às mais distintas práticas, seja a violência ou qualquer expressão bárbara. Ou seja, o "risco social", que é apresentado à sociedade com temor, assombrando-a e ameaçando-a, colocando em perigo seus patrimônios, integridade e segurança de uma vida tranquila, em geral, é atribuído àqueles que são vitimizados pelo sistema capitalista, antes mesmos desses se apresentarem como "risco" aos seus empreendimentos e acúmulos;

2) em geral, o "risco social" é vinculado aos segmentos mais pobres da classe trabalhadora; são os pobres que colocam em risco a sociedade, que podem atrapalhar a ordem, roubar os bens que outros indivíduos conquistaram a partir de seu próprio esforço, direta ou indiretamente. Assim, como medida de segurança; a própria classe trabalhadora começa a se proteger de seus pares, levando ao extremo de torná-los inimigos, esperando seu extermínio e seu desaparecimento da sociedade, isso no lugar de torná-los aliados e mudar a condição comum dentro da sociedade capitalista: de explorado;

3) na promoção da segurança, eliminação ou prevenção de "risco social" há uma diluição das diferenças entre as classes sociais, entre pobres e ricos, proprietários dos meios de produção ou não; essa população "aclassista" se une sobre um interesse comum, todos contra a pobreza;

4) o "risco social" sobre a égide do medo, coloca aos mais distintos indivíduos a necessidade de se proteger, assim criam-se novas necessidades de novas mercadorias, cuja promessa é a proteção

comprada por todos e a garantia da mesma lógica de apropriação privada da riqueza socialmente produzida;

5) em contextos de avanço da ofensiva neoliberal, as formas de controle dos "riscos sociais" se apresentam pautadas na solidariedade e nas ações individuais, exemplos pessoais para resolver os problemas supostamente ocasionados por outros indivíduos;

6) a ideia de "risco social" culpabiliza os indivíduos pelas manifestações da questão social, seja na sua origem ou para a solução;

7) "risco social" passa a ser ponto de interesse ou demanda para o capital quando se apresenta como risco econômico, seja frente aos investidores internacionais ou risco ao patrimônio ou ao sistema de acumulação.

Em síntese, a noção de "risco social" aparece como um *fenômeno geral* (risco envolve a pobreza, a desnutrição, a falta de acesso à educação, a moradia em locais precários ou de risco climático etc.), *derivado das mais variadas causas* (o próprio clima, a própria cultura ou hábitos dos sujeitos, a ação do Estado ou até das empresas, e ainda os efeitos do conhecimento científico não controlados), *que atinge contingentes populacionais variados*. A noção de "risco social" não diferencia assim os fenômenos (a pobreza, a catástrofe climática, a violência doméstica etc.), nem as causas (estruturais, subjetivas, comportamentais, de carências específicas), nem as populações atingidas (atinge os cidadãos, substituindo a categoria classes sociais).

Ainda mais, a noção de "risco" pode ter pelo menos duas formas de interpretação. Em primeiro lugar o risco como *"vulnerabilidade"*, tal como foi tratado anteriormente, em que se considera o *"risco para o indivíduo pobre"*; neste caso a resposta se dá mediante abrigo, educação e assistência. Porém, há também uma segunda interpretação de risco, como a *"ameaça"* que o indivíduo pobre causa (até mesmo como reação à sua própria situação de vulnerabilidade), considerando-se aqui o *"risco para a sociedade"*; neste segundo caso tem-se como resposta a criminalização da pobreza, a repressão e a reclusão (sobre isto ver Wacquant, 2001).

b) A substituição da categoria exploração pelo conceito de "exclusão social" na análise dos fenômenos sociais e particularmente da pobreza, mais do que simples troca de palavras, sugere a equivocada ideia de que o sujeito está à margem das relações sociais e significa supor a possibilidade de resolução dos problemas sociais sem a superação da ordem social. Ao contrário, para responder à "exclusão social" bastariam as políticas de "inclusão": digital, virtual, cultural, educacional, profissional, pela dança, pela arte, pela produção de filmes, pelo teatro, pela culinária, pela vacinação, entre outras. Vale ressaltar que não estamos desconhecendo a importância dessas políticas e ações; todavia, há que ponderar que a "contradição social" ocorre pela "exclusão", mas fundamentalmente pela forma de "inclusão", ou seja pelo ingresso do trabalhador (empregado ou não) na sociedade capitalista; isto é, pela sua inserção no processo produtivo enquanto vendedor de força de trabalho e criador de valor, que lhe é expropriado pelo capital, mediante a exploração.

A "inclusão", se por um lado altera manifestações da "questão social", por outro reforça a manutenção da ordem, sem necessariamente garantir direitos conquistados. Inclusão sempre significa "incluir a algo", inserir dentro de algo, significa portanto a *inclusão do sujeitos dentro da ordem do capital*; significa então a manutenção e legitimação da ordem.

Enquanto isso, a categoria "exploração", além de remeter à contradição que funda a sociedade capitalista (a contradição capital-trabalho), exige, para sua resolução, a superação da ordem capitalista.

5.8 A visão *"multidimensional"* da pobreza

Finalmente, outra concepção atual sobre pobreza a entende como um processo multidimensional (não apenas econômico, mas cultural, moral, ético, espiritual, identitário etc.), concebendo como **causas** dessas dimensões de pobreza uma diversidade de fatores, pessoais e subjetivos, sociais e objetivos.

Para isso, concebe-se como formas de *enfrentamento* processos culturais, morais etc., (tal como exemplificado nas frases: "Mude a si próprio antes de querer mudar o mundo", "até não mudarmos os sujeitos de nada vale mudar as estruturas"), e propostas de autoajuda, "empoderamento", ou inclusão pela educação.

O caráter multidimensional da pobreza leva à necessidade de um indicador que leve em consideração a situação autoavaliada, ou seja, como o indivíduo percebe sua própria situação social. Esta compreensão da pobreza a define segundo as capacidades dos indivíduos de exercerem suas liberdades bem como de fazerem respeitar seus direitos, e busca analisar as diferentes formas de distribuição e acesso aos recursos privados e coletivos. É, nesta perspectiva, importante enfatizar não apenas os direitos sociais, mas também os direitos civis e políticos (Sen, 2000). Esta abordagem se propõe como mais abrangente que as análises das necessidades básicas, pois inclui acesso dos indivíduos à educação, saúde, infraestrutura (acesso aos bens públicos em geral), além da possibilidade dos indivíduos exercerem sua cidadania e representatividade social.

Como observam Salama e Destremau (1999), sob a ótica do método científico a construção de índices para a pobreza é repleta de avaliações que influenciam a análise final dos resultados. Desta maneira, impressões individuais ou uma subjetividade implícita pode aumentar ou diminuir em milhares o número de pessoas consideradas pobres. A própria determinação da linha pobreza no patamar mínimo requerido à sobrevivência ou no nível médio de vida da população pode estar enviesada pelo objetivo do pesquisador. De todo modo, os autores assinalam que um bom indicador de pobreza deve levar em consideração os diversos aspectos da pobreza com o intuito de proporcionar um melhor entendimento do problema, e assim permitir a construção de um plano de ação eficiente. Isso nos alerta para o uso político desses métodos e para a crítica de que as condições de bem-estar afetam a dimensão da "pobreza absoluta" e não da "relativa".

Segundo Sen (1988), o esforço para a caracterização do bem-estar e liberdade das pessoas tende a aumentar a demanda por dados e informação capazes de captar o desenvolvimento através deste conceito. Fazendo uso da "Abordagem das Capacidades", o PNUD apresentou em 1990 um novo indicador multidimensional, o Índice de Desenvolvimento Humano (IDH, criado por Sen em colaboração). O IDH tem o objetivo de caracterizar os aspectos fundamentais para a "inserção social" dos indivíduos, e consiste na média aritmética simples de três variáveis: saúde/longevidade; nível de educação; PIB real em dólares por paridade poder de compra.

Essa ferramenta multidimensional é apresentada em sete atributos discutidos por Costa (*in*: Lopes et al., 2003), e aplicada em 12 países da OCDE no ano de 1998, são eles: 1) renda domiciliar total líquida; 2) tamanho da família e dimensões da residência; 3) problemas ambientais relacionados com crime e status ocupacional; 4) acesso a banheiro e aquecimento residencial; 5) tipologia econômica do domicílio e *status* da atividade principal da pessoa de referência; 6) nível educacional da pessoa de referência e; 7) atividade principal da pessoa de referência.

Neste tipo de abordagem, multidimensional (diferente de uma mensuração unidimensional, centrada na renda) e subjetivo da pobreza (diferente da sua constatação objetiva), se retira a centralidade dos fundamentos do MPC na produção e reprodução da pobreza. Isto ocorre ao se equalizar a *dimensão econômica* (a exploração capitalista da riqueza produzida pelo trabalhador, que deriva na ausência de recursos materiais para sua sobrevivência) com *outras dimensões* da vida e das relações sociais.

A pobreza enquanto dimensão subjetiva passa a ser determinada pela *sensação*, pela *vivência* ou pela *autoimagem* dos sujeitos. Não se considerando a materialidade da pobreza, mas a percepção, ou autopercepção que os sujeitos tem de sua própria condição. Esta abordagem trata igualmente condições objetivas e subjetivas (autopercepção, autoimagem) do pobre. Equalizar-se assim aspectos econômicos e materiais com aspectos espirituais e imateriais.

É a partir destas abordagens sobre as perspectivas de análise da pobreza e sobre o que entendemos como equívocos, que nos debruçaremos, a seguir, nas formas de compreensão da categoria pobreza e seu enfrentamento no âmbito do Serviço Social.

Segunda Parte
A "pobreza" no debate do Serviço Social

Funeral de um lavrador*
Chico Buarque de Hollanda

Esta cova em que estás com palmos medida,
é a conta menor que tiraste em vida.
É a conta menor que tiraste em vida.

É de bom tamanho, nem largo nem fundo.
É a parte que te cabe deste latifúndio.
É a parte que te cabe deste latifúndio.

Não é cova grande, é cova medida.
É a terra que querias ver dividida.
É a terra que querias ver dividida.

Na introdução deste livro apresentamos uma caracterização, a partir dos fundamentos do Modo de Produção Capitalista — a separação dos meios de produção da força de trabalho, que obriga o trabalhador a vendê-la, como mercadoria, ao capital, numa relação salarial, onde o trabalho se subsume realmente ao capital, caracterizando a exploração de mais-valia produzida pelo trabalhador e apropriada pelo capital, fundado a relação dialética acumulação/pauperização —, das particularidades da desigual-

---

* Disponível em: <http://letras.terra.com.br/chico-buarque/45132/>. Acesso em: jun. 2011.

dade e da pobreza no Brasil — um país que se situa na posição de periferia no capitalismo mundial, numa condição de dependência, e cujo processo de industrialização não se operou mediante a destruição das suas antigas bases oligárquicas, fundando a super-exploração, o sindicalismo pelego, o enorme descarte de força de trabalho, gerando com seu desenvolvimento não apenas a pauperização relativa mas um amplíssimo campo de pauperização absoluta (ver Siqueira, 2011: Primeira Parte).

A primeira parte foi dedicada ao estudo das análises e concepções que diversos autores, nas variadas correntes de pensamento, realizam sobre a pobreza. Tratamos fundamentalmente de pensadores diversos na perspectiva liberal, na racionalidade pós-moderna, na tradição marxista, assim como de outros pensadores não inscritos ortodoxamente nessas correntes e de instituições como a Igreja Católica e o Banco Mundial. Em seguida, procuramos identificar e analisar alguns dos principais "equívocos" que consideramos frequentes nas conceituações sobre a pobreza, com desdobramentos nas formas de tratamento e em sua intervenção — a visão *"darwinista"* (a *naturalização* da pobreza); a visão da pobreza como *"dis-função"* (a *autoresponsabilização* e *culpabilização* do indivíduo); a visão *"empirista"* (o *reducionismo* da pobreza à "pobreza absoluta"); a visão *"paternalista"* (a pobreza como resultado da *assistência social*); a visão *"desenvolvimentista"* (a pobreza como uma *fase* ou *"distorção"* do sistema capitalista, passível de solução); a noção de *"nova pobreza"*; a visão *"territorial"* / *"grupal"* (a pobreza como *risco* ou *exclusão social*) e a visão *"multidimensional"* da pobreza.

Com este chão histórico (dos reais fundamentos que causam a pobreza, universais e particulares do nosso país) e com a compreensão da diversidade de concepções sobre o tema, podemos agora nos debruçar no estudo do debate profissional sobre a pobreza, para interpretar como uma profissão visceralmente relacionada à "questão social" e geneticamente vinculada a uma forma particular de resposta, mediante a política social estatal, pensa e compreende o fenômeno da pobreza.

Cabe, na segunda parte deste livro, pesquisarmos *a reflexão e o debate do Serviço Social brasileiro sobre a pobreza e seu enfrentamento.*

Para tanto, será necessário partir de uma breve caracterização dos fundamentos do Serviço Social e sua relação fundante com a "questão social" (e a pobreza) e a particular forma de enfrentamento pelas políticas sociais, o que faremos no primeiro capítulo.

No segundo capítulo, abordaremos a reflexão e debate profissionais sobre a pobreza em dois momentos. Primeiramente trataremos das considerações que sobre a pobreza fazem os profissionais de Serviço Social na produção bibliográfica que circula nos livros. Aqui analisaremos os fundamentos dessa reflexão e as principais formas de interpretação ou de vinculação da categoria "pobreza" com diversos conceitos que a particularizam na concepção dos autores.

Num segundo momento, apresentamos o resultado de pesquisa realizada com os textos que tratam da pobreza na revista *Serviço Social & Sociedade* (da Cortez Editora), por ser considerado o veículo de debate mais antigo da área na atualidade e de maior circulação. Neste caso, após a identificação dos artigos, ensaios e entrevistas que tratam do tema em questão, eles são organizados e analisados, estabelecendo tendências e perspectivas, que serão estudadas em três períodos dessa produção desde o primeiro número da revista (em 1979) até o ano de 2011.

Capítulo 1
Questão social, política social e Serviço Social

O debate sobre a relação "questão social", Política Social e Serviço Social já é antigo, porém, ele toma novos rumos a partir das análises de Marilda Iamamoto (*in*: Iamamoto e Carvalho, 1995), em 1982, no seu texto "Relações Sociais e Serviço Social". Aqui, a partir da recuperação da análise marxiana sobre o capitalismo, Iamamoto concebe a profissão inserida na divisão sociotécnica do trabalho para o enfrentamento da "questão social". José Paulo Netto (1992), em seu livro *Capitalismo monopolista e Serviço Social*, contribui com a análise ao sustentar que é somente quando o Estado atua mais sistematicamente nas manifestações da "questão social", através de Políticas Sociais, que a sociedade burguesa vai demandar técnicos especializados para intervir nelas, dentre eles, o assistente social para a execução terminal dessas Políticas Sociais. Vejamos as particularidades desse debate.

- A *"questão social"*. Segundo Netto (2001), a origem do termo "questão social" aparece na terceira década do século XIX. A expressão surge para dar conta do fenômeno mais evidente da história da Europa Ocidental que experimentava os impactos da primeira onda industrializante do século XVIII, com o fenômeno do pauperismo. O estágio industrial-concorrencial monta um momento de radical inovação da dinâmica da pobreza que se tornava generalizada; sobre isso Netto esclarece: "pela primeira vez na história registrada, a pobreza crescia na razão direta em que aumentava a capacidade social de produzir riquezas" (Netto, 2001, p. 42).

A criação da expressão "questão social" para representar pauperismo relaciona-se diretamente aos seus desdobramentos sociopolíticos. Foi a partir da perspectiva efetiva de uma decadência da ordem burguesa que o pauperismo designou-se como "questão social" (idem, p. 43). A "questão social" vai assim transformar-se em expressão clara do *conservadorismo*, sendo, a "questão social", convertida em objeto de *ação moralizadora*. Trata-se de enfrentá-la sem tocar nos fundamentos da sociedade burguesa. Com o triunfo da burguesia em 1848 ocorrera a passagem, em nível histórico-universal, do proletariado da condição de "classe em si" a "classe para si", para quem a superação da "questão social" passou a exigir a superação da ordem burguesa. Com isso, o pensamento conservador retira do termo "questão social" seus fundamentos econômicos e políticos, esvaziando a compreensão da desigualdade e da pobreza da contradição capital trabalho (Netto, 2001, p. 45).

Em Netto (2001), assim como em Iamamoto (2001 e 2008), o termo "questão social" retoma seus fundamentos estruturais, sendo compreendido como resultante da contradição entre capital e trabalho, a partir da lei geral da acumulação capitalista. A premissa é que "a análise da questão social é *indissociável das configurações assumidas pelo trabalho* e encontra-se necessariamente situada em uma arena de disputas entre projetos societários" (Iamamoto, 2001, p. 10). Assim, a autora pondera que:

> frequentemente a programática para fazer frente à mesma tende a ser realizada a uma gestão mais humanizada e eficaz dos problemas sociais (...) as respostas à questão social passam a ser canalizadas para os mecanismos reguladores do mercado e para as organizações privadas, as quais partilham com o Estado a implementação de programas focalizados e descentralizados de "combate à pobreza e à exclusão social" (idem, p. 10).

> Em perspectiva de análise distinta, a questão social enquanto parte constitutiva das relações sociais capitalistas (...) requer, no seu enfrentamento, a prevalência das necessidades da coletividade dos trabalhadores, o chamamento à responsabilidade do Estado e a afirmação de Políticas Sociais de caráter universal, voltadas aos interesses das grandes maiorias, condensando um processo histórico de lutas pela democratização da economia, da política, da cultura na construção da esfera pública (idem, p. 11).

Segundo Netto, a "questão social" e suas expressões recebem tratos diferentes ao longo da trajetória do capitalismo. Na sequência da Segunda Guerra Mundial, durante o processo de reconstrução política e econômica, sobretudo na Europa Ocidental, o capitalismo experimentou "três décadas gloriosas" de crescimento econômico; nesse momento a construção do chamado "Estado de Bem-Estar Social", em alguns países capitalistas centrais, como resultado das lutas de classes, foi também uma estratégia de resposta às manifestações da "questão social". Contudo, a atuação dessa rede de proteção e de respostas fragmentadas às demandas dos trabalhadores, jamais incidiram na estrutura ou cerne do problema. Sobre isso, aponta Netto (2001, p. 47), "apenas os marxistas insistiam em assimilar que as melhorias no conjunto das condições de vida das massas trabalhadoras não alteravam a essência exploradora do capitalismo".

Nos anos 1970, o capitalismo se vê frente a uma expressiva redução da taxa de lucro, e para reverter tal problema, dentre outras medidas, promove a retração do Estado no enfrentamento das manifestações da "questão social"; assim "a conjunção globalização mais neoliberalismo veio demonstrar aos ingênuos que o capital não tem nenhum compromisso social" (Netto, 2011, p. 47).

Neste contexto, modificam-se as respostas aos resultantes da contradição capital-trabalho assim como, para muitos, a interpretação da "questão social" passa a ser compreendida como "*nova* questão social" (ver Rosanvallon, 1995, também Castel, 1998). E mais uma vez os marxistas, sobretudo os *impenitentes* (Netto, 2004), expressaram discordâncias com as "inovações" da intelectualidade conservadora e/ou moderada, advogando sobre a permanência da centralidade estrutural da chamada "questão social": a contradição entre capital e trabalho. Nessa esteira, Iamamoto questiona o equivocado conceito de "nova questão social", argumentando que essa suposta "novidade", na verdade, continua mais velha do que nunca, visto que continua sendo a expressão das disparidades econômicas, políticas e culturais das classes sociais (Iamamoto, 2008). Contudo, alerta a autora, em tempos de capital fetiche,

a questão social é mais do que as expressões de pobreza, miséria e "exclusão". O predomínio do capital fetiche conduz à banalização da vida humana, à descartabilidade e indiferença perante o outro, o que se encontra na raiz das novas configurações da questão social na era das finanças. Ele atesta a radicalidade da alienação e a invisibilidade do trabalho social — e dos sujeitos que o realizam — na era do capital fetiche. A subordinação da sociabilidade humana às coisas — ao capital-dinheiro e ao capital mercadoria —, retrata, na contemporaneidade, um desenvolvimento econômico que se traduz como barbárie social. Ao mesmo tempo desenvolvem-se, em níveis sem precedentes históricos, em um mercado mundial realmente unificado e desigual, as forças produtivas sociais do trabalho aprisionadas pelas relações sociais que as sustentam (Iamamoto, 2008, p. 29).

• *A política social e o Serviço Social*. Por seu turno, é na transição do capitalismo concorrencial para seu estágio monopolista que a classe hegemônica, diante do aumento dos conflitos, produto do desemprego e do aumento da organização sindical, amplia as funções do Estado (ver Coutinho, 1987), levando as lutas de classes, para além da esfera econômica ao campo político do Estado. Neste marco democrático se desenvolvem lutas em torno da ampliação dos direitos civis (liberdades individuais), políticos (participação democrática) e sociais (legislação trabalhista, maior participação na distribuição dos bens produzidos), como pode ser visto em Marshall (1967) na obra *Cidadania, classe social e status*.

É nesse contexto de conflitos institucionalizados que *surgem as Políticas Sociais* como instrumentos de *legitimação e consolidação hegemônica e de garantia e ampliação da acumulação capitalista* que, contraditoriamente, são permeadas por *conquistas da classe trabalhadora*. Desenvolve-se, com isso, um novo "pacto social": o Estado concede alguns "benefícios" à população em troca de que esta o legitime. As Políticas Sociais, então, assumem funções eminentemente contraditórias (Faleiros, 1991; Behring e Boschetti, 2006).

Como já afirmamos, conforme aponta Netto (1992), para o desenvolvimento das políticas sociais, a partir da divisão positivista entre conhecimento e ação, faziam-se necessários dois atores: para sua concepção e para sua execução. Diante disso, Netto entende que o Serviço Social tem, portanto, sua gênese no contexto histórico de consolidação do capitalismo monopolista, numa perspectiva segmentadora e manipuladora das manifestações da "questão social", no seu enfrentamento. É justamente esse conhecimento segmentado da realidade que condiciona a fragmentação das respostas às manifestações da questão social, o que leva a suas mudanças parciais, preservando os fundamentos estruturais da ordem burguesa: a exploração da força de trabalho. Ou seja, as políticas sociais segmentadas e setoriais fruto da racionalidade burguesa, não incidem nos efeitos do contraditório modo de produção capitalista, reforçando a sua manutenção.

Desta forma, o Serviço Social tem alguns elementos articulados que incidiram em seu surgimento: 1) *a racionalidade burguesa,* que segmenta a realidade, recontando-a em especializações correspondentes às várias perspectivas ou pontos de vista de cada profissão particular: economia, política e social, e também do Serviço Social; 2) *as políticas sociais*, que se configuram como mediações político-ideológicas entre o Estado, hegemonizadas pela classe burguesa e constituídas por esta racionalidade, e a população; e 3) a sua emergência vincula-se *a um perfil de profissional-instrumental ao projeto político da burguesia* e demandado para a *execução terminal* destas Políticas Sociais compartimentadas.

Nesse sentido, o Serviço Social tem tanto sua gênese quanto seu desenvolvimento, relacionados a esta racionalidade formal e pulverizadora da realidade, assumindo como "natural" a divisão do conhecimento em disciplinas e profissões, uma providencial divisão entre teoria e prática (Guerra, 1995). Essa separação das ciências e a desarticulação das dimensões sociais, políticas e econômicas, pode levar a uma compreensão *endógena* da profissão e a sua gênese ser entendida de forma equivocada como um processo evolutivo e não histórico, ou seja, como evolução e profissionalização de práticas de ajuda e de caridade (ver Montaño, 2007).

Particularmente, no contexto brasileiro, em 1936 inaugura-se a primeira escola de Serviço Social no país. Num momento cuja percepção da "questão social" sofre fortes influências do pensamento social da Igreja Católica (ver YAZBEK, 2009), ou seja, é interpretada como uma *questão moral*, como um conjunto de problemas de responsabilidade individual dos sujeitos que os vivenciam, embora situados dentro de relações capitalistas (conforme reza a Encíclica *Rerum Novarum* — ver item 3.1 da Primeira

Parte). Trata-se de um enfoque conservador, individualista, psicologizante e moralizador da questão, que demanda para seu enfrentamento uma pedagogia psicossocial, que encontrará, no Serviço Social, efetivas possibilidades de desenvolvimento (ibidem).

Sendo assim, os referenciais orientadores do pensamento e da ação do então emergente Serviço Social brasileiro têm sua fonte na *Doutrina Social da Igreja Católica*, no ideário franco-belga de ação social e no pensamento de São Tomás de Aquino (século XII): o tomismo e o neotomismo (retomada em fins do século XIX do pensamento tomista por Jacques Maritain na França e pelo cardeal Mercier na Bélgica tendo em vista "aplicá-lo" às necessidades de nosso tempo). É, pois, na relação com a Igreja Católica que o Serviço Social brasileiro vai fundamentar a formulação de seus primeiros objetivos político-sociais, orientando-se por posicionamentos de cunho *humanista conservador* contrários aos ideários liberal e marxista; essa opção vinculava-se à busca da recuperação da hegemonia do pensamento social da Igreja em face da "questão social" e manifestava a forte e estreita relação do Estado com a instituição católica (Yazbek, 2009).

Somado a isso, a legitimação do profissional, seu assalariamento e ocupação de um espaço na divisão sociotécnica do trabalho vincula-o à matriz positivista. A junção do discurso humanista cristão com o suporte técnico-científico positivista levou ao que Iamamoto (1992) denominou de "arranjo teórico doutrinário", o que fortaleceu o pensamento conservador.

A importante contribuição de Iamamoto promove uma inflexão na compreensão do profissional sobre sua atuação frente à sociedade capitalista. À profissão lhe é apresentada uma nova concepção, e sua inserção passa a ser compreendida no processo de produção e reprodução das relações sociais, ou seja, as análises da profissão, de suas demandas, tarefas e atribuições exigem mediações que ultrapassam a própria profissão. Neste sentido, a reprodução das relações sociais é a reprodução de determinado modo de vida, do cotidiano, de valores, de práticas culturais e políticas e do modo como se produzem as ideias nessa sociedade. Ideias que se expressam em práticas sociais, políticas, culturais, padrões de comportamento e que acabam por permear toda a trama de relações da sociedade (Iamamoto, 1995, p. 65).

A dimensão de totalidade das relações sociais é um processo complexo, que contém a possibilidade do novo e do antigo, do diverso, do contraditório, da manutenção e da transformação. Trata-se, pois, de uma totalidade em permanente reelaboração, na qual o mesmo movimento que cria as condições para a reprodução da sociedade de classes cria e recria os conflitos resultantes dessa relação e as possibilidades de sua superação (ibidem). Esta concepção de reprodução social, então, fundamenta uma forma de apreender o Serviço Social como instituição inserida na sociedade. Inserção que, conforme Iamamoto e Carvalho (1995, p. 73), implica considerar o Serviço Social a partir de dois ângulos indissociáveis e interdependentes: 1) como realidade vivida e representada na e pela consciência de seus agentes profissionais e que se expressa pelo discurso teórico e ideológico sobre o exercício profissional; e 2) como atividade socialmente determinada pelas circunstâncias sociais objetivas que imprimem certa direção social ao exercício profissional e que independem de sua vontade e/ou da consciência de seus agentes individuais.

Cabe salientar que estes dois ângulos constituem uma unidade contraditória, podendo ocorrer um desencontro entre as intenções do profissional, o trabalho que realiza e os resultados que produz. É importante também ter presente que o "Serviço Social, como instituição componente da organização da sociedade, não pode fugir a essa realidade" (Iamamoto, *in* Iamamoto e Carvalho, 1995, p. 75).

Analisar o Serviço Social nesta perspectiva permite, em primeiro lugar, apreender as implicações políticas do exercício profissional que se desenvolve no contexto de relações entre classes. Ou seja, compreender que a prática profissional do Serviço Social é necessariamente polarizada pelos interesses de classes sociais em relação, não podendo ser pensada fora dessa trama. E em segundo lugar, permite também apreender as dimensões objetivas e subjetivas do trabalho do assistente social. Dimensões objetivas, no sentido de considerar os determinantes sócio-históricos do exercício profissional em diferentes conjunturas e dimensões subjetivas, no sentido de identificar a forma como o assistente social incorpora em sua consciência o significado de seu trabalho e a direção social que imprime ao seu fazer profissional.

Diante disto, supõe-se a impossibilidade de leituras unilaterais da vida social e da profissão. Assim, podemos afirmar que o Serviço Social participa tanto do processo de reprodução dos interesses de preservação do capital, quanto das respostas às necessidades de sobrevivência dos que vivem do trabalho, representando conquistas das suas lutas. Não se trata de uma dicotomia, mas do fato de que ele não pode eliminar essa polarização na sua inserção laboral, uma vez que as classes sociais e seus interesses só existem em relação. Relação que, como já afirmamos, é essencialmente contraditória e na qual o mesmo movimento que permite a reprodução e a continuidade da sociedade de classes cria as possibilidades de sua transformação.

- *As demandas dirigidas à profissão.* Historicamente, os assistentes sociais dedicaram-se à implementação de políticas públicas, localizados na linha de frente das relações entre população e instituição como, nos termos de Netto (1992), "executores terminais de Políticas Sociais". Embora este seja ainda o perfil predominante, não é mais o exclusivo, sendo abertas outras possibilidades (Iamamoto, 2001, p. 37).

O processo de descentralização das Políticas Sociais públicas — com ênfase na sua municipalização — requer dos assistentes sociais — como de outros profissionais — novas funções e competências. Estão sendo requisitados e devem dispor de competências para atuar na esfera da formulação e avaliação de políticas, assim como do planejamento e gestão, inscritos em equipes interdisciplinares, que tensionam a identidade profissional. Os assistentes sociais ampliam seu espaço ocupacional para atividades relacionadas à implantação e orientação de conselhos de políticas públicas, à capacitação de conselheiros, à elaboração de planos de ação social, acompanhamento e avaliação de programas e projetos. Tais inserções são acompanhadas de novas exigências de qualificação, tais como o domínio de conhecimentos para realizar diagnósticos socioeconômicos de municípios e para a leitura e análise dos orçamentos públicos, identificando recursos disponíveis para projetar ações; o domínio do processo de planejamento; as competências no gerenciamento e avaliação de programas e projetos sociais, a capacidade de negociação, o conhecimento e o *know-how* na área de recursos humanos e relações de trabalho. Somam-se a isso as possibilidades de inserções nas atividades de assessoria e consultoria para profissionais mais experientes e altamente qualificados em determinadas áreas de estudos e planejamento, entre outras funções.

A profissão vive os efeitos das reformas administrativas e organizacionais nas empresas, seja na posição do Serviço Social, nos organogramas das unidades de trabalho, desarticulando os antigos departamentos ou setores, o que requer reinterpretar as atribuições privativas presentes na lei de regulamentação de 1993. Os profissionais, então, intervêm em projetos mais amplos, de caráter interdisciplinar, não apenas de natureza executiva, mas situados nos níveis de assessoria e consultoria interna, planejamento, coordenação e representação. E frequentemente tendem a não reconhecer seus objetos de trabalho e as funções exercidas como matéria e atribuições do assistente social, resvalando para um discurso de desprofissionalização, que pode desdobrar-se em um esvaziamento da reflexão profissional e uma crise de identidade quanto à profissão, devido à confusão de cargo ou função da profissão. Iamamoto (2002) esclarece que:

> não é a função atribuída pelo empregador que define a qualificação profissional, as competências e atribuições que lhe são inerentes. A profissionalização depende da formação universitária que atribui o grau de assistente social e do conselho profissional que dispõe de poder legal para autorizar e fiscalizar o exercício, a partir das atribuições e competências identificadas historicamente e reguladas por lei (Iamamoto, 2002, p. 40).

As transformações nos modelos de produção — a terceirização, a flexibilização do contrato de trabalho, o aumento do desemprego estrutural devido à substituição de mão de obra pela automação — e a resposta neoliberal — minimização do Estado social, privatização de empresas públicas etc. — têm impactos importantes na profissão, e sobre isso vale algumas considerações.

A orientação das Políticas Sociais é substancialmente alterada, são *privatizadas, focalizadas e desconcentradas* (o que implica apenas descentralização executiva, mantendo centralização normativa e administrativa e uma excessiva centralização econômica). Também são *reduzidas em quanti-*

dade, qualidade e variabilidade. Assim há alterações na funcionalidade das Políticas Sociais: *a função social/assistencial*, com a focalização das Políticas Sociais essa função se torna precária e destinada à população que não tem como pagar pelos serviços sociais, dependendo da filantropia e das ações "solidárias" (Montaño, 1997). A função política da Política Social também é substancialmente modificada, com a institucionalização do conflito, com as transformações socioculturais, o avanço da pós-modernidade, a fragmentação da questão social, com o estímulo a empreendimentos autônomos da classe trabalhadora há alterações na correlação de classes, devido ao enfraquecimento da classe trabalhadora, e esta sem apresentar grandes riscos, sai do horizonte de preocupações, e o mercado vai ganhando espaços da democracia. A função econômica também sofre mudanças, o trabalhador passa a arcar quase majoritariamente com a sua reprodução material, desonerando o Estado cada vez mais das suas atribuições tributárias e fiscais e reduzindo as responsabilidades estatais.

Segundo Yazbek (2009), nessa conjuntura, emergem processos e dinâmicas que trazem para a profissão, novas temáticas, novos, e os de sempre, sujeitos sociais e questões como: desemprego, o trabalho precário, os sem terra, o trabalho infantil, a moradia nas ruas ou em condições de insalubridade, a violência doméstica, as discriminações por questões de gênero e etnia, as drogas, a expansão da AIDS, as crianças e adolescentes nas ruas, os doentes mentais, os indivíduos com deficiências, o envelhecimento sem recursos e outras tantas questões e temáticas relacionadas à pobreza, à subalternidade, à exploração.

Segundo Mota (1999), as principais demandas postas pela *reestruturação produtiva* no Brasil ao Serviço Social são: programas de formação de mão de obra, de qualificação e requalificação profissional ou de engajamento no mercado de trabalho, no setor informal, na mercantilização de atividades domésticas, como alternativa ao desemprego e/ou complementação de renda familiar, projetos de cooperativas de trabalho financiadas pelas grandes empresas em parceria com o Estado, estímulo a "pequenos negócios próprios".

O tema do desemprego também aparece na agenda política contemporânea do Serviço Social, tanto como ameaça para o profissional, quanto demandas para a profissão, a inserção e atuação em estímulo a programas de demissão voluntária, flexibilização dos contratos de trabalho; desenvolvimento de projetos de *empoderamento* e *empreendedorismo*; e o atendimento a todas as sequelas causadas pela situação de desemprego e pauperização da classe trabalhadora. Para Netto (1996), na sociedade brasileira devido a sua modalidade de inserção no sistema capitalista contemporâneo, independentemente dos rumos políticos imediatos, é possível verificar que a demanda objetiva de uma profissão como o Serviço Social não tende a se contrair. Contudo, tende também à precarização das condições salariais e contratuais.

A terceirização, com a substituição progressiva de profissionais assalariados por profissionais subcontratados, que atuam de forma temporária, com períodos determinados e atuações focais, desmanchando vínculos institucionais, também produz impactos políticos. A setorialização e a privatização (organizações provadas que prestam serviços à população) das Políticas Sociais as levam a uma multifragmentação, que traz desafios importantes ao Serviço Social, tanto no exercício da compreensão da totalidade social, quanto de diferentes exigências de especializações.

O *enfrentamento da pobreza* passa a ser orientado, no contexto neoliberal, numa lógica de re-filantropização, de alternativas privatistas, com o crescimento do chamado "Terceiro Setor", ou transformando a atenção básica em serviços prestados pelo mercado, seja na saúde, na previdência ou em outras políticas como educação, numa lógica de re-mercantilização.

Os novos cenários repõem ao Serviço Social desafios, cujas novas, antigas e as reatualizadas demandas exigem a compreensão do elemento estrutural que as compõem: a contradição entre capital e trabalho e os limites da atuação das Políticas Sociais na sociedade capitalista. Isto porque as manifestações da "questão social" se metamorfoseiam, mas nessas mudanças a centralidade contraditória e estrutural se atualiza num processo de insistente permanência. Assim, a prática profissional encontra-se sob os limites e as possibilidades da intervenção no cotidiano.

Na esteira de Lukács e de Heller, entendemos que a vida cotidiana é insuprimível, existe em todas as sociedades, enquanto espaço de reprodução do ser social. O cotidiano não se desloca da história, e para compreendê-lo é fundamental analisar o contexto no qual se insere. Portanto, o cotidiano é parte constitutiva da história, na medida que a reprodução social se realiza na reprodução dos indivíduos. Ou seja, na esfera do cotidiano há reprodução do indivíduo e de forma indireta se reproduz a sociedade. Entretanto, o cotidiano traz armadilhas, camufla a realidade e confunde as manifestações e expressões com as causas, mostrando-as como a mesma coisa; sua heterogeneidade esconde com véu a essência, deixando à vista a superfície, mistificando a realidade. Guerra (1995, p. 122 e ss.) ressalta mais uma característica importante: a espontaneidade que constitui a "característica dominante da vida cotidiana", já que esta permite a reprodução dos costumes, dos modos e comportamentos da sociedade. Dada esta característica, a vida cotidiana exige intervenções que se expressam sem uma reflexão cuidadosa. Pelo contrário, suas demandas exigem certa espontaneidade, agilidade e desenvoltura.

A vida cotidiana exige a atenção de todo o indivíduo, mas não toda a atenção, onde episódios são tratados, e não relacionados. A superação e não eliminação da vida cotidiana na prática profissional exige mediações, de interlocução dos fenômenos, que aparecem isolados, sem a compreensão da totalidade (das dimensões singular, particular e universal).

Na ausência da reflexão teórica (que não é simples racionalização) o que temos é a manutenção das características de superficialidade extensiva e imediaticidade (ver Coelho, 2008). E assim o que se tem é uma profissão que não consegue ultrapassar a cotidianidade.

O tratamento da vida cotidiana não deve fugir da crítica econômico-política da sociedade que vivencia o capitalismo tardio. A vida cotidiana para Lukács, não é necessariamente alienada, mas a vida contemporânea é carregada de reificação e alienação.

Assim, as expressões da pobreza no cotidiano têm suas causas e suas manifestações permutadas. As manifestações da pobreza se apresentam das mais heterogêneas formas, com distintas complexidades, gravidades e intensidades. Diante das suas urgências, da necessidade de respostas imediatas e possíveis, as manifestações assumem importância e centralidade nas atenções e atendimentos, sendo muitas vezes misturadas causas e consequências. Na dimensão da superficialidade essa diferença é ínfima ou inexistente. No entanto, a compreensão do que gera a pobreza, suas causas, e como se expressam suas manifestações, incide no enfrentamento do próprio fenômeno. Dito de outra forma, as respostas dadas às manifestações desse fenômeno, incidem pontual ou até mesmo de forma substantiva nas sequelas, nos males causados, mas não alteram sua condição elementar, não retira do pobre sua condição de pobre, empobrecido, ou melhor, explorado. Somente as intervenções nas causas, na dialética contradição pobreza e acumulação, podem incidir e alterar de forma real o pauperismo. Ainda que as ações no enfrentamento das manifestações da pobreza, na sociedade capitalista, promovam um certo bem-estar para a classe trabalhadora, jamais alterará a sua condição de explorado.

Capítulo 2

O tratamento da pobreza e seu enfrentamento no Serviço Social

Neste capítulo, nos debruçaremos propriamente sobre o debate desenvolvido no Serviço Social em torno da categoria de "pobreza". Nosso estudo, como já assinalamos, tratará, num primeiro momento, da bibliografia elaborada no âmbito profissional, no estudo mais conceitual sobre o tratamento dado à *categoria* e as propostas de enfrentamento ao *fenômeno* da "pobreza". Esta análise tem por objetivo identificar e analisar as diversas perspectivas presentes na categoria profissional, suas riquezas analíticas e limites, seus desdobramentos no debate em torno das formas de enfrentamento da pobreza e das refrações da "questão social".

Num segundo momento, avaliaremos os textos que tratam da pobreza na revista *Serviço Social & Sociedade*. O estudo aqui será mais extensivo, e não visa aprofundar no conteúdo de cada artigo. O objetivo aqui será o de explorar as tendências do debate ao longo do tempo, organizando os textos em três períodos.

Ambos os caminhos são complementares. No primeiro, exploraremos em profundidade as perspectivas presentes no debate profissional. No segundo, analisamos extensivamente as tendências que, em cada um dos períodos propostos, são desenvolvidas no tratamento da pobreza pela profissão.

2.1 A categoria pobreza na bibliografia profissional

A procura por conceituar ou compreender a pobreza, no Serviço Social, tem longa data, e tem se orientado e fundamentado pelo fato de ser particularmente sobre ela (ou em torno dela) que o profissional atua. Tem também o interesse de tratar do tema como forma de conceber os tipos de intervenção e respostas à população pobre, fundamentalmente mediante a assistência social.

Ao analisar as abordagens bibliográficas no Serviço Social que tratam mais explícita e expressamente da pobreza, podem-se verificar "tendências de pensamento", sustentadas na confluência de perspectivas de análises, objetos de estudo, valores. Essas "tendências" têm produzido algumas abordagens e concepções sobre a pobreza, seu enfrentamento e a relação com a profissão de Serviço Social. Algumas das principais abordagens serão apresentadas a seguir:

• *Pobreza, "necessidades" e "carência".* Por um lado, aparece no debate profissional a noção de pobre como *necessitado* e/ou *carente*. Aqui, a pobreza tem uma *dimensão econômica* que se manifesta na carência (enquanto ausência ou enquanto necessidade) de bens e serviços fundamentais ou básicos para a subsistência. Assim, enquanto a "pobreza", para Sposati, "é gerada pela *opção* de *desenvolvimento econômico-social* adotado" (1988, p. 21), o "pobre", para a mesma autora, é o *trabalhador* com *carências*, com *necessidades insatisfeitas* — para a autora: "os segmentos mais pauperizados da força de trabalho", que apresentam necessidades que demandam a atenção assistencial estatal, "constituem a camada mais mal paga do exército de trabalho ativo e do exército de reserva, formada por aqueles que ocupam posições marginalizadas no processo de produção social" e à qual "cabem as piores condições de vida", constituindo o que Kowarick chama de "espoliados" (Sposati, 1988, p. 45). A análise da pobreza, vinculada às necessidades, apresenta então um viés estrutural e econômico nos seus fundamentos.

No entanto, a pobreza como fração da população que apresenta necessidades permite vários usos ou interpretações, sobre o conceito e sobre as causas do carecimento, desdobrando-se em diferentes formas de enfrentamento.

Em publicação de 1989, Aldaíza Sposati explicita um contraponto entre duas concepções de "necessitados" e de seguridade social. A partir da Constituição de 88, conceitua o "desamparado" e "necessitado" como uma "fragilidade física associada à econômica, responsabilizando o Estado a suprir um amparo mínimo a tais cidadãos", a partir da condição de direito, de universalidade, e de uma ética pública do Estado Providência na prestação de serviços sociais como "salários indiretos" para toda a população (*in*: Sposati, Falcão e fleury, 1991, p. 8-9). Contrariamente, na concepção do Banco Mundial, o "necessitado" passa a ser visto como "aquele que não tem renda própria", como "incapacitado" para o trabalho, devendo recorrer à assistência estatal como um "substitutivo do salário" apenas focalizado no indivíduo necessitado (ibidem).

Neste segundo caso, o pobre, o necessitado, o incapacitado, é separado da classe trabalhadora, instalando-se "uma descontinuidade entre os operários e os pobres, como se a gênese da sua pobreza fosse diferente" (Sposati, 1988, p. 34, 43 e 314). É esta concepção que vai primar, segundo a autora, na política social brasileira pré-88, separando-se a assistência para o pobre (o mais espoliado) das demais políticas e serviços sociais para o trabalhador assalariado (idem, p. 43-4 e 314). Neste caso, instala-se um "Estado de Mal-Estar Social", onde "as políticas sociais (...) estabelecem, ao mesmo tempo, um sistema de exclusão política e social, e de inclusão de atenção a algumas necessidades dos trabalhadores (...)" (idem, p. 25). Assim, a autora concebe

> a assistência social, na sociedade brasileira (...) [como] expressão da relação de classes. Ela manifesta uma estratégia de mútua sobrevivência entre riqueza e pobreza, que vincula proprietários e despossuídos, benfeitores e auxiliados, dominantes e dominados, e (...) governantes e governados, na manutenção dessa relação contraditória (Sposati, 1988, p. 313).

Contrariamente a esta concepção segmentadora, na esteira de Kowarick, a autora concebe as políticas e serviços públicos como instrumentos estatais em que "mesmo quando são mantidos os graus de pauperização dos trabalhadores, os seus níveis urbanos de reprodução poderão melhorar ou piorar em função do que consigam 'retirar' do Poder Público em termos de bens de consumo coletivos, subsídios à habitação popular ou acesso à terra urbanizada" (apud Sposati, 1988, p. 23), concluindo que "os serviços públicos não resolvem o problema da pobreza, mas sua ausência é agravante das condições de miserabilidade da população" (ibidem).

No entanto, ao analisar a política de assistência social no Brasil, na medida em que "a maioria dos brasileiros se compõe de necessitados sociais", "as demandas da assistência social" não constituem uma situação especial, mas generalizada; o que leva a que neste país "a assistência social, como ação governamental, longe de ser [uma] ação complementar, constitui [uma] forma específica e estratégica de atribuir alguns serviços sociais a determinados segmentos da população" (idem, p. 13).

O sentido progressista e crítico da autora na análise da pobreza e do processo histórico da política social brasileira[1] encontra, no entanto, seu limite no uso heterodoxo de certas categorias.[2] Se ela concebe a pobreza a partir de uma dimensão econômica: uma dada *"opção* de desenvolvimento econômico-social adotado"* (Sposati, 1988, p. 21), esta não é claramente pautada nos fundamentos do MPC, na Lei Geral da Acumulação Capitalista, na exploração da força de trabalho pelo capital. Assim, poderia uma eventual mudança de *"opção* de desenvolvimento" erradicar a pobreza e a desigualdade? Por seu turno, a noção de "necessidades", "carência" e até "espoliação", igualmente que a de "subalternidade" e de "exclusão", podem *complementar* e ampliar com mais determinações a categoria de "exploração", mas se elas aparecerem como *substitutivos* desta esvaziam mais a

---

1. Afirma a autora que "ao modelo estatal paternalista do pré-64, onde o Estado dizia-se o 'amparador dos pobres', seguiu-se o modelo estatal-desenvolvimentista que se propôs 'corrigir os efeitos indesejáveis do crescimento'" (Sposati, 1988, p. 46).

2. Uso que parece amparado na referencialidade de autores tão díspares, ao trabalhar igualmente com Marx, Francisco de Oliveira, Lúcio Kowarik, Hélio Jaguaribe, Marilda Iamamoto, Suzanne Brunhoff e James O'Connor, assim como com Boaventura de Sousa Santos, Marcos Coimbra, Pedro Demo e Rolando Franco.

capacidade de explicação dos fundamentos da pobreza e da sua articulação com a acumulação de capital.

• *Pobreza, "subalternidade" e "exclusão".* Outra forma de caracterizar a pobreza é mediante a vinculação desta com a *subalternidade*, ou com o *setor ou "classe" subalternos*. Neste caso, tal conceituação sugere uma relação de desigualdade: *dominantes/subalternos*. Aqui está sua potencialidade e limite. Efetivamente esta concepção contribui positivamente ao apresentar a pobreza como *um lado de uma relação*, como um fenômeno (a subalternidade) cuja explicação exige a consideração do "outro lado" (a dominação). Esta é concebida como uma relação entre desiguais.

Esta noção, no entanto, não traz a reflexão explícita dos *fundamentos dessa relação* de desigualdade: a *exploração* de uma classe por outra, como cerne da "questão social".[3] Desenvolve-se assim (ou induz-se a) uma certa visão *politicista*, na medida em que essa relação de dominação-subalternidade aparece mais como uma dimensão política e cultural do que expõe seus fundamentos econômicos.[4] Na verdade, tal relação se expressa e manifesta politicamente, culturalmente, ideologicamente, economicamente, mas tem um aspecto central, na sua gênese, vinculada à forma de produzir e se apropriar da riqueza produzida no MPC, aspecto este que geralmente fica negligenciado ou escamoteado nestas abordagens.

Com o objetivo de compreender a política de assistência social estatal como um processo de "gestão" e "administração" da desigualdade (Yazbek, 1996, p. 21), que contraditoriamente tanto se orienta na perspectiva dos interesses dominantes, quanto pode resultar das práticas de enfrentamento e contra-hegemonia dos setores subalternos, Maria Carmelita Yazbek vai tratar conceitualmente da pobreza, da subalternidade e da exclusão. Assim, em publicação de 1993, a autora claramente concebe a "pobreza" como "uma face do descarte de mão de obra barata, que faz parte da ex-

---

3. Nos sentidos em que, mesmo com diferenças, a concebem Netto (2001) e Iamamoto (2001).

4. Behring afirma que, visando a superação do economicismo na conceituação das políticas sociais, ainda tem se tido uma visão problemática, ao desenvolver "uma certa subestimação das determinações econômicas..." (1998, p. 21).

pansão do capitalismo brasileiro contemporâneo", onde se "cria uma população sobrante" (idem, p. 63). Isto é, a pobreza aparece como uma manifestação da expansão capitalista nos países periféricos, localizada "no âmbito de relações constitutivas de um padrão de desenvolvimento capitalista em que convivem acumulação e miséria" (idem, p. 22).

Não obstante esta observação, e criticando a "visão economicista" que reduz a pobreza à carência de bens,[5] a autora caracteriza a mesma como "uma experiência da desqualificação dos pobres por suas crenças, seu modo de expressar-se e seu comportamento social, sinais das 'qualidades negativas'" (idem, p. 62), onde o pobre não sofre apenas "privações materiais", mas também a *desqualificação* social, "alcançando o plano *espiritual*, *moral* e *político* dos indivíduos submetidos aos problemas da sobrevivência" (idem, p. 63, 17 e 23).

Desta forma, a autora caracteriza a pobreza como um fenômeno constituído por um "conjunto heterogêneo" que engloba, além da *"renda limitada"*, a *"exclusão"* e a *"subalternidade"* (idem, p. 63 e 66). Assim, fundamentando-se em Gramsci (idem, p. 67 e 17), a pobreza se constituiria pelas *"classes subalternas"*: a população que, dados "o lugar que ocupa no processo produtivo e sua condição no jogo do poder" (nas relações de dominação), tem a necessidade de recorrer à assistência social (idem, p. 66). Neste sentido, "a subalternidade faz parte do mundo dos dominados, dos submetidos à exploração e à exclusão social, econômica e política" (idem, p. 18).

Por tal motivo, Yazbek, na esteira de Martins, prefere o conceito de "subalterno" do que o de "trabalhador" — e nesse sentido o de "subalternidade" do que a categoria de "exploração" —, por se tratar de um conceito *mais abrangente*, pois conforme Martins "a subalternidade (…) não expressa apenas a *exploração*, mas também a *dominação* e a *exclusão* econômica e política" (idem, p. 68).

A subalternidade trata, portanto, para a autora, de "uma inclusão que se faz pela exclusão", sendo que "a noção de exclusão integrativa não se

---

5. A autora caracteriza como "viés economicista" a visão da pobreza que a concebe como a população que "não tem acesso a um mínimo de bens e recursos, sendo portanto excluídos (…) da riqueza social" (Yazbek, 1996, p. 62).

esgota no plano econômico e político. Ela supõe o nível *cultural* e o processo de *interiorização* das condições objetivas vividas pelos subalternos"; assim "tal abordagem envolve o campo das *representações*, ao buscar apreender as *significações subjetivas* da experiência vivida em condições objetivas" (idem, p. 69; grifos nossos).

O fato de o conceito "subalterno", e até o de "exclusão", serem mais amplos e abrangentes que a categoria de "exploração" (geralmente tido como um argumento para justificar a substituição desta última pelos primeiros) é justamente o motivo pelo qual deveria ser mantida a "exploração" como categoria central explicativa;[6] ela não dá conta de todas as relações e fenômenos sociais, mas apenas e justamente esclarece aquilo que fundamenta e caracteriza o MPC: a produção (pelo trabalhador) e apropriação (pelo capital) da mais-valia; o que funda a parte de valor que cada classe e cada sujeito se apropria; o que, por sua vez, funda a dialética pobreza-acumulação. A categoria "exploração" é *menos abrangente* que os conceitos de "subalternidade" e "exclusão", mas é justamente por isso *mais explicativa* e *elucidativa* dos fundamentos do MPC, e portanto do cerne da relação pobreza-acumulação.

Os conceitos de "subalternidade" e de "exclusão integrativa", nos planos cultural, ideológico, moral e político, podem *adensar* de maiores determinações o processo de pauperização-acumulação, fundados nas relações de exploração, na contradição capital-trabalho, porém jamais *substituir* esta categoria explicativa. Substituir a "exploração" pela "subalternidade", ou até equalizar seus pesos na caracterização da pobreza, acaba por não diferenciar o que é causa e o que é consequência, o que é fundamento genético do que é manifestação. Como a autora toma de Hobsbawm, "o mundo do pobre (...) é um mundo subalterno" (idem, p. 18), mas na verdade esta subalternidade, que se expressa numa diversidade de dimensões (cultural, política etc.), tem sua gênese no próprio fundamento do MPC: a exploração centrada na relação contraditória entre capital e trabalho. A pobreza implica também a subalternidade, mas estes conceitos não são sinônimos.

---

6. Montaño e Duriguetto defendem a *centralidade* da questão de classe (e da categoria exploração) como fundamento, e não como exclusividade ou importância, na explicação do MPC (2010, p. 126-7).

Numa perspectiva diversa, e com outro objetivo — de pensar o papel do Serviço Social na organização das classes subalternas[7] —, Cardoso tratará também das "classes subalternas". Seu ponto de partida são as classes sociais, "como grupos que se definem (...) pelas relações de propriedade com os meios de produção (proprietários ou não proprietários) e pela identidade no modo de pensar e de agir (...) desenvolvendo sua consciência de classe" (Cardoso, 1995, p. 61). É a partir da clara caracterização das classes sociais que pode se conceituar as classes "dominante" (capitalista) e "subalterna" (proletária). Para ela, seguindo Sartriani,

> a condição de subalternidade de determinados segmentos, na sociedade capitalista, resulta, fundamentalmente, da não propriedade dos meios de produção, o que, por sua vez, determina as demais formas de dominação (política e ideológica) no conjunto das relações de poder.
> Nesse ponto de vista, incluem-se, no *âmbito das classes subalternas, todos os segmentos da sociedade capitalista que não possuem os meios de produção e estão, portanto, sob o domínio econômico, político e ideológico das classes que representam o capital no conjunto das relações de produção e das relações de poder* (idem, p. 62-3).

Neste sentido, a autora afirma que "a condição de subalternidade ganha dimensões mais amplas, caracterizando-se não apenas pela exploração, mas também pela dominação e exclusão econômica e política decorrentes, sobretudo, da não propriedade dos meios de produção" (idem, p. 63). Cardoso, na esteira de Martins, procura assim "uma via de entendimento das relações sociais fora do *reducionismo* implícito na concepção de classe social" (Martins apud Cardoso, 1995, p. 63 — grifo nosso). Novamente a dimensão de classe, e a exploração, entendem-se como reduzidas e limitadas para a compreensão dos fundamentos da relação pobreza-acumulação.

- *Pobreza e o "popular"*. Em sentido semelhante, a pobreza concebida como o "popular", e o pobre como (fração do) "povo", nos traz a ideia de uma diferenciação dentro dos limites de uma nação: o *povo* ou *setor popu-*

---

7. No mesmo sentido com que Abreu visa contribuir para uma "pedagogia emancipatória pelas classes subalternas", mediante a "educação popular como instrumento da prática do assistente social" (2002, p. 128 e 155).

lar, por um lado, e a *elite* ou *setor dominante*, por outro. Há nesta interpretação, como no caso anterior, o aspecto positivo de conceber a pobreza a partir de *uma dada relação de oposição e desigualdade*, e não como um fenômeno autônomo.

E ainda a pobreza tem sido tratada no Serviço Social como característica do "povo" com o fundamental objetivo de conceituar tanto o sujeito de ação do assistente social quanto o papel político desse profissional: nesta visão, o assistente social trabalha com o povo (setor empobrecido, dominado, subalterno), visando a transformação social e a reversão das desigualdades a partir de um "compromisso com" ou uma "opção pelo" povo (enquanto pobre, oprimido, dominado, subalterno), incorporando na sua prática profissional os "interesses das classes populares" (ver Kisnerman, 1980; Ammann, 2008, p. 11, Barbosa Lima, 1983, p. 49 e 55 e Silva [org.], 1995, p. 89).

Neste sentido, Natalio Kisnerman concebe o "Povo" como "todo esse setor humano [de "índios, negros, mulatos, mestiços, brancos"] que subsiste pelo seu esforço e trabalho" e que "silenciosamente custeia (...) o bem-estar social de uma minoria" (Kisnerman, 1980, p. 8).[8] Seu projeto para um "novo Serviço Social" (reconceptualizado), que supere o conservadorismo, é o de "contribuir, essencialmente, para criar essas condições subjetivas [para a transformação das estruturas sociais e para a libertação do homem] através da conscientização e da capacitação, tarefas educativas de base..." (idem, p. 68). Será esta a função do "novo Serviço Social" que também "quer ser POVO" (idem, p. 10).

Sandra A. Barbosa Lima, em 1979, ao conceituar a "participação social no cotidiano", critica as concepções de pobreza como *"marginalidade"*. Para ela, embasada em Quijano, Nun e Kowarick, existem duas grande tendências sobre a marginalidade: a estrutual-funcionalista (sustentada na teoria da modernização ou do desenvolvimento, e concebendo a marginalidade como um problema "disfuncional") e a histórico-estrutural (embasada na teoria da dependência, entendendo a marginalidade como uma questão

---

8. Texto traduzido ao português com o nome de "7 Estudos sobre Serviço Social" (para burlar a censura), do livro original *Serviço Social pueblo* (Buenos Aires: Humanitas).

estrutural) (Barbosa Lima, 1983, p. 21-5). Segundo a autora, na perspectiva *estrutural-funcionalista* concebe-se a "marginalidade" tanto como "*um problema físico-ecológico*" (o processo de "favelização" ocorrido com a acelerada urbanização e desenvolvimento na América Latina após a segunda guerra mundial), como "*uma cultura da pobreza*" (onde se enfatizam as características culturais, como algo próprio dos indivíduos ou grupos pobres), como "*falta de participação*" (pela passividade, apatia, não participação dessa população nos recursos, serviços, decisões, e até como uma falta de identidade, quando se tem como referência um grupo ao qual não se pertence), quanto como "*resíduo do desenvolvimento econômico*" (entendendo que o subdesenvolvimento impede que toda a população tenha acesso e participe dos benefícios materiais e culturais do crescimento econômico) (idem, p. 25-30). Já a perspectiva *histórico-estrutural* entende a "marginalidade" como resultante de um processo de *integração* "conflitante e descontínuo", derivado da própria estrutura contraditória do capitalismo, e não de desajustes ou disfunções. Nesta perspectiva, os grupos "marginais" "cumprem (...) um papel constitutivo do sistema, não sendo (...) grupos 'marginais' porque não estão fora do sistema" (idem, p. 30-4).

Portanto, no lugar do conceito de "marginalidade" a autora prefere tratar, a partir de Ianni e de Martins, a participação e a cotidianidade das "camadas populares" (idem, p. 44 e ss. e 71 e ss.).

Safira Bezerra Ammann, em texto de 1991, trata do "movimento popular de bairro", lócus proposto para a vinculação orgânica dos assistentes sociais com as "classes oprimidas" (2008, p. 11). Para ela, as classes populares, ou oprimidas, ou dominadas (idem, p. 11, 55, 58), constituem-se principalmente pelo proletariado, o lumpemproletariado, e em alguma medida a pequena burguesia (idem, p. 58); nesse sentido, conforme Ammann toma de autores, as "classes populares" designam:

> o conjunto de frações das classes exploradas afetadas por problemas comuns do atual estágio do capitalismo monopolista, quais sejam a exclusão econômica e política que se traduz inclusive na precariedade das condições de existência (Ammann, 2008, p. 60).

Para a autora, portanto, "no caso concreto dos Movimentos Populares de Bairro, parece perigoso e incorreto descolar sua luta do movimento mais geral das classes sociais"; no entanto, mesmo considerando "inquestioná- vel que a homogeneidade de classe é fator favorável" para a coesão e su- cesso do movimento, ele não é exclusivo, "devendo-se levar em conside- ração a identidade que pode virtualmente perpassar a diversidade social. Aquela identidade que (...) consegue mobilizar e manter unidas frações as mais distintas das classes subalternas" (idem, p. 61).

Por outro lado, para Maria Ozanira da Silva e Silva, "o conceito de povo se refere a um conjunto heterogêneo de classes e camadas subordi- nadas, cuja unificação se dá mais pela subordinação política e pela pobre- za do que pela inserção comum no processo de produção" (Silva, 1995, p. 130), sendo um conceito intrinsecamente político (idem, p. 131) que re- mete à correlação de forças sociais (idem, p. 144). A noção de classe (a partir da vinculação do sujeito ao processo de produzir valor) é aqui substituída pelo conceito de "povo", mais abrangente, mas por isso menos esclarecedor dos fundamentos do MPC e portanto da pobreza. Novamen- te, o conceito mais amplo (popular/povo) tem um poder explicativo menor sobre os fundamentos do MPC, e sobre a pobreza-acumulação em particu- lar, do que a categoria exploração, que funda a "questão social".

Assim, não há identidade linear entre pobreza e popular. Montaño, ao questionar os usos comuns que são dados a esse termo, problematiza a ideia de o popular como "setor carenciado" ou de "prevalência da pobreza" (1994, p. 68), na medida em que o setor popular é mais amplo e remete a uma lógica diversa que a pobreza-riqueza: *o povo em oposição à elite nacional* (idem, p. 72).

- *Pobreza e "cidadania invertida"*. Outra relação ao tratar da pobreza e da assistência social é a que a vincula com a "cidadania". A partir do con- ceito marshalliano (ver Marshall, 1967), a cidadania é concebida como conjunto de direitos que a caracterizam e particularizam. A existência de direitos (civis, políticos, sociais, econômicos) expressa tipos de cidadania, enquanto a ausência de tais direitos caracterizaria a não cidadania.

É neste sentido que Sônia Fleury ao tratar da assistência social no salários, vai cunhar o ter Brasil, orientada para a população pobre, sem emprego ou com baixos mo de "*cidadania invertida*".[9]

Para a autora, a cidadania é "definida como um *status*" determinado a partir do "exercício dos direitos sociais" (*in*: Sposati, Falcão e Fleury, 1991, p. 43), e corresponde a cada uma das formas que assume esta cidadania, modalidades determinadas de "proteção social" por via de políticas sociais. Assim, conforme afirma a autora,

> a reconstrução da sociedade no pós-guerra implicava o rompimento com as formas de proteção anteriores, tanto do modelo de assistência como do seguro social. No caso da assistência (...) a proteção social só ocorre para as *pessoas pobres ou indigentes*, ou seja, aquelas *que fracassaram no mercado*, tornando-se objetos da caridade privada ou publica, em uma condição de *cidadania invertida*, por meio de medidas de caráter preventivo e punitivo (Fleury, 2011).

Portanto, as primeiras medidas de proteção social, de cunho liberal clássico (no *laissez-faire* do século XVIII e XIX), correspondem à *Assistência Social*, dirigida ao pobre, incapaz de obter seu sustento no mercado. No entanto, para que o indivíduo possa ter acesso à assistência precisa ele demonstrar a natureza de sua necessidade e incapacidade, renunciando a "outros direitos inerentes à condição de cidadania" em relação ao Estado, constituindo-se como um "não cidadão". É neste processo que se desenvolve a "*cidadania invertida*", na medida em que "o indivíduo passa a ser beneficiário do sistema pelo mesmo motivo do reconhecimento de sua incapacidade de exercer plenamente a condição de cidadão" (*in*: Sposati, Falcão e Fleury, 1991, p. 44). Com isso, a autora assim a define:

> *cidadania invertida*: quando o individuo entra em relação com o Estado no momento em que se reconhece como *não cidadão*. Tem como atributos jurídicos e institucionais, respectivamente, a ausência de relação formalizada de direito ao beneficio, o que se reflete na instabilidade das políticas assistenciais,

---

9. Tratamos aqui da obra de Fleury, mesmo não se tratando de uma assistente social, pela repercussão que este conceito tem tido no debate profissional do Serviço Social.

além de uma base que reproduz um modelo de voluntariado das organizações de caridade, mesmo quando exercidas em instituições estatais (Fleury, 2011).

Em segundo lugar, já em contexto de lutas de classes, aparece o *Seguro Social*, destinado à "cobertura da população assalariada", orientadas à reprodução e controle da força de trabalho. Esse tipo de política corresponde ao que, a partir de Wanderley Guilherme dos Santos, chama de *"cidadania regulada"* (*in*: Sposati, Falcão e Fleury, 1991, p. 44). Para Fleury:

> *cidadania regulada*: quando o seguro social destina-se à cobertura da *população assalariada* com a qual se estabelece relação jurídica do tipo contratual. Os benefícios são, em regra, proporcionais à contribuição efetuada, não guardando relação imediata com as necessidades do beneficiário. A participação tende a ser compulsória e, embora restrita a uma parcela da população, e uma relação de direito social estabelecida com base em um contrato (Fleury, 2011).

Finalmente, a autora concebe a "Seguridade Social", que ao romper com as concepções de proteção social desenvolve-se em torno da *"cidadania plena"* (*in*: Sposati, Falcão e Fleury, 1991, p. 45).

Temos aqui, um conceito de pobreza, de indivíduo pobre, vinculado à dimensão de direitos, ou da carência de direitos, como um "não cidadão", passível de intervenção assistencial a partir da renúncia a direitos, à condição de cidadão, portanto, uma "cidadania invertida".

Esta análise, uma vez mais, não aparece como *complemento*, incorporando mais determinações, do processo contraditório com que os sujeitos participam no processo produtivo e de distribuição da riqueza social, mediante uma relação que é de exploração de uma classe por outra; processo regulado pelas necessidades do capital e por sua dinâmica estrutural. A análise da "cidadania invertida" aparece aqui como *substitutiva* da questão de classes. Como se a pobreza pudesse ser entendida, na sua causa, nos seus fundamentos, apenas como um processo ligado aos direitos.

- *Pobreza, "risco" e "vulnerabilidade"*. Tendo origem em estudos da geografia, urbanismo, demografia e saúde (particularmente sobre o HIV), poucos são, no entanto, os textos do Serviço Social dedicados propriamente para a conceituação de "risco social" e "vulnerabilidade"; no entanto, a partir das abordagens destes em Castel, Sousa Santos e Giddens — conceitos não coincidentemente também promovidos pelo Banco Mundial e a Cepal —, estes termos ganharam significativa repercussão no âmbito profissional. Amostra disso é o fato de a Política Nacional de Assistência Social (PNAS) definir como "usuários" os

> cidadãos e grupos que se encontram em *situações de vulnerabilidade e riscos*, tais como: famílias e indivíduos com perda ou fragilidade de vínculos de afetividade, pertencimento e sociabilidade; ciclos de vida; identidades estigmatizadas em termos étnico, cultural e sexual; desvantagem pessoal resultante de deficiências; exclusão pela pobreza e, ou, no acesso às demais políticas públicas; uso de substâncias psicoativas; diferentes formas de violência advinda do núcleo familiar, grupos e indivíduos; inserção precária ou não inserção no mercado de trabalho formal e informal; estratégias e alternativas diferenciadas de sobrevivência que podem representar risco pessoal e social (Ministério, 2005, p. 27).

Um texto relevante, no estudo crítico sobre os usos destes conceitos, é o artigo produzido por Carola Carbajal Arregui e Mariangela Belfiore-Wanderley (2009).[10] Nele, avaliando as concepções do Banco Mundial e da Cepal sobre pobreza (como "vulnerabilidade") e a ação social de enfrentamento da mesma (a partir dos "ativos", ou recursos da comunidade que se mobilizariam para a reversão da sua situação de vulnerabilidade), apresentam sua avaliação crítica. Afirmam que dois são os aspectos relevantes da abordagem do Banco Mundial que precisam ser desmascarados.

O primeiro é *"a vinculação da vulnerabilidade com pobreza e, consequentemente, a associação da pobreza com as noções de debilidade, desvantagem e risco social"*. Nesse caso, afirmam (Arregui e Wanderley, 2009, p. 156-7),

> O grande problema dessa abordagem é identificar a vulnerabilidade social com pobreza *sem tecer as relações necessárias com a questão das desigualdades e da*

---

10. Outros textos na revista *Serviço Social & Sociedade* tratam da questão de "risco": Vecinday (2005) e Laurino (2011). Uma observação a respeito: os três artigos apresentam uma abordagem *crítica* sobre os conceitos de vulnerabilidade ou risco. Pareceria que no Serviço Social, mesmo que estas categorias estejam hoje permeando ou orientando a *ação* profissional, quando são tratadas *conceitualmente*, são objeto de avaliação crítica.

distribuição da riqueza. Dessa forma, corre-se o risco de ficar engessado num discurso tecnocrata, *fazendo de conta que não existem questões estruturais que condicionam a questão social.* Descontextualizar pode levar, também, ao desvio da individualização dos problemas sociais e à desresponsabilização da coisa pública.

Associar a pobreza com desvantagem debilidade e, principalmente, com risco (...) pode derivar na retomada de estigmas que associavam e associam pobres com classes perigosas, e, portanto, reforçar intervenções repressivas e tutelares.

E ainda, continuam, esta vinculação coloca "uma pretensa aura de neutralidade e assepsia em torno do conceito de risco, como se esse fosse um elemento constitutivo dos indivíduos ou das coisas, e não uma construção social e cultural" (idem, p. 158). As autoras, ainda criticando este primeiro aspecto, se sustentando em Castel, afirmam que se passa, no combate à vulnerabilidade, para "políticas genéricas de gerenciamento de riscos", edificando-se assim "um novo modelo de vigilância baseado no monitoramento de dados estatísticos nos territórios", mediante seleção, categorização, tipologização de situações de risco que serão ou não passíveis de enfrentamento (ibidem), já que "o enfoque de risco/vulnerabilidade (...) pode esbarrar no aprofundamento da cultura tutelar para com os pobres (...) para 'modificar' comportamentos considerados de risco, reeditando velhas roupagens higienistas" (idem, p. 159).

O segundo aspecto relevante apresentado pelas autoras é *"a identificação nos setores pobres dos denominados ativos sociais e a indicação desses setores como administradores estratégicos de um portfólio, desvinculando-os do necessário papel de proteção social do Estado".* Aqui, como afirmam as autoras (idem, p. 159-160),

a inovação do enfoque da vulnerabilidade — para o bem e para o mal — parece radicar na incorporação não apenas dos *passivos* ou carências dos pobres, mas, sobretudo, dos *ativos* ou recursos que possuem e utilizam no seu cotidiano para fazer frente às situações adversas e/ou melhorar seu bem-estar. Chama a atenção a importância dada aos ativos da população que se encontra em situação de pobreza como recurso estratégico nos processos de inclusão social.

Para elas, tal concepção encobre a precariedade da proteção social estatal, promovendo a autorresponsabilização dos sujeitos em situação de vulnerabilidade pela reversão dos riscos. Assim,

> sem um questionamento sobre a insuficiência estrutural das proteções sociais dos Estados latino-americanos e dos processos de produção da desigualdade social, o que resta é trazer as estratégias de sobrevivência que as populações desenvolvem (...). Assim, parece haver não uma perspectiva de estudo das condições de pobreza para nortear a estruturação das políticas de proteção social, mas uma análise sistêmica que permita dar continuidade a uma política econômica na região de exploração de grandes camadas de população (idem, p. 160).

Não obstante a relevante e substantiva crítica das autoras aos conceitos de "risco" e "vulnerabilidade" (particularmente do Banco Mundial e da Cepal), suas propostas não escapam à reprodução dos limites da concepção de pobreza como um "fenômeno multidimensional" (ver item 5.8 da Primeira Parte), sem diferenciar a "multidimensionalidade nas formas de expressão e manifestação" da pobreza dos fundamentos estruturais das suas causas. Como afirmam as autoras, "o estudo das *condições de pobreza das famílias* transforma-se em informações-chave para a gestão pública preocupada em desenhar estratégias diferenciadas de inclusão social (...)" (idem, p. 162).

Como já mencionamos (ver o item 5.7 da Primeira Parte), existem pelo menos duas concepções sobre "risco". Por um lado, entende-se o *risco* como a "vulnerabilidade" de indivíduos, famílias ou grupos populacionais que, em função de certas condições locais/territoriais ou grupais/comunitárias, estão à mercê de incidências climáticas, ambientais, sanitárias, econômicas, populacionais, culturais, tecnológicas etc. Neste caso, as respostas concebidas para a diminuição do risco vão desde o abrigo, a educação, a assistência, a mobilização de voluntários, "empoderamento" etc. Neste entendimento do "risco social", a *avaliação de risco* (ou "mapa de risco") passa a constituir um aspecto estratégico (também para a profissão) na antecipação e prevenção de acidentes, mediante o estudo de fatores que aumentam ou reduzem as probabilidades de ocorrência desses acidentes e catástrofes.

Tal "avaliação" consiste no estudo e determinação desses "fatores de risco" para sua prevenção ou seu enfrentamento e reversão; assim, ao controlar as causas diminuir-se-ia o risco e suas consequências.

No entanto, os "fatores de risco" que podem ser considerados e enfrentados numa ação pontual (profissional, institucional ou governamental) constituem na verdade as "causas imediatas" e não os fundamentos (causas de fundo) desses "riscos". Ao falar de risco há que se considerar as *consequências*, as *causas imediatas* e as *causas fundantes* ou *estruturais*. Vejamos: num caso de risco de desabamento e deslizamento de terra em terreno residencial, as *consequências* são a perda de vidas e a destruição de moradias; as *causas imediatas* podem ser a precariedade das construções, a impropriedade do terreno, a falta de saneamento e de sistemas de deságue, os hábitos sanitários etc.; mas as *causas fundantes ou estruturais*, na sociedade capitalista, remetem à desigualdade gerada na contradição entre capital e trabalho, promotora de uma cada vez maior acumulação de riqueza por um lado, e por outro uma também cada vez maior pauperização absoluta e relativa.

Assim, a manipulação de variáveis e o controle de fatores de risco (causas imediatas) não elimina, a não ser no aspecto fenomênico, a essência dos fundamentos de tais riscos sociais. Não estamos aqui afirmando que a ação profissional (ou institucional, ou governamental) possa incidir nesses fundamentos com sua intervenção direta, mas que deve se ter presente os seus limites e a transitoriedade dos seus resultados (mesmo que no imediato ela possa ser necessária e importante), evitando cair na ilusão de que com ela se eliminaram as "causas" do risco.

Por outro lado, também pode-se conceber o *risco* como "ameaça à sociedade".[11] Ou seja, se no primeiro caso trata-se do "risco sobre a pessoa

---

11. Esta compreensão, mesmo que com menor incidência no debate profissional, é bem forte nas concepções e ações de agências e governos. Em documento da Cepal, concebem-se os "grupos que estão em uma situação de 'risco social'" como aqueles que "apresentam maior probabilidade de mostrar formas anômicas de conduta (agressividade, delinquência, dependência química), ou de sofrer formas diferentes de males pela ação ou omissão de outros (violência dentro da família, ataques na rua, desnutrição", ou de manifestar níveis inadequados de conduta em áreas chave para a inclusão social (tais como educação, relacionamentos no trabalho ou interpessoais)" (*in*: Arregui e Wanderley, 2009, p. 157).

pobre", neste segundo caso é o "risco sobre a sociedade" (em geral considerado como causado pelas "ameaças" das pessoas pobres). Neste caso, as condições de vida dos pobres (sua cultura, seus hábitos, seus valores, sua falta de expectativa, a fome e as carências materiais etc.) o estimulariam a cometer atos "delitivos" que ameaçariam a estabilidade, tranquilidade e paz sociais. Neste caso, como Wacquant analisa em *Punir os pobres* (Wacquant, 2001), a sociedade e o Estado *criminalizam* a pobreza respondendo com repressão e reclusão para diminuir esse risco.

Seja um conceito, ou seja o outro, os termos "população de risco" ou em situação de "vulnerabilidade" têm sido em geral empregados como sinônimos ou como substitutivos da noção de "pobreza". O "risco", neste caso, é a perda da contradição na perspectiva de análise. A pobreza envolve uma relação de contradição, fundada na exploração de classe — uma população é pobre porque a outra é rica —, mas os conceitos de "risco" ou "vulnerabilidade" escondem a compreensão dos fundamentos estruturais desse "risco" — essa população pareceria estar ameaçada por fatores diversos (as causas imediatas: climáticas, comportamentais, geográficas etc.) que aparentemente não derivam dos fundamentos estruturais do MPC. Estes termos, mais uma vez, por sua abrangência e por sua remissão apenas às consequências (e/ou às causas imediatas) novamente negligencia-se o entendimento das causas estruturais que, na sociedade capitalista, fundam a dialética pobreza/acumulação. Com esta compreensão da "questão social", como "situações de risco" e "vulnerabilidade", se pulveriza a ação social, pois cada pequeno grupo apresenta riscos diferentes, por causas imediatas diversas.[12]

• *Pobreza como questão (ausência) de "poder": a panaceia do "empoderamento".* Uma observação surge das análises anteriores: é que a proposta de "empoderamento" como solução alternativa de combate à pobreza, à desigualdade ou às formas múltiplas de discriminação e exclusão sociais, se

---

12. Como foi afirmado em Seminário promovido pela Cepal, "a diversidade e amplitude de situações que podem ser caracterizadas como vulneráveis são infinitas" (*in*: Arregui e Wanderley, 2009, p. 155).

replica por diversas das perspectivas teóricas (ver Sen, Narayan, Sousa Santos, Curado) e em variadas visões sobre a pobreza ("paternalista", "territorial/grupal", "multidimensional" e na noção de "nova pobreza").

No âmbito do Serviço Social ela também encontra eco no debate profissional como alternativa de intervenção.

Este debate parte da concepção da "pobreza" relacionada à *"ausência de poder"*, ou *"fragilidade"*. Neste sentido, apesar de que Faleiros entenda que "a questão da pobreza se inscreve numa relação social de exploração e dominação na produção de riqueza social" (Faleiros, 1997, p. 179), é no "paradigma da *correlação de forças"* que estaria o arsenal heurístico para sua compreensão e a estratégia político-profissional para seu enfrentamento (idem, p. 43 e ss.). Porém, o Serviço Social não atuaria numa correlação de forças entre classes sociais, mas na mediação entre "fragilização-exclusão" e "fortalecimento-inserção" (idem, p. 49). O objetivo (profissional ou não) do "empoderamento" seria, então, o de atuar no "processo de fragilização/ fortalecimento" (ibidem).

Outro autor, ainda que não profissional do Serviço Social, que tem interlocução com o debate da categoria, Vasconcelos (2001), entende que o chamado "empoderamento" seria uma *forma alternativa de solução de problemas sociais*, e ainda mais, uma *nova estratégia para ampliar a leitura de cidadania* marshalliana, adequando-a às contemporâneas demandas dos movimentos sociais.

Assim, este autor afirma que "as interpelações dos direitos de cidadania têm sido enfaticamente apropriadas pelos movimentos sociais contemporâneos para formular ou enquadrar estratégias de *empowerment*, suas reivindicações específicas e identidades, tanto para si mesmos como para a sociedade mais ampla" (idem, p. 34). Ainda que Vasconcelos não trate diretamente sobre a pobreza, apresenta o "empoderamento" como sua forma de enfrentamento, como

> a estratégia de Recuperação e os dispositivos de autoajuda [que] geralmente estão bem integrados com outros dispositivos de ajuda mútua, serviços informais e formais organizados exclusivamente ou dirigidos por usuários, defesa dos direitos, participação em conselhos de planejamento, avaliação

de programas e serviços (...) capacitação de profissionais e militância na sociedade mais ampla, configurando uma estratégia ampla e crítica do *empowerment* (idem, p. 33).

As propostas de "empoderamento", embora para ele possuam "complexas e heterogêneas tradições históricas e culturais" (idem, p. 9), assumem como ponto de partida que as manifestações da "questão social" vinculam-se ao poder ou a sua ausência; assim, fundam suas propostas na suposta atribuição ou reconhecimento do "poder" individual ou grupal. Para Vasconcelos, o "empoderamento" tem sido reiteradamente recolocado no debate teórico, da prática cotidiana e da estratégia política e social, pelos chamados "novos movimentos sociais", e põe a categoria "poder" como tema central da interlocução, muitas vezes inspirada nas produções de Foucault.

Portanto, *"empoderamento" é fortalecimento* (ver Faleiros, 1997, p. 43, 51, 78).

Mas tal "fortalecimento do sujeito" (do pobre, do frágil) (ou *"empowerment"*) — que, segundo afirma Faleiros, se inscreve nas relações sociais mais gerais e complexas (Faleiros, 1999, p. 166) e que visa mudar tais relações (idem, p. 163), inscritas no processo "hegemonia/contra-hegemonia", "dominação/resistência", "conflito/consenso" (1997, p. 44) —, não supõe, no entanto, a correlata "fragilização do dominante". Na verdade, o "empoderamento" dos frágeis, como estratégia do Serviço Social, se desenvolveria num processo de resgate da "sua autoestima, sua autonomia e sua cidadania" (1999, p. 163; ver também 1997, p. 64, 62 e 59).

Ainda, Faleiros, na tentativa de resgatar as *possibilidades transformadoras* nas contradições e tensões das relações sociais (1997, p. 50), atribui ao "projeto de empoderamento" um caráter transformador. Primeiramente, o autor vislumbra elementos positivos na "globalização", ao afirmar que:

não vemos a globalização como fatalidade, nem o capitalismo como o fim da história, mas sim como um processo contraditório e complexo, onde as forças dominantes têm sido as do capital financeiro. Sempre se pode contar com a resistência que se estrutura no processo contraditório, tornando possível a perspectiva do *empowerment* dos dominados com o fortalecimento de seu poder, hoje sob forma de resistência (Faleiros, 1999, p. 183).

O mesmo ocorre quando, em segundo lugar, almeja encontrar potencialidades positivas no processo de desresponsabilização social do Estado, comandado pela hegemonia neoliberal, que se vale da visão de que as políticas universalistas seriam paternalistas e gerariam dependência dos usuários por tais serviços, justificando a transferência da responsabilidade com o social para os indivíduos e famílias. Para Faleiros, neste processo há, paralela e contraditoriamente, um potencial transformador, pois estes, afirma,

> se, por um lado, trazem desresponsabilização do Estado, por outro, podem abrir campo para iniciativas inovadoras de ampliação da cidadania e de atendimento das particularidades que as medidas universais, às vezes, não contemplam. (...) Numa perspectiva de *"empowerment"*, a flexibilização dos serviços pode contribuir para reduzir a dependência, sem que se renuncie à garantia de direitos (1997, p. 61).

São as potencialidades transformadoras que, contidas na dimensão contraditória das realidades sociais, atribuem caráter histórico a estas. Porém o "otimismo da vontade" não pode nos levar à perda do *realismo* (do "pessimismo da razão"). Vejamos.

Em primeiro lugar, como já afirmamos (ver item 3.3 da Primeira Parte), um projeto de transformação das relações de dominação e exploração, que vise alterar realmente a "correlação de forças" sociais mediante o "empoderamento" das populações empobrecidas (fragilizadas ou "desempoderadas") sem sequer impactar minimamente as estruturas do poder econômico e político, parece muito mais que um projeto de transformação, uma proposta utopista, muito mais afinada ora com a proposta tocquevilleana de associativismo na sociedade civil (mantendo o poder concentrado nas minorias esclarecidas), ora com a utopia habermasiana de descolonização do "mundo da vida" (autonomizado dos subsistemas econômico e político, onde a lógica instrumental manteria a correlação de forças e o poder econômico e político concentrado) (ver Montaño, 2002, p. 63 e ss. e 88 e ss.).

Seria como se o "empoderamentdo dos pobres, frágeis e dominados" não tivesse que significar necessariamente um "desempoderamento dos ricos, fortes e dominantes".

Em segundo lugar, quando se prefere que o povo ("empoderado") construa suas próprias cisternas, no lugar de esperar (ou demandar) que estas sejam construídas pelo Estado, ou, de mobilizar seus próprios recursos comunitários (como reza a proposta do Banco Mundial), no lugar de ter garantido o acesso a recursos estatais, ou em definitiva, quando se prefere que este "aprenda a pescar" ("empoderamento"), no lugar de "receber o peixe" ("paternalismo"), a noção de "empoderamento" acaba estando mais voltada para o que Montaño chama de "mobilização por gestão controlada de recursos comunitários", do que uma "mobilização, como lutas sociais, por direitos sociais" (2002, p. 277).

Finalmente, o projeto de "empoderamento" dos frágeis, que não significa "desempoderamento" dos fortes, que pretende alterar a "correlação de forças" sem impactar no poder econômico e político dos poderosos, apenas se orientando a ações voltadas para "empoderar os fracos", acaba capitulando frente ao processo de transformações (e contrarreformas) neoliberais. Pretendendo até encontrar potencialidades transformadoras na desresponsabilização do Estado, na globalização, no desemprego, na miséria. Será porque no lugar de ter garantidas as conquistas históricas, seu desmonte significara mobilizar para reconquistar o que já era direito?

Distante das contradições das classes e suas repercussões na reprodução das relações sociais, a proposta de "empoderamento" não altera, mas reforça as condições de exploração da classe trabalhadora pelo capital, portanto não incide na acumulação capitalista (nem no poder econômico, nem no poder político, nem no poder ideológico), o que acaba mantendo e reproduzindo a dialética pobreza/riqueza.

- *Pobreza como manifestação da Lei Geral de Acumulação Capitalista.* Em concordância com a perspectiva que aqui assumimos, desenvolve-se na profissão uma análise sobre a pobreza que não apenas a apresenta como parte de uma *relação de desigualdade* (e não como um processo autônomo), como um *produto social* (e não natural), mas também como *um fenômeno fundado nas determinações que, no MPC, se expressam e derivam da Lei Geral da Acumulação Capitalista, enfrentando num mesmo processo a pobreza e a acumulação de capital.*

No Serviço Social brasileiro, Marilda Iamamoto inaugura o estudo dos fundamentos da profissão embasada na análise substantiva da obra marxiana, particularmente n'*O Capital*. O texto, *Relações sociais e Serviço Social*, publicado em 1982 em coautoria, é resultado da sua dissertação de mestrado, envolvida em pesquisa promovida pelo Celats sobre a "História do Trabalho Social na América Latina". Dez anos depois, com o título de *Renovação e conservadorismo no Serviço Social*, a autora publica um livro constituído com capítulos inéditos da sua dissertação e outros ensaios de conferências.

Neles, Iamamoto questiona as abordagens neoconservadoras que promovem uma "psicologização das relações sociais", numa concepção que individualiza a compreensão dos problemas sociais — cujos fundamentos econômicos e suas expressões materiais e objetivas são negligenciados ou equalizados às dimensões existenciais e subjetivas —, e do seu enfrentamento. Nos termos da autora, esta visão

> privilegia [os] problemas de desintegração e desadaptação social e funcional (...). Esta ênfase leva a dar prioridade às *necessidades que transcendem as carências objetivas e materiais* do cliente, isto é, os *problemas existenciais* (...). As exigências de sobrevivência são tidas como demandas secundárias para uma profissão que procura ultrapassar o estigma assistencialista. Os problemas materiais tendem a ser espiritualizados, transformados em dificuldades subjetivas, de adaptação social (...) (Iamamoto, 1992, p. 34).

Com tal psicologização dos problemas, onde as carências materiais são relegadas em face das questões subjetivas e culturais, Iamamoto questiona a concepção (neotomista) do sujeito, como "pessoa humana",[13] quando, no afã de apresentá-lo na sua diversidade, na sua heterogeneidade, o

---

13. Postulado no Documento de Araxá, como *pressupostos éticos* é a consideração da "dignidade", da "sociabilidade e da "perfectibilidade" da "pessoa humana" (CBCISS, 1986, p. 29-30).

POBREZA E SERVIÇO SOCIAL

mesmo acaba sendo deslocado da sua condição de classe. Assim, para a autora, nesta perspectiva defende-se que

> o cliente não deve ser visto como um *"pobre"*, mas como uma *"pessoa"*: todos os cidadãos são clientes potenciais do Serviço Social, visto que todos podem apresentar problemas relacionais e afetivos que precisam de orientação psicossocial. Instaura-se, assim, uma tendência transclassista na consideração da clientela do Serviço Social, em choque com sua realidade efetiva, constituída dos segmentos mais pauperizados da classe trabalhadora (ibidem).

Quando a clara e crítica conceituação do sujeito passível de intervenção profissional (o trabalhador, o "pobre", na sua relação com o capital, com a acumulação e com a exploração) e sua problemática (desdobramentos ou manifestações da "questão social", como a contradição capital-trabalho) são substituídos pelas (ou equalizados às) noções de "povo", "cidadão", "subalterno", "carente", não diferenciando o que é fundamento do que é manifestação, o que é causa do que é consequência, tende-se a perder a compreensão crítica do real papel profissional, identificando o mesmo com a mera intencionalidade do profissional, desenvolvendo a crença de que, com tais intenções, sempre e naturalmente o assistente social na sua intervenção beneficia o usuário. Assim, conforme a autora, mesmo que

> mobilizado por motivações pessoais e pela "boa intenção" de solidariedade humana aos setores mais pauperizados e oprimidos da sociedade, o profissional acredita, frequentemente, estar trabalhando para os interesses do "povo". Porém, sua crença é subvertida através de sua prática, transmutando-se em resultados que negam as representações de seu fazer. Confunde, frequentemente, intenções com o resultado e o significado social de sua intervenção profissional na sociedade (idem, p. 53).

É nesse sentido que, 15 anos mais tarde, ao analisar a obra de Abreu, aqui já tratada, Iamamoto problematiza o *"papel pedagógico"* por ela defendido para o Serviço Social. Para Iamamoto, tal "pedagogia emancipatória", que vincula o profissional como "intelectual orgânico" às "classes subalternas", num projeto revolucionário, reatualiza a indistinção da prática profissional e a ação militante, não diferenciando o assistente social "enquanto profissional assalariado" e "enquanto cidadão político". Esta confusão não permite ver que o Serviço Social constitui "uma especialização do trabalho na sociedade, e não uma atividade que se inscreva na arena da política *stricto sensu* (Iamamoto, 2007, p. 323). Assim, no defendido "compromisso profissional com as lutas das classes subalternas", como aparece em Abreu e outros, parece defender-se um "Serviço Social socialista", algo difícil de conceber para "uma profissão exercida predominantemente na esfera do Estado burguês, nas corporações empresariais e nas chamadas 'organizações da sociedade civil'" (idem, p. 325-6).

Num caminho semelhante, agora tratando da "tese da assistência social", presente particularmente na obra de Yazbek, quando "a população alvo das políticas de assistência social (...) é lida a partir da categoria de 'subalterno'" (idem, p. 306), Iamamoto questiona a noção de "exclusão integrativa" e o conceito de "subalternidade", por serem desenvolvidos sem a consideração dos fundamentos do MPC. Para Iamamoto, "a noção de 'exclusão integrativa' não envolveu o enfrentamento teórico da lei geral da acumulação e sua correspondente lei da reprodução da população que lhe atribuem inteligibilidade" (idem, p. 307), o que leva Yazbek a trabalhar com a relação "pobreza/assistência" e não "trabalho/assistência". Ao interpretar a "pobreza" como subalternidade e não como uma manifestação da relação capital-trabalho, acaba-se dissociando o pobre do trabalhador, e a pobreza dos fundamentos da relação capital-trabalho ou pobreza/acumulação.

É com estas críticas que Iamamoto visa o estudo dos fundamentos do capitalismo para compreender a gênese e o papel social do Serviço Social, o que fará fundamentalmente sustentada na obra de Marx. Procurando na Lei Geral da Acumulação Capitalista, Iamamoto compreende a relação do desenvolvimento das forças produtivas (comandadas pelo capital) com a constituição de um excedente populacional e com o salário do trabalhador; tendo a queda tendencial do salário e o aumento tendencial do excedente populacional como fatores centrais no processo de *pauperização* absoluta e relativa. Para a autora,

> o desenvolvimento das forças produtivas sociais do trabalho permite ao capitalista, com o mesmo desembolso de capital variável [com o mesmo

gasto com força de trabalho] colocar em ação maior quantidade de trabalho, mediante maior exploração intensiva e extensiva de força de trabalho individuais. Esse excesso de trabalho de trabalhadores ativos tem como contrapartida o engrossamento das filas de trabalhadores em reserva, ao mesmo tempo em que a pressão deste sobre aqueles obriga-os a trabalharem mais e a se submeterem às pressões do capital (...).

O movimento geral de salários passa a ser regulado, em termos gerais, pelas expansões e contrações da população trabalhadora sobrante (Iamamoto, 1995, p. 60).

Seguindo Marx na caracterização das modalidades do Exército Industrial de Reserva (EIR), Iamamoto caracteriza o pauperismo (absoluto) como uma modalidade do EIR, ou seja, da classe trabalhadora, expulsa do mercado de trabalho ou com salários de miséria, e portanto, a pobreza absoluta causada e determinada pelos fundamentos da Lei Geral da Acumulação Capitalista. Neste sentido, o pauperismo (absoluto) constitui uma camada social dos trabalhadores: órfãos e filhos de pobres, vítimas da grande indústria: viúvas, mutilados, doentes (idem, p. 61-2).

A pauperização é, para a autora, como para Marx, resultado do processo de desenvolvimento das forças produtivas, e dialeticamente atrelada ao processo de acumulação de capital. Afirma Iamamoto:

quanto maior é o crescimento econômico, isto é, a acumulação, maior também é o contingente absoluto do proletariado e a capacidade produtiva de seu trabalho; e tanto maior é o exército industrial de reserva. Este *cresce ao crescer a riqueza social* (idem, p. 62).

E este processo não é algo fortuito, externo à própria lógica do capital, mas estrutural e próprio da sua dinâmica, pois "o capital mantém sempre a superpopulação relativa em proporção às suas necessidades de acumulação" (ibidem). Para Iamamoto, portanto, pobreza e riqueza, pauperização e acumulação, se desenvolvem simultânea e articuladamente, pois "a acumulação da miséria é proporcional à acumulação do capital" (ibidem), ou "o enriquecimento do capitalista tem sua outra face: o empobrecimento do trabalhador (Iamamoto, 1992, p. 64).

Em síntese, conforme a autora,

> a lei geral da acumulação supõe a acumulação da riqueza (...) inseparável da acumulação da miséria e da pauperização daqueles que produzem a riqueza (...). A reprodução ampliada do capital supõe a recriação ampliada da classe trabalhadora e do poder da classe capitalista e, portanto, uma reprodução ampliada da pobreza e da riqueza e do antagonismo de interesses que permeia tais relações de classes, o qual se expressa na *luta de classes* (Iamamoto, 1995, p. 66).

É neste processo de aumento da pobreza (nas suas diversas manifestações) e da acumulação de capital a partir do desenvolvimento das forças produtivas, e de lutas de classes, que surgem e se expandem as políticas sociais estatais, como forma de promover a acumulação e diminuir a conflitividade social, e como resultado das lutas de classes (ver Iamamoto, 1995, p. 77-9). Assim, afirma a autora que,

> face ao crescente processo de expropriação a que estão submetidos os trabalhadores no movimento de expansão do capital, *sua pauperização tende a aumentar em relação ao crescimento acelerado do capital*. Diante dessa lei da acumulação, o Estado, em seu "papel de árbitro das relações de classe", assume tarefas cada vez mais ativas no sentido de zelar pela reprodução da força de trabalho, não só através de legislação específica (...) como através da prestação de serviços básicos (Iamamoto, 1995, p. 100).

Essas formas de intervenção estatal são, para o capital, mecanismos de garantia da acumulação capitalista e legitimação da ordem (idem, p. 101-2), enquanto, para o trabalhador, elas significam e representam serviços que, mesmo que insuficientes, permitem a satisfação de certas necessidades (idem, p. 103).

Outro exímio intelectual desta perspectiva, José Paulo Netto, trata expressamente da "Desigualdade, Pobreza e Serviço Social" na abertura da *33ª Conferência Mundial de Escolas de Serviço Social*, organizada pela IASSW, em Santiago do Chile, em 2006.

No seu texto (Netto, 2007), o autor, após apresentar o quadro quantitativo da pobreza, na América Latina e no mundo, e seu aprofundamento nas últimas décadas de transformações neoliberais, caracteriza a *pobreza* como um polo de uma relação de *desigualdade*, tendo a riqueza (e a acumulação capitalista) em seu outro polo: "a produção capitalista é simultaneamente produção polarizadora de riqueza e de pobreza (absoluta e relativa)" (idem, p.143). Tal *desigualdade*, afirma, é um "*fenômeno recorrente*, embora com padrões bastante diferenciados, *no conjunto das sociedades capitalistas*" (idem, p. 140).

O autor conceitua, portanto, a pobreza (particularmente a relativa) e a desigualdade como fenômenos atrelados ao desenvolvimento das forças produtivas, que se funda na Lei Geral da Acumulação Capitalista. Segundo ele, "pobreza relativa e desigualdades são constitutivos insuperáveis da ordem do capital — o que pode variar são seus níveis e padrões" (idem, p. 159). Ou seja, para o autor, ao pensar o crescimento econômico, a pobreza e a desigualdade, na perspectiva marxista, constata-se que "*desenvolvimento capitalista é, necessária e irredutivelmente, produção exponenciada de riqueza e produção reiterada de pobreza*", sendo isto um "traço, que é próprio da dinâmica do desenvolvimento capitalista — e que encontra a sua fundamentação teórica nos desdobramentos da *lei geral da acumulação capitalista*" (idem, p. 142).

Assim sendo, não é o desenvolvimento ou crescimento capitalista que reduz a pobreza, mas este desenvolvimento tende a ampliá-la; neste sentido, o autor afirma que "é falsa a tese segundo a qual o crescimento econômico é a única condição necessária para enfrentar, combater e reduzir o pauperismo que decorre da acumulação capitalista (e, na mesma medida, para reduzir desigualdades)" (idem, p. 143). Desenvolvimento econômico e aumento da pobreza são fenômenos estruturalmente ligados e relacionados do capitalismo. Tal crescimento poderá reduzir a pobreza só quando ocorrerem certas condições: quando este for longo e expressivo; quando for acompanhado de uma política redistributiva [resultado, claro, de conquistas e lutas de classes]; e num quadro de baixa inflação (idem, p. 144).

O autor, ainda, considera as profundas mudanças operadas desde a formulação marxiana dessa "lei geral", e particularmente nas últimas décadas; no entanto, os fundamentos do MPC, que criam e recriam a pobreza e a desigualdade, permanecem intocados. Segundo ele, de meados do século XIX até os tempos atuais "conquistas civilizacionais foram feitas", não obstante isso *aquilo que não mudou*, todavia, *e responde pela permanência da pobreza e da desigualdade*, é a dinâmica econômica elementar da nossa sociedade, assentada na acumulação capitalista — por isso mesmo, seus efeitos, os efeitos de sua *lei geral*, continuam operantes (...).

Ao contrário do que sustentam alguns ideólogos, não estamos diante de uma "nova" *questão social* [mas de] *novas expressões* da *questão social*. A "velha" *questão social*, conotada com o pauperismo, não foi equacionada e, menos ainda, resolvida (idem, p. 155-6).

Esta permanência, da pobreza e da desigualdade, deve-se ao fato de elas serem resultado da dinâmica própria do modo de produção comandado pelo capital, e não um fenômeno marginal a ele, ou adjetivo, nem resultado de uma "*opção* de desenvolvimento", mas resultado do próprio desenvolvimento econômico capitalista. Assim, afirma, "tal permanência [é] produto necessário da acumulação capitalista [e] se opera ao mesmo tempo em que se acentuam os processos de *concentração da propriedade* e das *decisões políticas*" (idem, p. 157).

Particularmente, na América Latina impactada pelos "ajustes" do Consenso de Washington, os padrões de pobreza e desigualdade crescem, mas as ações para seu enfrentamento são precarizadas e focalizadas, desenvolvendo-se assim "*ações minimalistas* para enfrentar uma '*questão social*' *maximizada*" (idem, p. 160).

Neste quadro sócio-histórico de crise capitalista e hegemonia neoliberal, de aprofundamento da "questão social" e ampliação e diversificação das formas de expressão da pobreza e da desigualdade social, Netto trata dos desafios profissionais do Serviço Social (idem, p. 164 e ss.), "um Serviço Social *comprometido com a igualdade*" (idem, p. 136-8). Para o autor, "nenhuma ação profissional (...) suprimirá a pobreza e a desigualdade na ordem do capital. Mas seus níveis e padrões podem variar, e esta variação é absolutamente significativa — *e sobre ela pode incidir a ação profissional, incidência que porta as possibilidades da intervenção que justifica e legitima o Serviço Social*" (idem, p. 166).

É preciso, para o autor, conhecer os *limites* da ação profissional (a impossibilidade de suprimir a pobreza) e as *potencialidades* (a possibilidade de incidir nos níveis e padrões da mesma), já que o desconhecimento dos limites conduz ao que Iamamoto chamou de "messianismo" ou "voluntarismo", enquanto o desconhecimento das potencialidades leva ao "fatalismo" (ver Netto, 2007, p. 166 e Iamamoto, 1992, p. 113-9). Isto posto, para o autor, que vincula a afirmação e ampliação dos direitos e políticas sociais com a institucionalização do Serviço Social, o *desafio profissional central*, por um lado, "é a própria ordem social contemporânea [pois,] ao exponenciar a *questão social* com revigorados dispositivos de produção e reprodução de pobreza e desigualdade, ela os processa mediante a redução e o recorte dos direitos sociais", e por outro, o de ser capaz de desenvolver "um exercício profissional que, sem ignorar seus limites, amplie suas possibilidades" (idem, p. 167).

• *Considerações críticas das abordagens apresentadas.* Como pudemos observar, a pobreza nem sempre é caracterizada e compreendida, no debate profissional, como um processo estrutural, particularizado pelas relações e contradições determinadas no modo de produção capitalista (MPC). Tem sido frequente a desarticulação deste processo dos fundamentos da "questão social", a contradição capital-trabalho. Ora a pobreza é pensada como um fenômeno vinculado às características pessoais e/ou às condições de vida de indivíduos ou grupos, sem referência às relações de desigualdade; ora ela é pensada como fenômeno que expressa e se insere em relações de desigualdade e discriminação sociais, opondo dominantes/dominados, hegemônicos/subalternos, ricos/pobre, incluídos/excluídos, elite/povo.

No primeiro caso, a pobreza é autonomizada de qualquer relação de desigualdade estrutural, sendo vista como uma questão cuja origem encontrar-se-ia no próprio pobre (suas atitudes, suas competências, seus valores, seus costumes, sua cultura, sua sorte), ao qual deve se assistir mediante formas como a clássica filantropia, ou a contemporânea "solidariedade". As visões mais conservadoras tratam assim a pobreza: como um fenômeno autônomo, desarticulado dos determinantes estruturais, como um processo gerado pelas próprias condições do "pobre" (sua cultura, hábitos, moral, capacidades, motivação etc.).

No segundo caso, superando-se as visões autonomizadoras e autorresponsabilizadoras da pobreza, mesmo identificando-a com uma dada relação de desigualdade, no entanto acaba se retirando ou substituindo a centralidade da questão de classe como fundamento da relação pauperização/acumulação. A pobreza passa a ser concebida, de forma *multidimensional* ou *heterogênea*, como uma expressão de formas de desigualdade, discriminação ou dominação, mas não como fundadas na Lei Geral da Acumulação Capitalista.

Os conceitos de "necessidade" e "carência", "subalternidade" e "exclusão", "popular", "não cidadania" e "cidadania invertida", para qualificar ou caracterizar a pobreza, certamente enriquecem de maiores determinações as formas de ela se manifestar e expressar, permitindo uma visão mais rica da heterogeneidade de refrações e desdobramentos da própria pobreza. No entanto, esses conceitos, tão *ricos* para expressar suas formas de *manifestação*, são *vagos* para explicar os *fundamentos* da gênese da pobreza no MPC, escamoteando suas *causas*.

Ainda mais, mesmo apresentando a pobreza, por via de tais conceitos, *como um lado de uma dada relação social* — necessidade/abundância, carência/riqueza, subalterno/hegemônico, povo/elite, cidadão/não cidadão —, quando tal relação não é compreendida como oriunda da contradição fundante do MPC entre capital e trabalho, ela acaba por ser esvaziada de suas determinações genéticas. Não que tal contradição "esgote" todas as formas de desigualdade, dominação, exclusão e discriminação, mas, no capitalismo, tais processos não podem ser compreendidos criticamente senão como *desdobramentos*, com suas *particularidades* (nas formas de desigualdade, nos sujeitos que envolve, na correlação de forças, no tipo de relação que estabelece) de tal contradição capital-trabalho.

No entanto, as noções de "carência", "necessidade", "subalternidade", "exclusão", "popular", "cidadania", são apresentadas, ora *substituindo* a categoria de "exploração", ora *complementando-a*; mas neste caso como determinações equivalentes, ou pelo menos sem diferenciar o que é fundante, do que é manifestação. Ao tratar das formas de *manifestação e desdobramentos* da pobreza, as dimensões cultural, política, ideológica, espiritual etc., devem ser vistas conjuntamente com a sua dimensão econômica, ampliando esta de determinações e enriquecendo-a; contudo, ao pensar a *gênese da pobreza*, os aspectos fundantes do MPC — a contradição capital-trabalho —, aparecem como elementos determinantes em última análise. Ou, como afirma Engels, ao tratar das lutas de classes, "o reino das relações econômicas [é] o elemento dominante" (*in*: Marx e Engles, 1975, livro 1, p. 111). Nesta esteira, Netto afirma que "a concentração do poder econômico conduziu e está conduzindo a uma enorme concentração de poder político" (Netto, 2007, p. 158).

Vemos, pela análise bibliográfica do Serviço Social, que o tratamento da pobreza, por via de tais conceitos, não diferencia claramente *causas* de *consequências, fundamentos* de *manifestações*, enriquecendo de determinações as formas de se manifestar, ao custo de pouco desvendar (ou até escamotear) suas causas ou fundamentos, desenvolvendo-se uma visão ideológica da realidade. Como afirmam Montaño e Duriguetto, a partir de Chaui, a ideologia, no sentido de "falsa consciência",

> "representa uma 'ilusão, necessária à dominação de classe", que, sem remeter a falsidade, significa a *abstração* e *inversão* dos fenômenos da realidade social — *abstração* como o "conhecimento de uma realidade tal como se oferece à nossa experiência imediata", e *inversão* por "tomar o resultado de um processo como se fosse seu começo, tomar os efeitos pelas causas, as consequências pelas premissas, o determinado pelo determinante" (2010, p. 109).

Sempre que a discussão sobre a pobreza, por maiores as determinações sobre suas formas diversas e variadas de manifestação (no plano cultural, ideológico, político, subjetivo, espiritual etc.) não estiver pautada na clara consideração da sua gênese e fundamentos ancorada da "Lei Geral da Acumulação Capitalista", acaba-se incorrendo em reducionismos e/ou limites para a sua concepção crítica.

Na verdade, há que se diferenciar o que constitui o *fundamento* da pobreza (e da acumulação) das suas formas de *manifestação* e *desdobramentos*. O *fundamento* deste fenômeno centra-se na "questão social", como a contradição capital-trabalho, expressa no processo de produção e apropriação de valor, de mais-valia, na "Lei Geral da Acumulação Capitalista" (ver Marx, 1980, livro 1, cap. XXIII). As formas de *manifestação* e os *desdobramentos* deste fenômeno se estendem às dimensões cultural, ideológica, moral e política, expressando-se tanto em "carências materiais", "necessidades", como em "subalternidade" e em formas de "exclusão" e "discriminação" sociais, assim como numa precária cidadania, ou "cidadania-invertida". Como afirma Netto:

> a caracterização da pobreza — e, do mesmo modo, a da desigualdade — *não se esgota ou reduz a seus aspectos socioeconômicos*; ao contrário, trata-se, nos dois casos, de *problemáticas pluridimensionais*. (...) todavia, *a condição elementar para explicá-las e compreendê-las consiste precisamente em partir do seu fundamento socioeconômico*. Quando este fundamento é secundarizado (ou, no limite, ignorado, como na maioria das abordagens hoje em voga nas Ciências Sociais), o resultado é a *naturalização* ou a *culturalização* de ambas.
> Nas sociedades em que vivemos — vale dizer, formações econômico-sociais fundadas na dominância do modo de produção capitalista —, pobreza e desigualdade estão intimamente vinculadas: é constituinte insuprimível da dinâmica econômica do modo de produção capitalista a *exploração*, de que decorrem a *desigualdade* e a *pobreza*. No entanto, os *padrões* de desigualdade e de pobreza não são meras determinações econômicas: relacionam-se, através de mediações extremamente complexas, a determinações de natureza político-cultural (Netto, 2007, p. 142).

Pensar, portanto, como pobreza apenas a "privação material" é certamente um "reducionismo economicista", por ignorar a diversidade de formas de expressão e desdobramentos da pobreza; porém, tentar superar tal economicismo equalizando o fundamento (na contradição capital-trabalho) com as manifestações, acaba derivando num *novo reducionismo*. Quando se equalizam as causas (fundamentos do fenômeno) com as consequências (manifestações e desdobramentos), acaba-se derivando numa visão *"politicista"* da questão e/ou em sua perspectiva *"multidimensional"*; em que se retiram os fundamentos estruturais da pobreza, reduzindo-a a uma situação conjuntural expressa em diversas dimensões. Na verdade, a pobreza tem manifestações e desdobramentos multidimensionais, mas sua causa, no MPC, é estrutural, derivada, como já observamos, da Lei de Acumulação Capitalista, das contradições e lutas de classes.

No caso em que se entende a pobreza como um fenômeno "multidimensional" as formas de enfrentamento à pobreza podem ir de uma política de transferência de renda, à prestação de serviços e até às ações educativas, de "inclusão social" e de "empoderamento". É o que aparece em Falcão (*in*: Sposati, Falcão e Fleury, 1991, p. 123-5), na proposta de "ultrapassagem do Estado assistencial" para "novos caminhos" sustentados por um lado na garantia de *direito* e na política *universal*, mas também no processo de *municipalização* da execução da assistência e na *parceria* do Estado com o que chama de "sociedade-providência".

O tipo de entendimento e conceituação de pobreza, e sua vinculação ou não com formas de desigualdade e com os determinantes estruturais do MPC, derivam em propostas distintas de seu enfrentamento. Netto aponta que,

> partindo da suposição (...) segundo a qual, no heterogêneo conjunto profissional (...), existe um consenso em torno da pobreza, consenso conforme o qual ela deve ser amenizada e reduzida. Dependendo, porém, de como o *problema da pobreza* seja *compreendido*, em sua gênese e em seu movimento, o seu *trato* profissional haverá de variar e hão de variar os procedimentos para interferir nos grupos humanos por ele afetados. Se é verdade que o profissional sempre se deparará com *pobres*, não menos verdade é que esses *pobres* só adquirirão um sentido que transcende a sua pura fenomenalidade se o profissional possuir e souber *manejar categorias heurísticas capazes de qualificar teórica e socialmente a pobreza*. Só então há de se colocar, concretamente, o problema dos instrumentos e das estratégias de intervenção; e eles não serão os mesmos para um profissional que compreende a pobreza como *natural* e *insuprimível* e para outro, que a apreende como uma resultante necessária da *exploração* (2007, p. 165-6).

Assim sendo, a pobreza, no debate profissional, tem sido conceituada de diversas formas e até substituída por outros conceitos, incidindo no tipo de proposta de enfrentamento. A *pobreza*, como conceito, como objeto de intervenção e como público-alvo, ora é *idealizada* e *naturalizada* a sua relação como o Serviço Social, como se a intervenção profissional na/com a pobreza não envolvesse sua relação estrutural com a riqueza, ora é *rejeitada* ou *substituída* por outros conceitos, como se a diversidade de manifestações da "questão social" não fossem formas de expressão da dialética acumulação/pauperização.

Assim, por um lado, entendemos que o assistente social, por via das políticas sociais, não atua apenas junto à população pobre, *não é um "profissional da pobreza"*, mas atua nas manifestações da "questão social", entendida como a contradição capital-trabalho; portanto, ele intervém nas refrações do processo dialético pauperização/acumulação, próprio do MPC. Ele não atua apenas com o "pobre", mas na sua intervenção se depara com os fenômenos derivados da *relação pobreza/acumulação*.

Por outro lado, o que se observa é que muitas vezes a própria categoria "pobreza", como o "pobre", tem sido relegada a segundo plano, ora por ser concebida como um conceito empírico ou intuitivo, ora por ser considerada uma denominação estigmatizadora. Por um motivo ou por outro, o fato é que a categoria pobreza tem saído de cena no debate profissional, sendo substituída ou compreendida a partir de outros conceitos: carência, subalternidade, popular, cidadania invertida, população de risco etc. Com tal substituição, a dialética, própria do MPC, acumulação/pauperização cede seu lugar às suas formas de manifestação, suas sequelas: dominação/subalternidade, abundância/carência, elite/povo etc.

2.2 A produção teórica sobre a pobreza na revista *Serviço Social & Sociedade*

2.2.1 Apresentação metodológica da pesquisa

Para compreender a leitura que a categoria profissional faz da pobreza, seu *conceito*, suas *causas* e seu *enfrentamento*, elegemos, como uma fonte privilegiada, a revista *Serviço Social & Sociedade* da editora Cortez.[14] Esta

---

14. Segundo Behring e Boschetti (2006) a partir da década de 1980, a revista *Serviço Social & Sociedade* passou a ser um veículo importante, de publicação e circulação nacional, para a discussão da política social. Essa revista tem sido fonte de vários estudos acadêmicos, podemos citar as pesquisas de Mestrado de Elaine Bhering (sobre as concepções de políticas sociais) e de Maurílio Mattos (sobre as concepções de saúde); e também estudos de Ozanira da Silva e Silva (uma publicação na revista 61, mapeando os temas mais discutidos na revista; e uma recente pesquisa apresentada no Enpess realizado em 2010 no Rio de Janeiro, com o mesmo objetivo).

revista foi escolhida por ter 32 anos de publicações quadrimestrais ininterruptas, com uma estimativa de 650 artigos publicados, com uma importante circulação no Brasil, colocando-se como uma referência nacional e internacional para o Serviço Social, e representando as discussões das inúmeras questões da atualidade social, política e econômica, escritas, discutidas e lidas no interior da profissão, na academia, nos espaços de intervenção e na docência. Trata-se de uma literatura comum ao Serviço Social, seja por sua ampla divulgação e circulação, seja por tratar de temas relevantes e atuais para a profissão, ou por ser uma bibliografia exigida em concursos públicos, ou ainda, pela sua caracterização de um veículo de divulgação científica, prático-interventiva, teórico-metodológica.

Sendo assim, iniciamos nosso trabalho assumindo como pressuposto que o tratamento (teórico e político) profissional sobre pobreza e seu enfrentamento orienta-se segundo dois eixos: o seu compromisso político profissional com o enfrentamento da pobreza e a sua compreensão teórica sobre a pobreza. Tais eixos assumem contornos diferentes em contextos históricos diversos, impactando no Serviço Social (nos indivíduos e na categoria em geral) de formas variadas.

Entendemos que o compromisso e a compreensão sobre a pobreza orientam-se segundo os seguintes elementos: a Relação Pobreza/Acumulação (Riqueza), ora como par dialético, ora como aspectos autônomos; e a Relação Política Social/Pobreza-Acumulação, ora concebendo que o combate à pobreza deve impactar na acumulação, ora pesando que esta não precisa ser tocada

• *Hipóteses.* A partir desses pressupostos, apresentamos nossas hipóteses de pesquisa: *hipótese I* — a superficialidade e ecletismo da compreensão teórica sobre pobreza incide sobre o compromisso político com seu enfrentamento; *hipótese II* — em função do compromisso político, altera-se a compreensão teórica sobre a pobreza.

Sendo assim, diante da rica e complexa trajetória do Serviço Social inserida nos variados contextos históricos, nossas hipóteses iniciais podem ser verificadas em conjunturas sociais e profissionais diferentes. Assim, identificamos três momentos históricos distintos, que, no interior da profissão, se caracterizam por opções políticas e teóricas particulares que vão se expressando em suas produções e seus compromissos ético-políticos. Cada período, nesta produção teórica e vinculação política da categoria, corresponde, na verdade, a contextos diferentes da história contemporânea, vinculando aspectos do contexto global, como a crise e as transformações do capitalismo mundial e o impacto da permanência ou não da guerra fria (presença e crise do bloco soviético), aspectos da conjuntura nacional e regionais, como a presença da ditadura e seu enfrentamento, a hegemonia neoliberal, a ascensão da "esquerda" ao governo federal, e a correlação de forças e lutas sociais, e aspectos próprios da categoria profissional, como alianças, correlações de força internas, compromissos partidários de seus membros etc. Os períodos em questão não constituem, assim, momentos internos e endógenos da categoria, mas formas de organização e composição internas, de compromissos políticos e visões e perspectivas teóricas, articulados às determinações sócio-históricas que diferentemente os condicionam e fundamentam. Esses momentos são:

Primeiro período, que chamamos de *Reinstitucionalização Democrática* que vai de 1979 a 1988, o Serviço Social engaja-se no processo de resistência à ditadura militar e na luta pelo processo de democratização nacional, articulando-se aos movimentos sociais, constituintes e leis orgânicas. Isso incidiria nos temas a serem debatidos, nas categorias utilizadas e nos conteúdos das publicações teóricas. Nosso entendimento, as produções desse período sofreram incidência de uma aproximação enviesada das ciências sociais.

Segundo período, da *Hegemonia Neoliberal da Direita*, que vai de 1989 a 2002, há um hiato entre as discussões e produções dos assistentes sociais e os outros profissionais das ciências sociais. Na década de 1990 há uma guinada, uma inflexão do debate nas ciências sociais, (a exemplo do "Príncipe dos sociólogos", que pediu para esquecerem o que ele escreveu no passado) mas esta guinada não se comprova massivamente na vanguarda intelectual do Serviço Social, visto a relativa hegemonia da perspectiva marxista na produção bibliográfica e o posicionamento dos representantes em grupos e órgãos representativos da profissão.

Terceiro período, da *Continuidade Neoliberal da "esquerda governista"*, que vai de 2003 até os dias atuais, quando podemos observar que a tendência que invadiu a produção acadêmica da maioria das ciências sociais na década de 1990, começa a aparecer fortemente também no Serviço Social. Isso pode ser atribuído a algumas questões particulares a esse período.

- **Os períodos**. Em função do anteriormente descrito, vejamos com mais detalhamento algumas características centrais destes períodos:

Primeiro período: 1979-1988

Entre as décadas de 1960 e 1970, o Serviço Social latino americano começa a discutir sobre a sua prática, seus fundamentos teórico-metodológicos e natureza profissional. Entre essas décadas a profissão promove o conhecido Movimento de Reconceituação. Esse aconteceu no Brasil durante a ditadura militar, e isto comprometeu substantivamente o debate político e a apropriação teórica crítica da categoria no nosso país. O desejo de combater o Serviço Social tradicional articulou-se com as consequências da crise estrutural, que foi gestada desde meados dos anos cinquenta, afetando os padrões de dominação sociopolítica vigentes na América Latina. Esse contexto mobilizou a categoria a buscar novos horizontes e questionar pilares fundamentais do Serviço Social conservador, dentre eles: a natureza evolutiva da profissão, o Serviço Social enquanto profissionalização das práticas de ajuda; a existência de um método intervenção e teorias próprias do Serviço Social, isso principalmente durante o período que Netto (1991) chama de "Intenção Ruptura".

A aproximação do Serviço Social com outras disciplinas das ciências sociais, os vários processos revolucionários da América Latina, sobretudo a Revolução Cubana e, no caso brasileiro, o ingresso de trabalhadores nas universidades foram elementos que possibilitaram a problematização da categoria profissional sobre a sociedade e a sua própria intervenção. Foi nesse momento, de tentativa de ruptura com o conservadorismo que a categoria se aproxima da teoria social de Marx.

Contudo, essa aproximação não aconteceu sem problemas, o marxismo aparece na categoria através de manuais e fortemente influenciado pela escola de Comte. Mas, a apropriação enviesada do marxismo levou essa categoria à equívocos importantes como o fatalismo e o voluntarismo (Iamamoto, 1995). Todavia, é indiscutível que essa articulação foi um divisor de águas no debate profissional, estimulando produções críticas que chegaram a resultados exitosos sobre a natureza do Serviço Social e as determinações da sociedade capitalista.

Os anos 1980 são herdeiros do Movimento de Reconceituação. Até a década de 1980, a discussão sobre a ética limitava-se ao debate de Araxá e o livro de Kisnermam, produções fortemente influenciadas pelos valores neotomistas, cuja sustentação está nos valores abstratos como: dignidade humana; na pessoa humana. Essas influências aparecem nos códigos de ética anteriores (Barroco, 2009), de 1947; 1965; 1975. Com o chamado *Congresso da Virada* em 1979, a categoria muda a correlação de forças interna e assume um outro papel no debate das ciências sociais.

Na década de 1980, dando sequência ao evento de 1979, a categoria endossa a luta pela ampliação e universalização dos direitos sociais, enquanto a agenda neoliberal começa a implementar o sucateamento dos direitos sociais, a privatização do Estado e a lesionar à classe trabalhadora, sobretudo a parcela mais pauperizada. Trata-se de uma década em que a categoria profissional acompanha o movimento democrático popular, a luta pela constituinte, criação do PT, da CUT, a reconfiguração da UNE e também transformações substantivas coroam a passagem do sistema capitalista a uma nova etapa. As bases históricas para o adensamento da oposição ao conservadorismo profissional são dadas pela crise da ditadura brasileira no final da década de 1970 e no início dos anos 1980, pelas lutas democráticas e reorganização política dos trabalhadores e movimentos populares, nos partidos, sindicatos, associações, instituições culturais e profissionais.

A publicação do livro de Iamamoto e Carvalho em 1982, *Relações sociais e Serviço Social* é um marco importante da interlocução do Serviço Social com a teoria social de Marx. Essa passa a ser a referência crítica na profissão, que incidirá política, cultural e eticamente em segmentos importantes da categoria.

A reforma curricular de 1982, pensada no âmbito da ABESS desde 1979, marca dois pontos importantes na categoria, são eles: a preocupação com a formação profissional e a presença do referencial marxista, que começa a ser apresentado como conteúdo curricular.

É também, a partir dos anos 1980, a partir da segunda metade, que há uma aproximação com o pensamento de Gramsci e particularmente de suas abordagens acerca do Estado, da sociedade civil, do mundo dos valores, da ideologia, da hegemonia, da subjetividade e da cultura das classes subalternas.

Segundo Yazbek (2009), o mestrado e o doutorado em Serviço Social é iniciado no Brasil na década de 1970, mas na década seguinte a pós-graduação vai configurar-se como um espaço privilegiado de interlocução e diálogo entre áreas do saber e entre diversas perspectivas teórico-metodológicas. Começaram aparecer para o Serviço Social brasileiro demandas de pós-graduações de outros países como Portugal, e outros países da América Latina (Argentina, Uruguai, Chile). Os temas de pesquisa desenvolvem-se acerca da intervenção profissional, de sua natureza, de seus procedimentos, de sua formação, de sua história e, sobretudo acerca da realidade social, política, econômica e cultural onde se insere como divisão social e técnica do trabalho (Yazbek, 2009).

Nesse período avançou-se na compreensão do Estado capitalista, das políticas sociais, dos movimentos sociais, do poder local, dos direitos sociais, da cidadania, da democracia, do processo de trabalho, da realidade instrumental e de outros tantos temas.

Na organização e mobilização política, a categoria participa das lutas em defesa das políticas sociais, dos direitos sociais e da seguridade social. Segundo Yazbek (2009), pós-Constituição de 1988, os profissionais de Serviço Social iniciam o processo de ultrapassagem da condição de executores de políticas sociais, para assumir posições de planejamento e gestão dessas políticas.

A aprovação do Código de 1986, marcou uma ruptura com o neotomismo. O Código de Ética passa a assumir compromisso com os interesses da classe trabalhadora explicitamente.

Os anos de 1980, portanto, sinalizam o início da construção do projeto ético-político profissional evidenciado pela produção teórica, sua capacidade crítica e interlocução respeitada com outras áreas do conhecimento, e sua consolidação ocorre por meio do desenvolvimento dos cursos de pós-graduação e das atividades de pesquisa. E o destaque é substantivo para a tentativa de aproximação com a tradição marxista.

O compromisso com as classes trabalhadoras surge como um valor ético-político central, orientando o posicionamento político dos setores organizados da categoria, no III Congresso Brasileiro de Assistentes Sociais (1979).

Segundo período: 1989-2002

A década de 1990 foi marcada por uma outra conjuntura: o Consenso de Washington, as contrarreformas neoliberais e o ajuste fiscal vão se expressar no crescimento dos índices de pobreza e indigência. A somatória de expropriações que configurou um novo perfil para a "questão social brasileira", particularmente pela via da flexibilização e precarização das relações trabalhistas, pela erosão e reordenamento do sistema público de proteção social (caracterizada por uma perspectiva de retração dos investimentos públicos no campo social) e pela crescente subordinação das políticas sociais às políticas de ajuste da economia, com suas restrições aos gastos públicos e sua perspectiva privatizadora (ver Yazbek, 2004). Na "contramão" o Brasil vai instituir constitucionalmente em 1988, seu sistema de Seguridade Social (Yazbek, 2009).

A profissão enfrenta, assim, o desafio de decifrar algumas lógicas do capitalismo contemporâneo particularmente em relação às mudanças no mundo do trabalho e sobre os processos desestruturadores dos sistemas de proteção social e da política social em geral. Numa lógica que reitera a desigualdade e constrói formas despolitizadas de abordagem da questão social, fora do mundo público e dos fóruns democráticos de representação e negociação dos interesses em jogo nas relações Estado/sociedade.

O trato da pobreza passa a ser feito numa lógica de re-filantropização, por meio de alternativas privatistas, com o crescimento do chamado "Terceiro Setor" (amplo conjunto de organizações e iniciativas privadas, não lucrativas, sem clara definição, criadas e mantidas com o apoio do voluntariado e que desenvolvem suas ações no campo social, no âmbito de um vastíssimo conjunto de questões, em espaço de fragilização das políticas sociais, e de implementação de novas estratégias, como Programas de Transferência de renda). Ou transformando a atenção básica em serviços prestados pelo mercado, seja na saúde, na previdência ou em outras políticas como educação, numa lógica de remercantilização.

O Serviço Social durante essa década vê-se confrontado com novas manifestações da questão social, que se expressam na precarização do trabalho e na penalização dos trabalhadores na sociedade capitalista contemporânea (Yazbek, 2009).

A categoria obtém, nessa década, conquistas que consolidam a recusa e a crítica do conservadorismo profissional: a Lei n. 8.662/93, de regulamentação da profissão, definindo competências e atribuições privativas do assistente social que representam tanto "uma defesa da profissão na sociedade" como "um guia pra a formação acadêmico-profissional" (Iamamoto, 2002); o Código de Ética de 1993, que é um marco na trajetória do Serviço Social e sua importância pode ser avaliada em função de sua legitimação teórico-prática pela categoria profissional. É somente na década de 1990 que a ética passa a ser explicitamente componente fundamental do projeto profissional que nos últimos anos tem construído uma hegemonia na profissão (Netto, 1999a); e a reformulação curricular de 1996, que repõe o tema da educação de qualidade na formação profissional.

Esses avanços da categoria profissional possibilitaram assumir um posicionamento político, com agendas de defesa e compromissos. É, portanto, na década de 1990 que o projeto conquistou hegemonia. Segundo Netto (1999a, p. 106) dois fatores contribuíram para isso: "o crescente envolvimento de segmentos cada vez maiores da categoria nos fóruns de debate" e o fato de as linhas deste projeto estarem sintonizadas com tendências significativas do movimento das classes sociais da sociedade brasileira, ou seja, a vinculação com um projeto societário. Há também o avanço da pós-modernidade e a rejeição à razão, com forte características conservadoras (Netto, 1996). Esse foi um período também de resistências ao avanço da ofensiva neoliberal, através de debates, mobilizações, manifestações, documentos, denúncias, a exemplo da "Carta de Maceió" (CFESS/CRESS, 2001), em defesa das Políticas Sociais universais e da CF 88.

Terceiro período: 2003-2011

O acirramento das implementações da agenda neoliberal leva a uma certa redução do Serviço Social à "profissão da assistência", advento que começa no Governo de Fernando Henrique Cardoso e continua nos governos de Lula, e a "desregulamentação" e flexibilização da educação superior, ampliando sem controle os cursos em universidades privadas com qualidades duvidosas e o crescimento e promoção do curso à distância (Netto, 2007a).

A eleição de Luiz Inácio Lula da Silva e a conjuntura inaugurada pela sua chegada à Presidência da República não se configurava favorável (Netto, 2004). Não mostrava, naquele momento, uma resistência à agenda neoliberal que tanto combateu no governo anterior. Ditames postos pela nova conjuntura trazem dilemas e desafios para a categoria profissional: seja pela flexibilização e precarização das relações trabalhistas, pela redução de exigências na formação profissional, pelo sucateamento das políticas sociais que afetam os direitos sociais, mas também, pelas condições de trabalho dos assistentes sociais e pelo avanço da pós-modernidade.

O combate à fome e à miséria, sob orientação dos princípios do Banco Mundial e do FMI, passam a ser carros-chefes dos governos Lula e Dilma. Nesse contexto são aprovadas a Lei do Primeiro emprego, o ReUni, Reforma Universitária e de forma contraditória, é também aprovada à Política Nacional de Assistência e, em 2011, é sancionado o Sistema Único de Assistência, mas, por outro lado, também é promovida a chamada assistencialização das políticas sociais, um testemunho de precarização, fragmentação e focalização dos direitos sociais.

Essas medidas da política neoliberal vão impactando o Serviço Social, seja pela precarização do ensino, frente ao crescimento exponencial de cursos promovidos por instituições privadas, presenciais ou à distância, ou seja pelas formas precárias de contratação do profissional e a ausência de infraestrutura para realizar suas tarefas etc.

Contudo, há também a presença de quadros da categoria profissional, no comando da política social no atual governo Lula, com perfil claramente diferenciado em relação ao governo anterior de FHC, o que é original na história da assistência social, no que tange à orientação teórica e política, à extração sociocultural, o perfil ideológico e trajetória biográfica. Essa característica, aqui apresentada sucintamente, levanta duas questões. Por um lado, essa novidade no perfil dos gestores das políticas sociais leva a uma mudança nas interpretações e compromissos com os problemas sociais.

Por outro lado, e para além das orientações teóricas e políticas desses gestores, em função da subordinação da política social à política econômica neoliberal, o novo perfil dos responsáveis pelas formulações da ação social do atual governo pouco pode mudar seus fundamentos. Ou eles acabam "aceitando" ações sociais, antes criticadas, como algo positivo, assumindo a ideia de que esse é o máximo ou o melhor que se pode fazer diante da conjuntura (numa postura possibilista e/ou fatalista); ou podem derivar num voluntarismo ao atribuir a certas ações pontuais voluntárias, solidárias, um caráter transformador; do tipo: "ensinar a pescar e não dar o peixe", estímulo à organização e participação comunitária na satisfação de suas necessidades e com recursos próprios, o "empoderamento", organização de mutirão contra a fome, na construção de cisternas etc. (numa postura voluntarista).

Portanto há dois grupos de análise da política social do governo atual, um grupo que a entende como algo possível e de resultados razoáveis. E um grupo que considera essa mesma política como retrocesso dos direitos conquistados, reafirmando o dever do Estado frente ao enfrentamento das manifestações da "questão social". Neste último grupo, há aqueles que reconhecem alguns avanços pontuais, apesar de uma tônica geral hegemônica de permanência do ajuste fiscal, e os que não observam qualquer avanço, e esse vem sendo um importante divisor de águas no debate teórico e no posicionamento ético-político no interior da categoria profissional.

Se no período anterior a polarização se acentuava mais entre conservadores e críticos, o contexto atual remonta novas arenas, entre conservadores, críticos, moderados e/ou possibilistas, cujos resultados podem ter repercussões importantes. Trata-se de tempos difíceis.

2.2.2 Apresentação dos dados da pesquisa e análise

Partimos da seguinte organização da leitura: num primeiro momento, organizamos um quadro com as seguintes colunas: ano de publicação; número da revista; tema da revista; título do artigo e a profissão do autor, pois a intenção é eleger a produção do Serviço Social (consideramos as publicações em que pelo menos um dos autores fossem assistentes sociais ou com importante interlocução com a categoria).

Depois dessa primeira identificação das revistas, foram selecionados os artigos que abordaram o tema pobreza direta ou lateralmente e, de forma preliminar, fizemos uma categorização das publicações a partir das *dimensões de análises*, são elas: 1) *conceito de pobreza* (classificações, categorizações, as explicitações dos fundamentos desse fenômeno); 2) as *causas da pobreza* (artigos que tratam dos motivos que provocam esse fenômeno e as suas repercussões na sociedade); 3) o *enfrentamento da pobreza* (análises ou sugestões de políticas ou ações sociais destinadas a responder esse fenômeno, ou ainda relatos de experiências e intervenções em situações de expressão desse fenômeno); 4) as múltiplas *manifestações da pobreza* (as diferentes expressões e manifestações) e 5) *questões relacionadas* (que não tratam diretamente do fenômeno, mas abordam lateralmente a temática). Assim, selecionamos, numa primeira amostra 235 artigos, nas cinco *dimensões*. Vale a ressalva que categorizamos os artigos em dimensões de análises prioritárias, ou seja, a partir do tema mais explicitado, o que não significa que um artigo não contemple mais de uma dimensão.

Sendo assim, o gráfico a seguir explicita um resultado dessa seleção preliminar: 54 artigos, dos selecionadas a priori, priorizam tratar do conceito de pobreza; vinte artigos tratam das causas da pobreza como tema central, 84 artigos analisam as formas de enfrentamento da pobreza; dezesseis artigos analisam as múltiplas manifestações da pobreza e 61 artigos trabalham o tema pobreza de forma lateral e articulada com outros fenômenos.

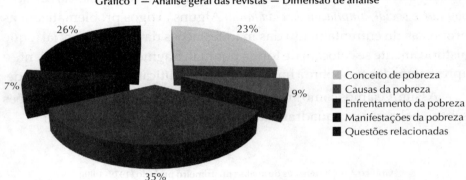

Gráfico 1 — Análise geral das revistas — Dimensão de análise

Na sequência, investigamos o item dimensão de análise com relação a três períodos, conforme explicitamos nas hipóteses: o Primeiro período, da *Reinstitucionalização Democrática*, que vai de 1979 a 1988; o Segundo período, da *Hegemonia Neoliberal de Direita*, que vai de 1989 a 2002; e o Terceiro período, da *Continuidade Neoliberal de "esquerda governista"*, que vai de 2003 até os dias atuais.

No que chamamos de *primeiro período*, foram publicados 39 artigos que abordaram temas relacionados à pobreza, distribuídos em 13 números diferentes de revistas, sendo que oito deles trataram com maior centralidade o *conceito de pobreza*, um apenas abordou *as causas da pobreza*, 13 artigos apresentaram questões relacionadas ao tema, sendo que nenhum debruçou-se sobre as *manifestações da pobreza*.

Os anos de 1979 a 1988, nas revistas *Serviço Social & Sociedade*, são dedicados principalmente a temas como a prática e os fundamentos da profissão, o debate da Constituinte e a necessidade de políticas universais, e principalmente a necessidade de construir um debate crítico sobre as demandas do Serviço Social. Nesses primeiros anos de publicação, a maioria dos artigos é de autoria de assistentes sociais, sendo apenas quatro de outras áreas. Ainda que a amostragem seja pequena, podemos conjecturar que a apresentação e problematização da pobreza são trazidas pela categoria com o propósito de enfatizar a importância de enfrentá-la com políticas sociais, constitutivas de direitos. Os artigos giram em torno de temas como *educação popular*, *desenvolvimento de comunidade*, *desenvolvimento social*, *participação popular* e *social*, *ampliação da cidadania*. Alguns artigos problematizam as propostas de enfrentamento das manifestações da "questão social", que historicamente se colocam de forma pontual, fragmentada e insuficiente e apresentam debates sobre a importância das políticas sociais de qualidade.

Assim, vejamos como graficamente no primeiro período as discussões sobre a pobreza se enquadram nas seguintes dimensões de análise:

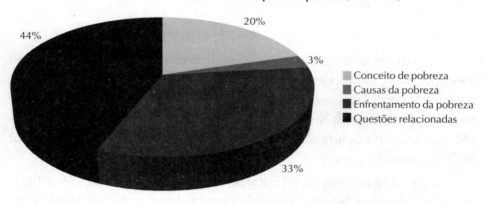

Gráfico 2 — Dimensões de análise no primeiro período (1979-1988)

No que chamamos de segundo período 1989 a 2002, podemos verificar que 94 artigos, que trataram de forma direta ou lateralmente a pobreza, foram publicados. Desses artigos, dezenove trataram como eixo fundamental do debate o *Conceito de pobreza*; doze enfatizaram mais as *Causas da pobreza*; 31 discutiram, de maneiras distintas, as formas de *Enfrentamento da pobreza*; 5 desses artigos apresentaram a discussão sobre as. *manifestações da pobreza* e 27 artigos trabalharam *Questões relacionadas* à pobreza de forma lateral, cujos objetivos destinavam-se a outros debates. O *enfrentamento* continua sendo, com relação ao tratamento da pobreza, a dimensão de análise mais corrente na revista, mas se no período anterior as discussões eram referentes à construção de respostas que se estruturassem como direito garantido pelo Estado, nesse período o debate se apresenta na tentativa de resistir os ataques da ofensiva neoliberal aos direitos garantidos, sendo correntes discussões referentes aos impactos neoliberais nas políticas sociais e a precariedade dos programas sociais no enfrentamento das manifestações da "questão social". Aparecem também maiores articulações com outras áreas de conhecimento, o espaço da revista conta com a contribuição de 12 profissionais não assistentes sociais que publicam artigos com temas referentes ao debate sobre a pobreza. Sendo que, nesse período foram destinados dois números para temas diretamente relacionados à pobreza (a revista número 55 cujo título do exemplar é "Mínimos Sociais e Exclusão Social" e a revista número 63 intitulada "O enfrentamento da pobreza em questão"). Esse panorama, das Dimensões de Análise mais recorrentes, pode também ser visualizado a partir da ilustração gráfica apresentada a seguir.

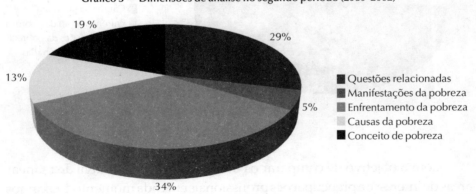

Gráfico 3 — Dimensões de análise no segundo período (2989-2002)

No que denominamos de terceiro período, 2003 a 2011, 102 artigos foram publicados, desses 28 apresentam o *Conceito de pobreza* como elemento central no texto; sete abordam as *Causas da pobreza* de forma prioritária; 39 artigos explicitam o *Enfrentamento da pobreza* como objetivo central de debate; onze desses artigos apresentam as diversas *Manifestações da pobreza*; e dezessete tratam de questões relacionadas à pobreza. O enfrentamento da pobreza, nesse terceiro período, é também o tema mais abordado, fato que não o diferencia dos dois anteriores. Assim, como, no segundo momento, há uma polarização entre a defesa e a oposição das medidas de enfrentamento à pobreza pautadas na agenda neoliberal. A política de assistência social, nesse momento, passa a ser tema recorrente, sendo três vezes tema das publicações, nos números 77, 80, 87, e tendo pelo menos um artigo em cada revista. É nesse período também que cresce a participação de outros profissionais na publicação de trabalhos: sobre a temática pobreza foram 23 autores. Sobre as dimensões de análise no trato da pobreza podemos observar o Gráfico 4 a seguir:

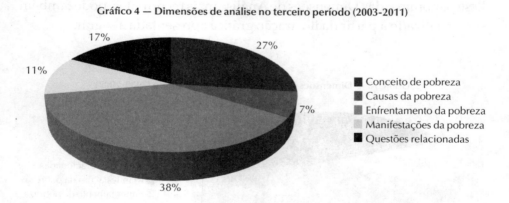

Gráfico 4 — Dimensões de análise no terceiro período (2003-2011)

Com o objetivo de comparar os três períodos, na tentativa de mapear áreas de interesse e preocupações profissionais em cada momento, buscamos relacioná-los às *dimensões de análise*. Os resultados obtidos (ver Gráfico 5) foram a prevalência das *dimensões* de "enfrentamento" e "conceito de pobreza". No segundo período, o trato da pobreza aparece de forma lateral — sendo que nele as discussões sobre o enfrentamento aparecem próximas às categorias *direitos sociais, políticas sociais* e os temas vinculam-se à CF 88, à Loas e também aos programas sociais *Leite Sarney*, as *propostas de renda mínima, Programa Comunidade Solidária* e *Programa Bolsa Escola*. No terceiro período as discussões sobre a pobreza aparecem vinculadas às análises do Suas e dos programas de transferência (Programa Bolsa Família, Benefício de Prestação Continuada), também aparecendo as formas "alternativas de enfrentamento" (empoderamento, formação de grupos e organização comunitária).

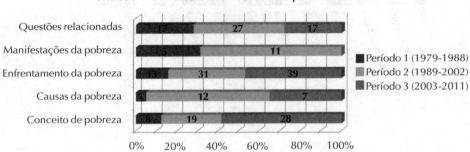

Gráfico 5 — Dimensões de análise em três períodos distintos

Trataremos mais detalhadamente as duas primeiras *dimensões de análise*: Conceito e Causas da Pobreza. Fizemos esse recorte por considerar que nessas *dimensões* explicitam-se as opções ético-política e teórico-metodológica, dos autores, na compreensão desse fenômeno. Entendemos que a leitura da pobreza incide nas propostas do seu enfrentamento. Assim, apresentaremos uma análise mais pormenorizada de 75 artigos. Neles analisamos as *perspectivas* teórico-metodológicas, as *categorias* e os *conteúdos*, identificando-os de acordo com os três períodos.

Em primeiro lugar, tentamos identificar as *categorias* de análise (ver Gráfico 6), entendendo por *categorias* termos que reúnem conceitos e conteúdos utilizados para explicar o fenômeno pobreza, suas causas, suas manifestações, expressões e consequências. Assim as definimos previamente: 1) classe; 2) exploração; 3) lutas/ação; 4) contradição; 5) pobreza/pauperização/discriminação; 6) cidadania; 7) direitos; 8) democracia; 9) povo/popular;

10) multiculturalismo; 11) subjetividade; 12) imagem; 13) signos/significante; 14) representações (ver Tabela 1 com dados absolutos à p. 285).

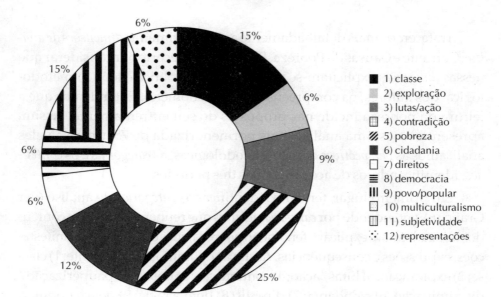

Assim as categorias mais trabalhadas no trato da pauperização foram: *pobreza, classe, exclusão, povo/popular* e *cidadania*. Sendo que no primeiro período as categorias mais importantes são: *pobreza* aparece que oito vezes; *classe* cinco; *povo/popular* cinco; *cidadania* quatro e *exploração* duas. Conforme ilustra o gráfico abaixo.

Já no segundo período as categorias que mais aparecem são: *pobreza* aparece 23 vezes; *classe* catorze; *contradição* treze; *cidadania* nove; *lutas/ações sociais* sete e *exploração* cinco. Como é possível visualizar no Gráfico 8 a seguir.

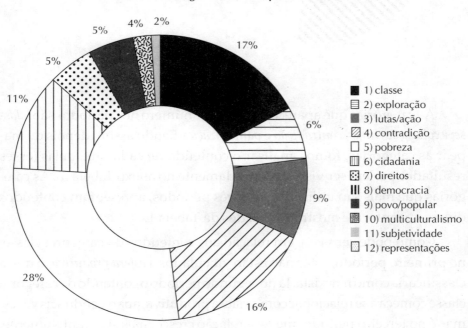

Gráfico 8 — Categorias de análise por Período (2)

Por fim, o terceiro período as categoriais mais presentes são: *pobreza* aparece 32 vezes; *classe* dezenove; *contradição* treze; *lutas/ações sociais* seis e *exploração* seis. Como é possível visualizar no Gráfico 9.

Gráfico 9 — Categorias de análise por Período (3)

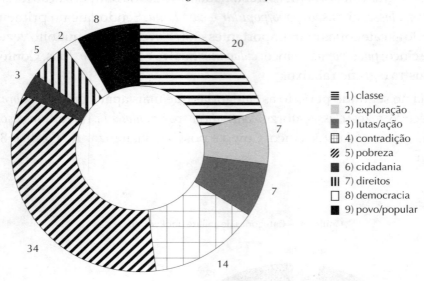

As categorias que aparecem em maior número nos períodos são: *classe*; *exploração*; *lutas*, *contradição* e *pauperização*. Sendo assim, depois de mapear as categorias, fomos analisar o conteúdo de cada uma delas (esses resultados podem ser vistos detalhadamente no anexo Tabela 3). As categorias que mais são utilizadas, nos três períodos, apresentam conteúdos diversos, conforme mostram os dados da Tabela 1.

Como pode ser visto, em relação aos conteúdos da categoria classe, no primeiro período, estes não estão vinculados à *esfera produtiva*, o que a classificaria como marxista. Já no segundo período o conteúdo da categoria classe começa a se relacionar com a esfera produtiva, aparecendo seis vezes, mas é no terceiro período que essa relação cresce mais substantivamente, aparecendo doze vezes. São, nos dois últimos períodos, que se torna possível identificar maiores usos de categoriais marxistas. Ainda que seja no terceiro período que começam a polarizar as opções teóricas e o uso de categorias com conteúdos opostos. Surge também a classe social relacionada ao conteúdo de *relação de poder*, que aparece seis vezes.

Tabela 1 — Conteúdo por categoria nos três períodos

CONTEÚDO POR CATEGORIA			
CONTEÚDO	PERÍODO 1	PERÍODO 2	PERÍODO 3
1. CLASSE SOCIAL			
1.1 na esfera produtiva	1	6	12
1.2. na esfera do mercado	1	3	0
1.3. nas funções sociais	2	0	0
1.4. diversas estratificações	0	1	1
1.5. como relação de poder (dominante/dominado; subalterno/hegemônico; populares/tradicionais)	3	4	6
1.9. não define/eclética	0	0	0
2. EXPLORAÇÃO			
2.1. de mais-valia	0	5	6
2.2. mercado/lucro	2	0	0
2.3. como dominação	0	0	0
2.9. não define/eclética	0	0	0
3. LUTAS/AÇÃO			
3.2. sociais	3	0	0
3.3. ação social	0	1	0
3.9. não define/eclética	0	0	0
4. CONTRADIÇÃO			
4.1. de classes	0	5	10
4.2. diversas (não de classe)	0	0	2
4.9. não define/eclética	0	0	0
5. POBREZA/PAUPERIZAÇÃO/DISCRIMINAÇÃO			
5.1. relação acumulação/pauperismo	0	6	7
5.2. absoluta	2	3	5
5.3. multidimensional	0	3	5
5.4. necessidade/carência	2	5	4
5.5. subalternidade	0	3	1
5.6. marginalidade	2	1	0
5.7. exclusão	2	15	7
5.8. risco/vulnerabilidade/territorial	0	1	8
5.9. não define/ecletica	1	2	2
5.10. a nova pobreza	0	2	1

A categoria contradição também aparece vinculada ao conteúdo *de classe* a partir do segundo período, sendo mencionadas cinco vezes, e no terceiro período esse número duplica, mostrando que a compreensão de contradição relacionada às classes sociais cresceu, aproximando a profissão a mais uma categoria de análise da tradição marxista.

A pobreza/pauperização e discriminação foi a categoria que mais apareceu, e é só no segundo e terceiro períodos que ela é associada ao conteúdo *relação acumulação/pauperismo*, aparece seis e sete vezes respectivamente. Contudo, essa compreensão é polarizada pelos conteúdos de *exclusão* que aparece no segundo período quinze vezes e no terceiro sete e o conteúdo da pobreza vinculada ao *risco* aparece oito vezes no terceiro período.

Por fim, tendo mapeadas as categorias e os conteúdos inerentes, analisamos as perspectivas teórico-metodológicas. No primeiro período é desnecessária a apresentação gráfica, visto que dos nove artigos oito seguem a perspectiva *eclética/indefinida* e um *outra* referência. Já o segundo período, a perspectiva indefinida e eclética aparecem vinte vezes; marxista aparece seis vezes; liberal um; pós-moderna e outras perspectivas duas vezes, conforme o Gráfico 10.

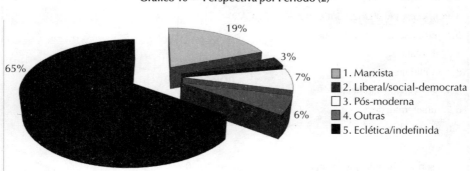

Gráfico 10 — Perspectiva por Período (2)

No Terceiro período a perspectiva indefinida e eclética aparece dez vezes; marxista aparece sete vezes; neoliberal três; pós-moderna seis vezes e outras perspectivas nove vezes, conforme o Gráfico 11.

Gráfico 11 — Perspectiva por Período (3)

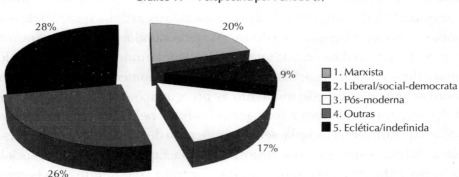

1. Marxista
2. Liberal/social-democrata
3. Pós-moderna
4. Outras
5. Eclética/indefinida

Diante do exposto, podemos entender que, no primeiro período, a perspectiva é fundamentalmente *indefinida ou eclética*, talvez resultado da imaturidade[15] na consolidação teórica (ver Netto, 1989). Diante dos dados obtidos, é possível dizer que essa perspectiva se mantém hegemônica em todos os períodos, aparecendo 8 vezes no primeiro período, 20 no segundo e 10 no terceiro.

Nos segundo e terceiro períodos começam aparecer perspectivas teóricas mais definidas. Destaca-se a perspectiva marxista que aparece 6 vezes no segundo período e 7 no terceiro. A pós-modernidade aparece mais expressivamente no último período, contabilizando 6 vezes.

Vale a ressalva que a perspectiva *indefinida ou eclética* não se refere à ausência de perspectiva, mas sim à confluência de autores e categorias

---

15. A aproximação do Serviço Social à tradição marxista apresentou três traços: exigências teóricas reduzidas; sendo para a categoria mais relevante as perspectivas prático-políticas e organizacional-partidárias do que as contribuições crítico-analíticas e, por fim, a aproximação não se deu nas fontes clássicas da tradição marxista, e sim por fontes discutíveis (Netto, 1989, p. 97).

diversas. Tirando essa perspectiva, o que se vê claramente no terceiro período é uma polarização entre marxismo e pós-modernidade, algo inédito, até então, no espaço da revista.

Os dados obtidos com a pesquisa das revistas, não confirmam as hipóteses dos períodos, tais quais foram propostas *a priori*, mas alguns resultados nos dão pistas importantes que indicam mudanças importantes nos períodos. O primeiro período apresenta menos artigos relacionados à pobreza, mas os artigos que analisam esse fenômeno apresentam-no numa perspectiva de análise, em sua totalidade, eclética e indefinida, motivo pelo qual inferimos que nesse momento a categoria começava a amadurecer teoricamente e que nesse momento as preocupações teóricas e políticas vinculavam-se mais com a formação e as lutas pelos direitos e políticas sociais de forma mais ampla, sem identificação de manifestações da questão social mais específico. As categorias que mais aparecem são classe social, pobreza, cidadania e o povo/popular. Contudo, o conteúdo dessas categorias mostra claramente uma perspectiva eclética e indefinida, ora estando a classe social vinculada aos conteúdos que a entendem na esfera de poder, dominante/dominado, subalterno/hegemônico e popular/tradicional e ora vinculado à função social, à profissão, ao pertencimento ou não às elites. A discussão da cidadania também está muito presente e seus conteúdos vinculam-se à evolução de direitos, tipicamente de influência marshalliana, sendo a categoria cidadania apresentada, muitas vezes, como o objetivo principal e final das lutas sociais. Essas lutas sociais também aparecem e seu conteúdo vincula-se a ideia de luta como ação, movimento social e política, não aparecendo em nenhum artigo analisado, a perspectiva de classe. A categoria povo e popular também aparece para designar as classes sociais e a lutas de classes, essa categoria vincula-se ao conteúdo de diferença ou contradição entre ricos e pobres. Assim, nos textos do primeiro período há uma forte incidência de Weber, da teoria sistêmica e da aspiração de aproximação com a tradição marxista.

No segundo período ampliam-se o uso de categorias como classe social, contradição, exploração e lutas. Assim como também aumenta o uso dos conteúdos que vinculam essas categorias à perspectiva marxista, mas é forte a concepção de pobreza como exclusão social e o convívio desse conteúdo com as mais distintas perspectivas, dentre elas a marxista. Começa a aparecer nesse segundo período uma polarização de opções teórico-metodológicas, e começam a aparecer textos claramente pós-modernos e marxistas, mas o ecletismo continua forte.

É no terceiro período que as categorias classe, exploração, lutas e contradição aparecem de forma substantiva, todas vinculadas a conteúdos cuja polarização é mais explícita e substantiva. Se no período anterior, depois da perspectiva eclética, aparecia o marxismo como maioria, nesse momento, a perspectiva eclética continua sendo maioria, mais o marxismo aparece 7 vezes, a perspectiva pós-moderna 6 e outras perspectivas 9 vezes, o que marca nessa publicação sobre a discussão da pobreza uma perda de hegemonia do marxismo.

Assim, ainda que não nos tenha sido possível averiguar o conjunto de determinações apresentadas nas hipóteses, é possível ver os primeiros sinais de uma polarização teórico-metodológica no interior do debate da categoria. Vale com isso, a ressalva de que nenhuma postura crítica sobre o enfrentamento da pobreza pode ser feita se não houver um embasamento crítico e radical (que vai à raiz do problema) de suas causas.

Conclusões

Vozes da seca*
Luiz Gonzaga

Seu doutô, os nordestino têm muita gratidão
pelo auxílio dos sulista nesta seca do sertão
**Mas doutô, uma esmola a um homem que é são,
ou lhe mata de vergonha ou vicia o cidadão.**

É por isso que pedimo proteção a vosmicê,
home pur nóis escolhido para as rédias do pudê
**Pois doutô, dos vinte Estado temos oito sem chovê.
Veja bem, quase a metade do Brasil tá sem cumê.**

Dê serviço ao nosso povo, encha os rio de barragem,
dê cumida a preço bom, não esqueça a açudage.
**Livre assim nóis da ismola, que no fim dessa estiage
lhe pagamo inté os juru sem gastar nossa corage.**

Se o doutô fizer assim salva o povo do sertão
Quando um dia a chuva vim, que riqueza pra nação!
**Nunca mais nóis pensa em seca, vai dá tudo nesse chão.
Como vê nosso distino, mercê tem nas vossa mãos.**

    Nossa tese sobre a "pobreza", numa perspectiva de totalidade, exigiu a consideração de diversas determinações, nuances ou questões atreladas ao debate sobre o tema e suas formas de enfrentamento: os fundamentos do MPC e as determinações da sua fase imperialista/monopolista; as particularidades da industrialização no Brasil, assim como sua posição no concerto do capitalismo mundial; perspectivas teórico-metodológicas —

---

* Disponível em: <http://letras.mus.br/luiz-gonzaga/47103/#>. Acesso em: jun. 2011.

liberal, marxista, pós-moderna —, que embasam as abordagens dos autores para sua compreensão sobre a pobreza no interior da complexidade de suas obras; as questões que configuram "equívocos" nessa discussão, ligadas a debates tão complexos como disfunção, risco, território, assim como subalternidade, exclusão social, povo, cidadania etc.

Todas estas questões são "determinações" que precisamos apresentar (num caminho de análise) para superar o plano do imediato, do aparente, atingindo a essência do fenômeno (da pobreza) e do debate em torno dele. Sabemos que o tratamento de cada uma destas questões mereceria uma discussão mais aprofundada, impossível de ser desenvolvida neste espaço. Mesmo assim, a apresentação dessas questões, enquanto "determinações" do nosso objeto, a pobreza no MPC e seu debate no Serviço Social brasileiro, foram fundamentais para garantir uma análise crítica que, inspirada no método dialético-marxista, permitisse (no caminho de síntese) a reprodução teórica do real concreto, saturado de determinações, numa perspectiva de totalidade.

Nesta perspectiva, nosso percurso começou com as determinações estruturais do Modo de Produção Capitalista (MPC) que fundam o fenômeno do pauperismo: a contradição capital-trabalho, sustentada na exploração pelo capitalista da mais-valia produzida pelo trabalhador, determinando a dialética acumulação/pauperização; a análise nos mostrou que no capitalismo a pobreza não é resultado do subdesenvolvimento, mas um processo ligado ao seu próprio desenvolvimento. Essa análise se consolida no chão histórico do Brasil contemporâneo, país inserido perifericamente no capitalismo mundial, num processo de industrialização que manteve a base oligárquica e sua posição dependente, caracterizando um dos países mais desiguais do mundo, e promovendo com seu próprio desenvolvimento não apenas "pauperização relativa", mas levando amplíssimos setores populacionais ao "empobrecimento absoluto". Com estas determinações históricas — estruturais (do MPC na sua fase imperialista/monopolista) e concretas (no capitalismo Brasileiro) — avaliamos, a partir da bibliografia pertinente, as formas de resposta à "questão social" no Brasil, assumindo um caráter assistencialista, que separa o trabalhador do "pobre", tratando-os de forma distinta.

O percurso continuou no estudo das formas com que, desde diversas perspectivas, os autores conceituam a questão da pobreza. Na *corrente li-*

beral apresentamos as análises de *Smith, Keynes* e *Hayek*, como representantes de três tendências desta corrente de pensamento. Nela, o denominador comum é a visão da pobreza como um processo que tem como pano de fundo o fracasso do indivíduo no mercado ou na produção: o rico o é porque conseguiu produzir mais do que necessita, ou porque teve sucesso no mercado; já o pobre não conseguiu estas proezas ou até malgasta seus bens. Nesta corrente, com toda a sua diversidade interna, o tratamento da pobreza deve ser feito necessariamente *sem tocar a propriedade privada, a riqueza, os fundamentos da acumulação.*

A *perspectiva pós-moderna* é abordada através das considerações do autor com maior prestígio no Brasil, *Boaventura de Sousa Santos*. Pelas características desta perspectiva, a pobreza é vista como uma questão multidimensional onde a subjetividade aparece como fator preponderante, assumindo as diversas formas em que se manifesta a "exclusão". O pressuposto aqui é a identificação das formas de manifestação da pobreza (suas consequências) como sendo suas causas. Vimos que há o aspecto positivo de perceber a multidimensionalidade com que a pobreza se manifestas, realmente atingindo de forma extremamente diversificada os diferentes sujeitos, mas, em consequência, as verdadeiras causas da pobreza, seus fundamentos, os fatores que no capitalismo a determinam, são ignorados. Aqui, dada a compreensão multidimensional da pobreza (na verdade das formas em que ela se manifesta) e a heterogeneidade em que esta se apresenta para cada sujeito, qualquer forma de enfrentamento *universal* e *centralizado* é rejeitada, promovendo-se ações pontuais, heterogêneas, localizadas e variadas de enfrentamento: empoderamento, solidarismo, voluntarismo, ações de indivíduos ou grupos na sociedade civil etc.

Foram abordadas também outras perspectivas e análises de autores não inseridos expressamente nestas tradições, desde as propostas de instituições de prestígio mundial, como a *Igreja Católica* e o *Banco Mundial*, passando por atores de forte influência política, como *Anthony Gidden* (assessor do então Primeiro Ministro inglês Tony Blair, com quem criaram a chamada "terceira via"), economistas premiados como "protetores dos pobres", como *Amartya Sen* e *Deepa Narayan*, e finalmente intelectuais de prestígio acadêmico como *Robert Castel*. As visões sobre a pobreza são as mais diversas; suas propostas de enfrentamento também. Desde a naturalização da pobreza presente na Encíclica *Rerum Novarum*, onde o trabalhador deve aceitar sua condição e laboriosamente trabalhar para o capital, que por sua vez deve melhor cuidar do seu empregado; à noção de que a pobreza como desfiliação e exclusão sociais, como a concebe Castel; passando pela concepção da pobreza como produto do subdesenvolvimento (social ou individual), podendo ser combatida pelas oportunidades do microcrédito, como propõem Sen e Yunus (casualmente dono do banco que promove esta ação... tão lucrativa... para seu dono!), ou até, a pobreza como uma questão de poder, cujo enfrentamento passa pelo processo chamado de "empoderamento" dos pobres, como também sugere Sen e Sousa Santos, e coincidentemente também promovido pelo Banco Mundial, que visa desresponsabilizar o Estado, diminuindo o déficit fiscal (aumentando o superávit primário, tão necessário para o pagamento dos juros) e promover, como o "empoderamento" o maior e melhor uso dos *recursos (materiais, organizacionais e humanos) comunitários.*

Finalmente, tratamos da perspectiva inscrita na *tradição marxista*, particularmente na obra marxiana, onde se expõe a "Lei Geral da Acumulação Capitalista", perspectiva que assumimos nesta tese para compreender os fundamentos do processo pauperização/acumulação. Nesta tradição encontramos os aspectos estruturais e dinâmicos que, no MPC, determinam a pobreza. Não como uma questão natural, ou da natureza de alguns homens; não como um problema de subdesenvolvimento, de insuficiente crescimento ou de uma fase de crise; mas como um processo derivado do próprio desenvolvimento das forças produtivas, que no capitalismo fundam a dialética pobreza/riqueza, ou pauperização/acumulação. Esta lei, é claro, não dá conta de todas as formas de manifestação deste fenômeno, e nem tem por objetivo mostrar a diversidade de processos dela derivados e em que a pobreza se expressa. Se estas formas variadas e multifacetadas de manifestação são importantes para a melhor compreensão da pobreza (enriquecendo de determinações nas suas formas de expressão) e para a intervenção adequada a tal heterogeneidade, o claro entendimento dos fundamentos que a explicam é fator central.

Com estas perspectivas sobre a pobreza, seus acertos e seus erros, continuamos o caminho visando identificar particularmente tais erros. Empreendemos um estudo sobre os principais *equívocos* que existem sobre a pobreza, a partir de visões da mesma: assim, a visão *"darwinista"* (que *naturaliza* a pobreza, a que, sendo "inevitável" pode ser enfrentada com ações de boa vontade, solidariedade, ações moralizantes ou até controle de natalidade); a visão da pobreza como *"dis-função"* (na *autorresponsabilização* e *culpabilização* do indivíduo por sua condição, representando uma anomalia do harmônico e normal funcionamento do sistema, para o qual se requer de refuncionalização, de "cura"); a visão *"empirista"* (que *reduz* a pobreza à mera "pobreza absoluta", desconsiderando o processo de "pauperização relativa", e promovendo ações de combate à miséria e à fome); a visão *"paternalista"* (malthusseanamente concebe a pobreza como um *efeito da assistência social*, do Estado paternalista, que estimula a apatia e conformismo dos sujeitos, que esperam pelas ações estatais no lugar de buscar resolver seus problemas com seus próprios meios; empoderamento, autoajuda, são formas de enfrentamento da questão aqui); a visão *"desenvolvimentista"* (que concebe a pobreza como resultado de uma *fase* de desenvolvimento, ou como *"distorção"* do sistema capitalista, passível de solução mediante estímulo ao crescimento, o consumo, via crédito, financiamento público etc.; o remédio aqui é o próprio desenvolvimento capitalista); a noção de *"nova pobreza"* (onde de forma semelhante à ideia de "nova questão social", se vê a pobreza contemporânea como diferente da anterior, não nas suas formas de manifestação, mas nas suas causas, retirando assim da "nova pobreza" os fundamentos do MPC); a visão *"territorial"* / *"grupal"* (que concebe a pobreza como *risco* ou *exclusão social* ligados às características locais ou grupais, e onde o enfrentamento passa pelas mudanças dessas características) e, finalmente, a visão *"multidimensional"* da pobreza (onde ao mostrar a diversidade de formas que assume a pobreza, confunde causas com consequências).

Nosso percurso se completa, nesta fase, ao chegar — após uma breve reflexão sobre os fundamentos do Serviço Social e sua vinculação genética com a "questão social", ou melhor, com suas refrações, como um sujeito vinculado a uma forma particular de intervenção nelas, pelas políticas sociais estatais — ao estudo das formas com que se debate a pobreza e seu enfrentamento no Serviço Social. O fizemos num duplo caminho. Primeiro considerando a bibliografia produzida no âmbito da profissão, onde a pobreza é tratada por autores como, ou vinculada a, conceitos como "subalternidade", "carência", "exclusão", "popular", "risco social", "cidadania" ("invertida", ou "não cidadania"), e finalmente os autores que a consideram a partir da lei geral da acumulação capitalista. Em segundo lugar, analisamos os artigos que tratam da questão da pobreza na Revista *Serviço Social & Sociedade* (da Cortez Editora).

Nossos estudos e reflexões, neste processo, nos levaram a levantar, mesmo que de forma inicial e tendencial, os seguintes pontos a modo de conclusões:

- **O *ecletismo* teórico como principal perspectiva de análise da pobreza: *fragilidade teórica e flexibilidade política*.** Primeiramente, a análise, tanto bibliográfica como dos artigos das revistas, apresenta-nos uma forte presença de perspectivas *indefinidas* ou *ecléticas* no tratamento da pobreza. Mediante a "conciliação" de perspectivas diversas (liberais, marxistas, pós-modernas etc.), articulando categorias desconectadas das correntes de pensamento que as fundam, ou mediante a "indefinição" das perspectivas de análise, processa-se boa parte do debate. A pobreza é assim fundamentalmente tratada e analisada sem promover um real debate de perspectivas e visões de mundo.

Esta tendência marcante nos estudos profissionais sobre o tema resulta numa incômoda e problemática ausência de debate, de polêmica. Como se, ao falar de "pobreza", todas as reflexões fossem igualmente consideradas no entendimento do fenômeno. O ecletismo ou a indiferenciação de perspectivas derivam, por um lado, no esvaziamento de debate, e com ele, a falta de rigor conceitual para o tratamento do tema em questão.

Por outro lado, esse tratamento eclético ou indiferenciado incide no compromisso ético-político do profissional no enfrentamento da questão. Efetivamente, se a perspectiva teórico-metodológica envolve categorias de análise e valores, a eclética conciliação ou a indefinição delas leva a um esvaziamento categorial e de valores. Tal esvaziamento categorial/valorativo acaba promovendo a equiparação de qualquer ação sobre a pobreza como válida: a promoção de cidadania, a inclusão social, o "empoderamento", por exemplo, acabam tendo peso e importância igual às políticas sociais universais. Esta constatação tendencial sobre o debate do Serviço Social que trata a categoria pobreza nos orienta na resposta sobre a nossa primeira hipótese de trabalho, onde propúnhamos que: "a superficialidade e ecletismo da compreensão teórica sobre pobreza incide sobre o compromisso político com seu enfrentamento".

Contudo, devemos considerar que o ecletismo não deve ser reduzido à mera ausência de rigor teórico, ou desconhecimento das matrizes e fundamentos das ciências sociais, mas uma opção, mesmo que nem sempre feita de forma consciente. Assim como se elege fontes teórico-metodológicas também se escolhe pela indefinição e ecletismo. As incessantes investidas da burguesia pelo empobrecimento da razão e as estratégias de manutenção da hegemonia, faz com que todas as formas mistificadas de leitura da realidade a ela representem uma conquista. O ecletismo, então, se configura como uma importante tática. Esses elementos explicitam como no serviço social, assim como nas diferentes ciências, há disputas ideológicas. E o ecletismo mesmo se configurando como "neutro" cumpre uma função em tais disputas.

- **A reflexão teórica do Serviço Social sobre a pobreza através dos períodos:** *diferentes compromissos políticos, diversas análises*. A segunda hipótese que levantamos para este trabalho remete à consideração de que: "em função do compromisso político, define-se ou altera-se a compreensão teórica sobre a pobreza". Podemos claramente interpretar que o compromisso político, da categoria profissional no seu conjunto, ou do profissional individualmente, ganha sustentabilidade histórica a partir das opções que o sujeito faz em contextos históricos determinados. Para tanto conceituamos três períodos: 1) o período da *Reinstitucionalização Democrática*, que vai de 1979 a 1988; 2) o período da *Hegemonia Neoliberal "da direita"*, que vai de 1989 a 2002; 3) o período da *Continuidade Neoliberal da "esquerda governista"*, que tem início em 2003, com o triunfo do governo Lula.

Podemos constatar, no espaço dos artigos das revistas, que no *primeiro período* o Serviço Social se engajou fortemente nas lutas democratizadoras, estabelecendo compromissos ético-políticos com estes processos. Aqui, no que tange ao tratamento da pobreza e às formas de enfrentamento, o debate marca o início de um ainda pouco desenvolvido e expressivo pensamento crítico, naquilo que Netto chamou da "consolidação acadêmica" e do "espraiamento" na categoria da perspectiva de "intensão de ruptura" (Netto, 1991, p. 261 e ss.). Os dados sobre os artigos na revista mostram um forte ecletismo e indefinição de perspectivas de análise. No *segundo período*, os compromissos com a CF 88, com a LOAS e com as lutas antineoliberais, põem outros valores no cenário profissional, o que mostra um *maior amadurecimento* conceitual no estudo da pobreza; aparecendo com alguma presença maior análises sustentadas explicitamente em perspectivas teórico-metodológicas, sendo que o debate começa a surgir de forma mais ostensiva. A polarização social, não obstante, entre neoliberais e antineoliberais, não tem forte eco na categoria, constituída fundamentalmente por antineoliberais. O *terceiro período* pode ser o da consolidação da polêmica, ou melhor, do enfrentamento entre governistas e não governistas, instaurando-se uma polarização entre favoráveis e contrários ao governo Lula. Tal polarização é visível na medida em que é nesse período onde aparecem como maior visibilidade e explicitação as perspectivas de análise claras nos artigos, do ponto de vista conceitual da pobreza e seu enfrentamento. A polarização se expressa claramente entre as perspectivas marxista e pós-moderna. A primeira, concebendo a articulação dialética entre pobreza e riqueza, acaba questionando as medidas de "combate à fome e à pobreza" que não visem minimamente um processo de redistribuição de renda, impactando em alguma medida na enorme desigualdade existente no Brasil; com isto, questiona-se o próprio governo Lula cujo programa central de assistência (o Bolsa Família) é focalizado e compensatório. A segunda perspectiva, pós-moderna, na visão "multidimensional" e "subjetivista" da pobreza, aceita as ações focais do governo, complementadas com as ações empresariais e da sociedade civil ("organizações-públicas-não estatais"), descentralizadas e locais, como o "empoderamento", as "ações afirmativas" etc.

- A *indiferenciação* ou *identificação* entre *causas* e *consequências* da pobreza: *a riqueza na determinação das manifestações e a pobreza no estudo das causas*. Outra constatação tendencial na nossa pesquisa, acerca do debate na profissão sobre a questão da pobreza, remete a uma indiferenciação, ou até identificação entre causas e consequências da pobreza, ou do que é fundante e o que é manifestação dela.

O debate profissional enriquece enormemente de determinações a questão da pobreza mediante a sua vinculação com os diversos conceitos relacionados — "subalternidade", "exclusão social", "carência", "povo", "cidadania", "risco social" e "vulnerabilidade" —, ou com as dimensões dela — cultural, subjetiva, política, além de econômica. Com isto, a compreensão das formas de manifestação da pobreza, em contextos e culturas diferentes, é mais rica e saturada de determinações diversas. Porém, ao não diferenciar as *causas* das *consequências*, os *fundamentos* das *manifestações*, acabam-se hipotecando as possibilidades de desvendar suas causas ou fundamentos.

Sempre que a discussão sobre a pobreza, por maiores as determinações sobre suas formas de manifestação, não se sustentar na consideração da sua gênese e fundamentos ancorada da "Lei Geral da Acumulação Capitalista", acaba-se incorrendo em reducionismos e/ou limites para a sua concepção crítica.

Na verdade, há que se diferenciar o que constitui o *fundamento* da pobreza (e da correlata acumulação) das suas formas de *manifestação* e *desdobramentos*. O *fundamento* deste fenômeno centra-se na "questão social", como a contradição capital-trabalho; as *manifestações* é que são tão diversas, assumindo formas variadas em contextos e em grupos distintos.

Se conceber a pobreza apenas como a "privação material" constitui um reducionismo, também o é a equalização dos fundamentos (na contradição capital-trabalho) com as manifestações, ou escamotear o primeiro em função das segundas. Na verdade, a pobreza tem manifestações e desdobramentos multidimensionais, mas sua causa, no MPC, é estrutural, derivada, como já observamos, da Lei de Acumulação Capitalista, das contradições e lutas de classes.

Assim, apesar da *riqueza* com que se tratam as formas de *manifestação* da pobreza, as análises são *pobres* ao conceber os *fundamentos*, as *causas* da gênese da mesma no MPC.

- **A *contradição* como categoria central e a *Lei Geral da Acumulação Capitalista* na conceituação da gênese da dialética *pauperização/acumu-***

lação. Outro aspecto relevante no nosso estudo constitui-se do fato de o debate do Serviço Social muitas vezes tratar a pobreza como um processo sem *contradição*.

Como já apontamos, a pobreza nem sempre é caracterizada, no debate profissional, como um processo estrutural, particularizado pelas relações e contradições determinadas no Modo de Produção Capitalista (MPC). Tem sido frequente a desvinculação deste processo, a contradição capital-trabalho, dos fundamentos da "questão social" (por exemplo, ao tratar da "multidimensionalidade", da "nova pobreza", ou até dos "riscos" e "vulnerabilidades"), não como fundadas na Lei Geral da Acumulação Capitalista.

Mesmo apresentando a pobreza vinculada a conceitos que a colocam como *um lado de uma dada relação social contraditória* — necessidade/abundância, carência/riqueza, subalterno/hegemônico, povo/elite, cidadão/não cidadão, incluído/excluído —, quando tal relação não é entendida a partir da *contradição fundante* do MPC entre capital e trabalho, esta acaba por ser esvaziada de suas determinações genéticas. No capitalismo, esses processos não podem ser compreendidos criticamente senão como *desdobramentos*, com suas *particularidades* (nas formas de desigualdade, nos sujeitos que envolve, na correlação de forças, no tipo de relação que estabelece) de tal contradição capital-trabalho.

Retomar, *com toda a força e rigor conceitual*, a Lei Geral da Acumulação Capitalista, compreendendo as determinações estruturais do MPC, a contradição capital-trabalho, a centralidade da exploração, torna-se um desafio fundamental para o debate do Serviço Social compreender claramente a gênese da pobreza, a dialética acumulação/pauperização, com tanta riqueza como se compreende as suas manifestações, permitindo assim o claro entendimento dos limites e possibilidades do exercício profissional nas sequelas da "questão social".

- **A *prática profissional*: *limites e possibilidades* na intervenção sobre a pobreza**. A discussão da pobreza a partir da "Lei Geral" apresenta tensões entre os limites e as potencialidades do Serviço Social. Ora o debate direciona-se numa perspectiva "fatalista", aceitando resignadamente a "impossibilidade de transformar os fundamentos da pobreza" mediante a intervenção profissional, e derivando no imobilismo profissional; ora os discursos assumem um viés "messiânico" ou "voluntarista", sobredimensionando os "efeitos transformadores" da prática profissional, desde que sustentada na opção profissional pelos pobres, os subalternos, os excluídos.[1]

Na verdade, fatalismo e messianismo pecam pelo excesso das suas posturas. É real que é impossível transformar os fundamentos da sociedade capitalista mediante a prática de uma profissão; mas esta acertada visão torna-se fatalista quando as estruturas são hiperdimensionadas e congeladas, subsumindo os sujeitos a meros suportes das estruturas, atribuindo ao sujeito o sentido de "sujeição", e derivando no conformismo e apatia: "se não podemos transformar a realidade, então para que vamos intervir nela?". Também é verdade que a ação profissional, se orientada por uma perspectiva crítica, por valores progressistas/libertários, pode levar a um protagonismo mais forte, na intervenção profissional, no caminho dos direitos sociais e nas melhoras nas condições de vida de setores da população; mas esta relação entre o envolvimento do profissional com tais perspectivas teóricas e ético-políticas se torna messiânica quando se hiperdimensiona o papel do sujeito, não visto como condicionado pelas estruturas sociais; o sujeito, agora, é visto no sentido de "protagonista", derivando no voluntarismo, na ideia de que é a vontade do sujeito que determina o sentido da sua prática: "se é de histórias de que se trata, então a história é feita por sujeitos".

Netto já afirmou que,

> nenhuma ação profissional (...) suprimirá a pobreza e a desigualdade na ordem do capital. Mas seus *níveis* e *padrões* podem variar, e esta variação é absolutamente significativa — *e sobre ela pode incidir a ação profissional, incidência que porta as possibilidades da intervenção que justifica e legitima o Serviço Social* (2007, p. 166).

Neste sentido torna-se imprescindível conhecer os *limites* da ação profissional (a impossibilidade de suprimir a pobreza) e suas *potencialidades* (a possibilidade de incidir em seus níveis e padrões). Reconhecer os *limites* reais da intervenção profissional na transformação social que elimine os fundamentos da pobreza é o primeiro passo para superar o messia-

---

1. Sobre "fatalismo" e "messianismo" no Serviço Social, ver Iamamoto (1992, p. 113 e ss.).

nismo, que acreditam que basta o compromisso profissional com o pobre, com o subalterno, com o excluído, para garantir uma "prática profissional transformadora". Por outro lado, qualificar e politizar a intervenção profissional, concebendo claramente os fundamentos da "questão social", da dialética acumulação/pobreza, produzidos pela Lei Geral da Acumulação Capitalista, é a base para contribuir com a melhora das condições de vida da população que, sem alterar os fundamentos do MPC que criam e recriam a pobreza, não obstante presta serviços que no imediato podem melhorar as condições de vida dos sujeitos e representar garantia de conquistas desses setores.

Sendo assim, a prática profissional é saturada de tensões e contradições: ela certamente contribui com a reprodução da ordem e das relações sociais burguesas, mas paralelamente pode também, e contraditoriamente, contribuir com a melhoria das condições de vida da população (impactando particularmente na "pobreza absoluta"), com a garantia de direitos, e até — a depender da orientação das políticas nas quais se insere, do eventual grau de impacto nos níveis de acumulação, dos sistemas tributários e de redistribuição de renda — com uma certa diminuição da desigualdade social (impactando também na "pobreza relativa").

Se é importante a ação profissional/institucional que impacte nas formas de *expressão* da pobreza, na sua extensão e na sua intensidade, melhorando condições de vida de certos sujeitos, com isto não se deve imaginar que essas ações possam resolver as *causas* da pobreza — ela será certamente reforçada.

Não cabe em nossas ilusões a esperança de a Política Social ser capaz de eliminar a pobreza. Alguns países centrais, que experimentaram uma rede de proteção sólida, uma política de "Bem-estar Social", ou próxima disso, conseguiram eliminar a *pobreza absoluta*, mas jamais o empobrecimento em relação à riqueza acumulada. A riqueza é, portanto a outra face da mesma acumulação do capital, portanto a pobreza absoluta pode ser remediada, controlada, mas a *pobreza relativa* nesse modelo jamais superada. Longe do fatalismo, podemos concluir que a Política Social de qualidade, universal, bandeira de luta dos setores progressistas do Serviço Social, *não é um fim*, mas um dos meios para a construção de outra sociabilidade.

- **O debate sobre as formas de combate à pobreza**. O debate profissional sobre as formas de enfrentamento da pobreza tem se polarizado, especialmente no "terceiro período", entre uma concepção que defende que o enfrentamento da pobreza deve necessariamente impactar a acumulação, e outra que concebe a intervenção sobre a pobreza, de forma focalizada, sem envolver ações ou políticas que afetem o processo de acumulação. Assim, o debate tem se orientado na polêmica entorno destas duas relações:

a) *relação pobreza/acumulação*: ora como uma relação dialética e mutuamente vinculada, ora como dois processos autônomos e dissociados;

b) *relação política social/pobreza-acumulação*: ora entendendo que o combate à pobreza deve impactar a acumulação, ora pensando em formas focalizadas de enfrentamento à pobreza.

- **O Serviço Social, a população pobre e a categoria pobreza**. Segundo constatamos, muito tem se falado, no debate profissional, sobre a "relação natural" ou a "opção política" do Serviço Social (e dos assistentes sociais) com as populações pobres.[2] Geralmente, em ambos os casos, tais afirmativas tem derivado no "messianismo" e no "voluntarismo", por entender que é da natureza da profissão servir/ajudar os humildes, ou que a opção pelos setores subalternos e dominados seria suficiente para imprimir à prática profissional um sentido transformador.

Ora, o compromisso do Serviço Social (e do assistente social) com os valores voltados para a emancipação política e humana não são irrelevantes. Muito pelo contrário, eles são fundamentais numa profissão como a

---

2. A *naturalização* da relação da profissão com os setores empobrecidos e dominados apresenta-se já na Reconceituação na formulação do Serviço Social como "Agente de Transformação", e é reformulada por diversos profissionais: "O Trabalho Social ocupa um lugar *natural* ao lado das classes que lutam e consagram conquistas sociais" (Raquel Cortinas); "o trabalho social *tem como missão* buscar a integração social e moral do indivíduo à sociedade para seu próprio bem" (Enrique Di Carlo) (apud Montaño, 2006, p. 146). O *voluntarismo* como opção do profissional também aparece em formulações como: a "opção" de profissionais por um "vínculo orgânico com as classes oprimidas" (Ammann, 2008, p. 11), a "opção do profissional pela transformação da sociedade" (Barbosa Lima, 1983, p. 55), a "prática vinculada às lutas e interesses das classes populares" (Silva, 1995, p. 89).

do Serviço Social. Porém, primeiramente, ele não é da *natureza* da profissão — a naturalização do "compromisso profissional com os pobres" acaba escondendo o real significado e papel social da profissão, criando uma imagem mistificada de "serviço" que ignora a funcionalidade da profissão com a reprodução da ordem e das relações sociais. Em segundo lugar, se a opção (individual e coletiva) por esses valores, e a construção de um "projeto ético-político" profissional a partir dos mesmos, é fundamental, eles não são em absoluto suficientes para determinar o papel da intervenção profissional no sentido de favorecer os setores dominados e subalternos. A prática profissional é tensa e contraditória.

Assim, como já apontamos, o assistente social não atua apenas junto à população pobre, *não é um "profissional da pobreza"*. Na verdade ele intervém, a partir das políticas sociais institucionais, nas manifestações da "questão social", fundadas na contradição capital-trabalho. Ele intervém, portanto, nas refrações do processo dialético pauperização/acumulação, próprio do MPC. Neste sentido, podemos concluir que o assistente social *não atua apenas com o "pobre"*, mas na sua intervenção se depara com os fenômenos derivados da *relação pobreza/acumulação*.

O que temos observado, na nossa análise, é que muitas vezes a própria categoria "pobreza", tal como acontece com o "pobre", tem sido abandonada no debate profissional, ou deixada em segundo plano. Ora por ser concebida como um conceito empírico ou intuitivo: *a categoria pobreza não faria jus ao rigor teórico necessário para pensar o social*. Ora por ser considerada uma denominação estigmatizadora: *falar de pobre e de pobreza seria preconceituoso e condenador*. Por um motivo ou por outro, o fato é que a categoria pobreza tem saído de cena no debate profissional, sendo substituída por, ou compreendida a partir de outros conceitos: carência, subalternidade, popular, cidadania-invertida, população de risco, vulnerabilidade, excluído etc. Tal substituição faz com que a *dialética acumulação/pauperização* (como particularidade do MPC) deixe de ser percebida e ceda seu lugar às suas formas de manifestação, às suas sequelas: dominação/subalternidade, abundância/carência, elite/povo, integrado/excluído etc.

No pensamento de Marx (1980, cap. XXIII), ao estudar o capital, o conceito de *pobreza* (que é rigorosamente igual ao de *pauperização*) não substitui o de *trabalhador*, mas dele também não é antagônico. Trabalho e pobreza não são, em Marx, duas categorias idênticas, nem dois conceitos dissociados. Marx não trata só de uma categoria (trabalho) descartando a outra (pauperização); também não separa o trabalhador do pobre.

Para Marx, a pobreza (pauperização) é um fenômeno, no MPC, ligado ao próprio processo de produção, às relações de produção. A pobreza não é, no capitalismo, produto da carência, da escassez, como em sociedade pré-capitalistas, mas o resultado da *exploração* de força de trabalho pelo capital. É mediante esta relação entre capital (donos dos meios de produção) e trabalho (meros proprietários de força de trabalho), consubstanciada pela Lei Geral da Acumulação Capitalista, que parte da riqueza produzida pelo trabalhador (mais-valia) é apropriada (explorada) pelo capital. Neste processo, conforme Marx, se funda a *"pauperização absoluta"* (a força de trabalho expulsa do processo produtivo, a população sobrante, excedente às necessidades imediatas do capital) e a *"pauperização relativa"* (o assalariado que, mesmo considerando um significativo poder aquisitivo do seu salário, é submetido a um processo de empobrecimento *em relação* à riqueza por ele produzida, ampliando a mais-valia explorada, ampliando a diferença entre a parcela da riqueza que ele recebe e a que o capital se apropria, ampliando o fosso entre ele e seu patrão).

Marx não entende a *acumulação capitalista* sem considerá-la na sua relação com a pauperização. Ele também não concebe a *pauperização* sem vê-la como um efeito da acumulação de capital. Ambas são, para Marx, dois lados de um mesmo e único processo, fundado na exploração da força de trabalho pelo capital.

Assim, a *pobreza*, categoria em geral não assumida como questão central ou desprestigiada no debate profissional, *não é irrelevante*; nem no estudo dos fundamentos da sociedade comandada pelo capital, nem no estudo das sequelas da "questão social" e suas formas de expressão.

A presente tese se propõe, no fundo, a contribuir para *recolocar a categoria "pobreza" no seu devido lugar*, no debate profissional, tanto para a análise e compreensão dos determinantes estruturais do MPC, como para o estudo das variadas formas que assume na diversidade de situações com que o profissional se depara no seu quotidiano. A "pobreza" aqui não é mais vista como um fenômeno isolado, autocompreendido a partir do comportamento/condição dos pobres, nem como uma categoria sem importância ou rigor conceitual.

Procuramos, assim, repor esta categoria tão cara ao Serviço Social, sem naturalizações, sem messianismos, sem atender apenas às manifestações ignorando as causas do fenômeno, sem pulverizar a pobreza nas suas diversas formas de expressão, desconsiderando seu fundamento comum. Ou seja, repor a categoria "pobreza" no debate do Serviço Social considerando:

a) a *"pobreza"* com um fenômeno que na sociedade capitalista existe e se determina na sua *relação dialética com a acumulação;*

b) a *"pobreza"* como um fenômeno que, tendo este gênese comum, se manifesta numa variedade e heterogeneidade de formas, atingindo diferentemente populações e sujeitos, em realidades singulares, com as quais se defronta, na sua prática profissional, o assistente social;

c) o enfrentamento à *"pobreza"* embasando o conjunto de valores que orientam a prática profissional, porém não num compromisso natural ou até moral, mas no posicionamento ético-político situado na dialética pobreza/acumulação. Este enfrentamento, portanto, exige duas atribuições do profissional: primeiramente, *a clara compreensão teórica da categoria pobreza*, na sua relação dialética com a acumulação (causas e fundamentos) e o conhecimento da diversidade e heterogeneidade nas suas formas de manifestação (consequências); e em segundo lugar, exige *o posicionamento ético-político do profissional*, que não ignore os limites da intervenção profissional (em relação às suas causas), e sem desconhecer também as possibilidades da sua ação (nas expressões que ela assume).

Esperamos com nossa tese poder contribuir com a retomada desta categoria tão central (no estudo do capitalismo e na prática profissional), retirando dela a condição de "subalternidade teórica", e posicionando-a como uma categoria necessária no debate profissional.

Referências bibliográficas

ABRAMIDES, Beatriz; CABRAL, Socorro Reis. *O novo sindicalismo e o Serviço Social*. São Paulo: Cortez, 1995.

ABREU, Marina Maciel. *Serviço Social e a organização da cultura*: perfis da prática profissional. São Paulo: Cortez, 2002.

AMMANN, Safira Bezerra. *Movimento Popular de Bairro*: de frente para o Estado, em busca do Parlamento. São Paulo: Cortez, 2008.

ANDERSON, Perry. Balanço do neoliberalismo. In: SADER, Emir; GENTILI, Pablo (Orgs.). *Pós-neoliberalismo*: as políticas sociais e o Estado democrático. Rio de Janeiro: Paz e Terra, 1995.

_____. *As origens da pós-modernidade*. Rio de Janeiro: Zahar, 1999.

ANDRADE, Regis de Castro. Política e pobreza no Brasil. *Lua Nova*, São Paulo, n. 19, 1989.

ANTUNES, Ricardo. *Outubro*, revista do Instituto de Estudos Socialistas, São Paulo, n. 3, 1999.

ARREGUI, Carola C.; WANDERLEY, Mariangela B. A vulnerabilidade social é atributo da pobreza? *Serviço Social & Sociedade*, São Paulo, Cortez, n. 97, 2009.

BANCO MUNDIAL. *Relatório sobre o desenvolvimento mundial*. Washington: Banco Mundial, 1990, 2000 e 2002.

_____. *Globalização, crescimento e pobreza*. Washington: Banco Mundial, 2003.

BARBOSA LIMA, Sandra A. *Participação social no cotidiano*. São Paulo: Cortez, 1983.

BARROCO, Maria Lúcia Silva. Fundamentos éticos do Serviço Social. In: VV.AA. *Serviço Social*: direitos sociais e competências profissionais. Brasília: CFESS/Abepss, 2009.

BEHRING, Elaine. *Política social no capitalismo tardio*. São Paulo: Cortez, 1998.

BEHRING, Elaine. *Brasil em contrarreforma*. São Paulo: Cortez, 2003.

_____. *Balanço crítico do SUAS e o trabalho do assistente social*. Rio de Janeiro: 2009. (Mimeo.)

_____. Fundamentos de Política Social. In: MOTA. A. E. et al. *Serviço Social e saúde*: formação e trabalho profissional. São Paulo: Cortez, 2006. Disponível em: <htt:// www.fnepas.org.br/pdf/servico_social_saude/texto1-1.pdf>. Acesso em: dez. 2010.

_____; BOSCHETTI, Ivanete. *Política social*: fundamentos e história. São Paulo: Cortez, 2006. (Biblioteca Básica, v. 2.)

BELL, Daniel. *O advento da sociedade pós-industrial*. São Paulo: Cultrix, 1973.

BLAUG, Mark. *Introdução à economia da educação*. Porto Alegre: Globo, 1975.

BOSCHETTI, Ivanette. *Assistência social no Brasil*: um direito entre originalidade e conservadorismo. Brasília: UnB, 2003.

_____. Seguridade Social pública ainda é possível! *Inscrita*, Brasília, CFESS, n. 10, 2007.

BRASIL. *Constituição da República Federativa do Brasil*. Rio de Janeiro: DP&A, 1999.

BRONZO, Carla. *Intersetorialidade, autonomia e território em programas municipais de enfrentamento da pobreza*: experiências de Belo Horizonte e São Paulo: Planejamento e políticas públicas. Brasília, Ipea, n. 35, 2010.

BURDEAU, Georges. *A democracia*. Lisboa: Publicações Europa-América, 1969.

CACCIA BAVA, Silvio. Perguntas sem respostas. *Le Monde Diplomatique*, Brasil, ano IV, n. 43, fev. 2011.

CARCANHOLO, Reinaldo. A globalização, o neoliberalismo e a síndrome da imunidade autoatribuída. In: MALAGUITI, Manoel et al. *Neoliberalismo*: a tragédia do nosso tempo. São Paulo: Cortez, 1998. (Questões da Nossa Época, n. 65.)

_____. O valor, a riqueza e a teoria de Smith. *Análise Econômica*, Porto Alegre, UFRGS, ano 9, n. 15, 1991.

CARDOSO, Fernando Henrique. O modelo político brasileiro. In: _____. *O modelo político brasileiro e outros ensaios*. São Paulo: Difusão Europeia do Livro, 1973.

_____; FALETTO, Enzo. *Dependência e desenvolvimento na América Latina*. Rio de Janeiro: Civilização Brasileira, 2004.

CARDOSO, Franci Gomes. *Organização das classes subalternas*: um desafio para o Serviço Social. São Paulo: Cortez, 1995.

CASTEL, Robert. *As metamorfoses da questão social*: uma crônica do salário. Rio de Janeiro: Vozes, 1998.

CASTEL, Robert. Rupturas irremediáveis: sobre Tristão e Isolda. *Lua Nova*, São Paulo, Cedec, n. 43, quadrimestral, 1998a.

_____. Da indigência à exclusão, a desfiliação: precariedade do trabalho e vulnerabilidade relacional. In: LANCETTI, A. (Org.). *Saúde Loucura*, São Paulo, Hucitec, n. 4, 1994.

CBCISS. *Teorização do Serviço Social*: Documentos Araxá, Teresópolis, Sumaré. Rio de Janeiro: Agir/CBCISS, 1986.

CESAR, Mônica de Jesus. *Empresa cidadã*: uma estratégia de hegemonia. São Paulo: Cortez, 2008.

CHESNAIS, François. *A mundialização do capital*. São Paulo: Xamã, 1996.

COELHO, Marilene. *Imediaticidade na prática profissional do assistente social*. Tese (Doutorado) — UFRJ, Programa de Pós-Graduação da ESS, 2008.

COGGIOLA, Osvaldo. Programas Sociais 'Focados' de Combate à Pobreza e à Fome: uma abordagem crítica; Disponível em: <http://www.insrolux.org/textos07/programasocialcoggiola.pdf.2011>. Acesso em:

COUTINHO, Carlos Nelson. *Dualidade de poderes*. São Paulo: Brasiliense, 1987.

_____. *Cultura e sociedade no Brasil*. Ensaios sobre ideias e formas. Belo Horizonte: Oficina de Livros, 1990.

_____. *O estruturalismo e a miséria da razão*. São Paulo: Expressão Popular, 2010.

CURADO, Jacy. Nova pobreza é um dos efeitos da globalização. Entrevista cedida a Jacqueline Lopes para Midiamax. Disponível em: <http://www.midiamax.com.br/impressao.php?id=709179>. Acesso em: 10 mar. 2011.

DEMIER, Felipe. Trotsky e os estudos sobre o populismo brasileiro. *Outubro*, São Paulo, n. 13, 2005.

EVANGELISTA, João Emanuel. *A teoria pós-moderna*: introdução crítica. Porto Alegre: Sulina, 2007.

FALEIROS, Vicente de Paula. *A política social do Estado capitalista*. São Paulo: Cortez, 1991.

_____. *Estratégias em Serviço Social*. São Paulo: Cortez, 1997.

FALEIROS, Vicente de Paula. Desafios do Serviço Social na era da globalização. *Serviço Social & Sociedade*, São Paulo, Cortez, n. 61, 1999.

FALEIROS, Vicente de Paula. Natureza e desenvolvimento das políticas sociais no Brasil. In: *Política Social* — Módulo 3. Programa de Capacitação Continuada para Assistentes Sociais. Brasília, CFESS/Abepss/Cead-UnB, 2000.

FARIAS, F. A.; MARTINS, M. D. O conceito de pobreza do Banco Mundial. *Revista do Observatório das Nacionalidades*: Tensões mundiais. Fortaleza, v. 3, n. 5, jul/dez. 2007.

FERNANDES, Florestan. *Sociedade de classes e subdesenvolvimento*. Rio de Janeiro: Zahar, 1968.

_____. *A revolução burguesa no Brasil*: um ensaio de interpretação sociológica. Rio de Janeiro: Zahar, 1975.

_____. *A ditadura em questão*. São Paulo: Cortez, 1982.

_____. Capitalismo dependente e imperialismo. In: FERNANDES, F. *Em busca do socialismo*: últimos escritos e outros textos. São Paulo: Xamã, 1995.

FLEURY, Sonia. Novas bases para a retomada da seguridade social. *Revista Praia Vermelha*, PPG-SS-UFRJ, n. 9, 2º sem. 2003.

_____. Por uma sociedade sem excluídos(as). Disponível em: <http://www.ibase.br/userimages/sociedade.pdf>. Acesso em: jun. de 2011.

FURTADO, Celso. *Criatividade e dependência na civilização industrial*. São Paulo: Círculo do Livro, 1978.

GIDDENS, Anthony. *As consequências da modernidade*. São Paulo: Unesp, 1991.

_____. *A transformação da intimidade*. São Paulo: Unesp, 1994.

_____. *Para além da esquerda e da direita*. São Paulo: Unesp, 1996.

_____. *A terceira via*: reflexões sobre o impasse político atual e o futuro da social-democracia. Rio de Janeiro: Record, 2000.

_____. *O mundo na era da globalização*. Lisboa: Editorial Presença, 2001.

_____. *Sociologia*. Lisboa: Fundação Calouste Gulbenkian, 2004.

GONÇALVES, Reinaldo. *A economia política do governo Lula*. Rio de Janeiro: Contraponto, 2007.

GUERRA, Yolanda. *Instrumentalidade e Serviço Social*. São Paulo: Cortez, 1995.

HARDT, Michael; NEGRI, Antonio. *Império*. Rio de Janeiro: Record, 2001.

HAYEK, Friedrich August von. *Os fundamentos da liberdade*. São Paulo: Visão, 1983.

_____. *Direito, legislação e liberdade*. São Paulo: Visão, 1985. v. II.

HAYEK, Friedrich August von. *O caminho da servidão*. Rio de Janeiro: Instituto Liberal, 1987.

HEILBRONER, Robert. *A história do pensamento econômico*. São Paulo: Nova Cultural, 1996.

HELLER, Agnes. Democracia formal e democracia socialista. In: *Encontros com a Civilização Brasileira*, Rio de Janeiro, Civilização Brasileira, n. 27, 1987.

HOBSBAWM, Eric. *Era dos extremos*: o breve século XX. São Paulo: Companhia das Letras, 1995.

HOFFMANN, R. Mensuração da desigualdade e da pobreza no Brasil. In: HENRIQUES, R. (Org.). *Desigualdade e pobreza no Brasil*. Rio de Janeiro: Ipea, 2000.

IAMAMOTO, Marilda. *Renovação e conservadorismo no Serviço Social*. São Paulo: Cortez, 1992.

_____. A questão social no capitalismo. *Temporalis*, Abepss, Brasília, Grafline, n. 3, 2001.

_____. *Atribuições privativas do Serviço Social*. CFESS, 2002.

_____. *Serviço Social em tempo de capital fetiche*: capital financeiro, trabalho e questão social. São Paulo: Cortez, 2007.

_____. Estado, Classes Trabalhadoras e Política Social no Brasil. In: BOSCHETTI, Ivanete et al. (Orgs.). *Política social no capitalismo*: tendências contemporâneas. São Paulo: Cortez, 2008.

_____; CARVALHO, Raul de. *Relações sociais e Serviço Social*. São Paulo: Cortez, 1995.

IANNI, Octavio. *Estado e planejamento econômico no Brasil (1930-1970)*. Rio de Janeiro: Civilização Brasileira, 1971.

_____. O ciclo da revolução burguesa no Brasil. *Temas de Ciências Humanas*, São Paulo, n. 10, 1981.

_____. *O ciclo da revolução burguesa*. Petrópolis: Vozes, 1985.

IANNI, Octavio. *O colapso do populismo no Brasil*. Rio de Janeiro: Civilização Brasileira, 1988.

_____. *A era do globalismo*. Rio de Janeiro: Civilização Brasileira, 1997.

_____. *Teorias da globalização*. Rio de Janeiro: Civilização Brasileira, 2002.

IASI, Mauro L. *Ensaios sobre consciência e emancipação*. São Paulo: Expressão Popular, 2007.

IPEA. Disponível em: <http://www.ipea.gov.br/Destaques/livroradar/03.renda.pdf>. Acesso em: 25 maio 2009.

JAMESON, Fredric. *Pós-modernismo*: a lógica cultural do capitalismo tardio. São Paulo: Ática, 1996.

KAUTSKY, Karl. *As três fontes do marxismo*. São Paulo: Centauro, 2002.

KEYNES, J. M. *A teoria geral do emprego, do juro e da moeda*. São Paulo: Nova Cultural, 1985.

KHUN, Thomas. *A estrutura das revoluções científicas*. São Paulo: Perspectiva, 2006.

KISNERMAN, Natálio. *7 estudos sobre Serviço Social*. São Paulo: Cortez e Moraes, 1980.

KOIKE, Maria Marieta, Formação profissional em Serviço Social: exigências atuais. In: VV.AA. *Serviço Social*: direitos sociais e competências profissionais. Brasília: CFESS/Abepss, 2009.

LAURELL, Asa Cristina. Avançando em direção ao passado: a política social do neoliberalismo. In: LAURELL, A. C. *Estado e políticas sociais no neoliberalismo*. São Paulo: Cortez/Cedec, 1995.

LAURINO, Carolina González. El debate de riesgo. *Serviço Social & Sociedade*, São Paulo, Cortez, n. 105, 2011.

LEÃO XIII (Papa). *Encíclica Rerum Novarum* (sobre a Condição dos Operários). Vaticano. Disponível em: <http://www.vatican.va/holy_father/leo_xiii/encyclicals/documents/hf_1-xiii_enc_15051>. Acesso em: maio 2011.

LEHER, Roberto. Crise do capital e questão social. *Estudos do Trabalho*, revista da RET (Rede de Estudos do Trabalho), ano III, n. 6. Disponível em: <http://www.estudosdotrabalho.org>. Acesso em: 2010.

LÊNIN, Vladimir I. *Imperialismo*: fase superior do capitalismo. Niterói: Diálogo, 1996.

_____. *As três fontes e as três partes constitutivas do marxismo*. São Paulo: Global, 1983. (Col. Bases n. 9.).

LOCKE, John. *Ensaios acerca do entendimento humano*. São Paulo: Abril Cultural, 1973. (Col. Os Pensadores, n. XVIII.)

LOSURDO, Domenico. Marx, a tradição liberal e a construção histórica do conceito universal do homem. *Educação e Sociedade*. Centro de Estudos Educação e Sociedade (Cedes), v. 17, n. 57, 1996. Disponível em: <http://www.pge.sp.gov.br/centrodeestudos/revistaspge/revista5/5rev2.htm>. Acesso em: jun. 2011.

LÖWY, Michael. *Romantismo e messianismo*: ensaios sobre Lukács e Walter Benjamin. São Paulo: Perpectiva/Edusp, 1990.

LUKÁCS, György. *História e consciência de classe*: estudos de dialética marxista. Porto: Publicações Escorpião, 1974.

_____. El asalto a la razón: la trayectoria del irracionalismo desde Schelling hasta Hitler. *Instrumentos*, Barcelona, Grijalbo, n. 8, 1976.

_____. *Sociologia*. In : NETTO, J. P. (Org.). São Paulo: Ática, 1992. (Col. Grandes Cientistas Sociais, n. 20.)

_____. *Ontología del ser social*: el trabajo. Buenos Aires: Herramienta, 2004.

LIBÂNIO, G. A. Credibilidade e política monetária: uma crítica baseada em Keynes. *Leituras de Economia Política*, Campinas, 2001.

MALTHUS, Thomas Robert. *Economia*. São Paulo: Ática, 1982.

MANDEL, Ernest. *La crisis 1974-1980*: interpretación marxista de los hecho. México: Era,1980. (Serie Popular.)

_____. *A. crise do capital*: os fatos e sua interpretação marxista. São Paulo: Ed. Ensaios, 1990.

MARSHALL, T. H. *Cidadania, classe social e status*. Rio de Janeiro: Zahar, 1967.

MARX, Karl. *Manuscritos econômico-filosóficos e outros textos escolhidos*. São Paulo: Abril Cultural, 1978. (Col. Os Pensadores.)

_____. *O capital* (Crítica da Economia Política). Rio de Janeiro: Civilização Brasileira, 1980. Livros I, II e III.

_____. *Teorias da mais-valia* (História Crítica do Pensamento Econômico). Livro 4 de *O capital*. São Paulo: Difel, 1983. v. 2.

_____. *Teorias da mais-valia* (História Crítica do Pensamento Econômico). Livro 4 de *O capital*. São Paulo: Bertrand Brasil, 1987. v. 1.

_____. *Capítulo VI* Inédito de *O capital*. Resultados do processo de produção imediata. São Paulo: Editora Moraes, s.d.

_____; ENGELS, Friedrich. *Textos*. São Paulo: Edições Sociais, 1975 e 1977. v. 1 e 3.

_____. *A ideologia alemã*. São Paulo: Hucitec, 1993.

_____. *Manifesto do Partido Comunista*. São Paulo: Cortez, 1998.

MAZZEO, Antonio Carlos. *Estado e burguesia no Brasil (origens da autocracia burguesa)*. São Paulo: Cortez, 1997.

MENDONÇA, Sônia Regina de. *Estado e economia no Brasil*: opções de desenvolvimento. Rio de Janeiro: Graal, 1986.

MENEZES, Maria Thereza. *Economia solidária*: elementos para uma crítica marxista. Rio de Janeiro: Gramma, 2007.

MÉSZÁROS, István. *Produção destrutiva e Estado capitalista*. São Paulo: Cadernos Ensaio, 1989.

MÉSZÁROS, István. *Para além do capital*: rumo a uma teoria da transição. São Paulo: Boitempo, 2002.

MINISTÉRIO. *Política Nacional de Assistência Social — Norma Operacional Básica/ Sistema Único de Assistência Social*. Ministério do Desenvolvimento Social e Combate à Fome — Secretaria Nacional de Assistência Social. Brasília, 2005. Disponível em: <http://www.sedest.df.gov.br/sites/300/382/00000877.pdf>. Acesso em: jun. 2011.

MONTAÑO, Carlos. Políticas Sociais para quem? Conceituação do "popular". *Serviço Social & Sociedade*, São Paulo, Cortez, n. 45, 1994.

_____. O Serviço Social frente ao neoliberalismo. Mudanças na sua base de sustentação funcional-ocupacional. *Serviço Social & Sociedade*, São Paulo, Cortez, n. 53, 1997.

_____. *Terceiro Setor e questão social*: crítica ao padrão emergente de intervenção social. São Paulo: Cortez, 2002.

_____. Um projeto para o Serviço Social crítico. *Katálysis*, Florianópolis, UFSC, n. 2, 2006.

_____. *A natureza do Serviço Social*. São Paulo: Cortez, 2007.

_____. *Pobreza, "questão social" e seu enfrentamento*. Rio de Janeiro, 2001. (Mimeo.)

_____; DURIGUETTO, M. L. *Estado, classe e movimentos sociais*. São Paulo: Cortez, 2010.

MOTA, Ana Elizabete. *Cultura da crise e Seguridade Social*. São Paulo: Cortez, 1995.

MOTA, Ana Elizabete. Reestruturação Produtiva e Serviço Social. *Revista Praia Vermelha*, PPG-SS-UFRJ, n. 2, 1999.

NAPOLEONI, C. *Smith, Ricardo, Marx*. Rio de Janeiro: Graal, 1983.

NARAYAN, Deepa et al. Global synthesis: consultations with the poor. *Draft World Bank for Discussion*, n. 20, set. 1999.

_____. *A voz dos pobres*: existe alguém que nos escuta? Washington: Banco Mundial, 2000.

NETTO, José Paulo. O Serviço Social e a tradição marxista. *Serviço Social & Sociedade*, São Paulo, Cortez, n. 30, 1989.

_____. *Democracia e transição socialista*: escritos de teoria e política. Belo Horizonte: Oficina de Livros, 1990.

_____. *Ditadura e Serviço Social*. São Paulo: Cortez, 1991.

_____. *Capitalismo monopolista e Serviço Social*. São Paulo: Cortez, 1992.

_____. A controvérsia paradigmática nas ciências sociais. In: *Cadernos Abess*, São Paulo, Cortez, n. 5, 1992a.

_____. O Marx de Sousa Santos. Uma nota polêmica. *Revista Praia Vermelha*, PPGESS-UFRJ. Rio de Janeiro, DP&A, n. 1, 1997.

_____. Transformações societárias e Serviço Social: notas para uma análise prospectiva da profissão no Brasil. *Serviço Social & Sociedade*, São Paulo, Cortez, n. 50, 1996.

_____. FHC e a política social: um desastre para as massas trabalhadoras. In: LESBAUPIN, I. (Org.). *O desmonte da nação*: balanço do governo FHC. Petrópolis: Vozes, 1999.

_____. A construção do projeto ético-político do Serviço Social frente à crise contemporânea. *Capacitação em Serviço Social e Política Social*, Módulo 1, Brasília, Cead, 1999a.

_____. Cinco notas a propósito da "questão social". *Temporalis*, Abepss, Brasília, Grafline, n. 3, 2001.

_____. *Marxismo impenitente*. São Paulo: Cortez, 2004.

_____. Desigualdade, pobreza e Serviço Social. *Em Pauta*, FSS-UERJ, Rio de Janeiro, Editora Revan, n. 19, 2007. Disponível em: <http://www.e-publicacoes.uerj.br/index.php/revistaempauta/article/viewFile/190/213>. Acesso em: jun. 2011.

_____. Das ameaças à crise. *Inscrita*, Brasília, CFESS, n. 10, 2007a.

NUN, José et al. *La marginalidad en America Latina*: informe preliminar. Fundación de la Cultura Universitaria, Montevidéu, n. 133, 1990 (extraído do Documento de Trabalho n. 53, do Instituto Torcuato Di Tella, dez. 1968).

NUNES, António Avelãs. *A filosofia social de Adam Smith*. Fortaleza: Pensar, 2007.

_____. A gênese do Estado enquanto Estado de classe: uma visão histórico-econômica. *Revista de Direito do Estado*, n. 6, abr./jun. 2007.

OLIVEIRA, Francisco de. *Crítica a razão dualista/o ornitorrinco*. São Paulo: Boitempo, 2003.

PASTORINI, Alejandra. Quem mexe os fios das políticas sociais? Avanços e limites da categoria "concessão-conquista". *Serviço Social & Sociedade*, São Paulo, Cortez, n. 53, 1997.

_____. *A categoria questão social em debate*. São Paulo: Cortez, 2004. (Questões da Nossa Época, n. 109.)

PAUGAM, Serge. *Desqualificação social*: ensaio sobre a nova pobreza. São Paulo: Cortez, 2003.

PETRAS, James; VELTMEYER, Henry. *Movimientos sociales y poder estatal*: Argentina, Brasil, Bolivia, Ecuador. México/Buenos Aires: Lúmen, 2005.

POCHMANN, M. et al. (Orgs.). *Atlas da exclusão social*: a exclusão no mundo. São Paulo: Cortez, 2004. v. 4.

PONTES, Reinaldo Nobre. A evolução do combate à pobreza no Brasil e o papel do Fome Zero. In: SANTORO, Alberto et al. (Orgs.). *Fome zero*: textos fundamentais. Rio de Janeiro: Garamond, 2004.

PRADO Jr., Caio. *A revolução brasileira*. São Paulo: Brasiliense, 1966.

PROSCURCIN, Pedro. *Do contrato de trabalho ao contrato de atividade*: nova forma desregulação das atividades do mercado de trabalho. São Paulo: LTr, 2003.

QUIJANO, Aníbal. Redefinición de la dependencia y proceso de marginalización social. In: WEFFORT, F.; Quijano, A. *Populismo, marginalización y dependencia*: ensayos de interpretación sociológica. São José, Costa Rica: Universidad Centroamericana, 1973. Disponível em: <http://www.bvsst.org.ve/documentos/pnf/dependencia_y_marginalidad.pdf>. Acesso em: jun. 2011.

RIFKIN, Jeremy. *O fim dos empregos*: o declínio inevitável dos níveis dos empregos e a redução da força global de trabalho. São Paulo: Makron Books, 2001.

ROSANVALLON, Pierre. *La nueva cuestión social*: repensar el Estado providencia. Buenos Aires: Manantial, 1995.

_____. *A crise do Estado Providência*. Goiânia: UFG, 1997

SALAMA, Pierre. Brasil: balanço econômico, sucessos e limites. *Estudos Avançados*, São Paulo, IEA-USP, n. 24, 2010.

_____; DESTREMAU, B. *O tamanho da pobreza*: economia política da distribuição de renda. Rio de Janeiro: Garamond, 1999.

SALVADOR, Evilásio. *Fundo público e seguridade social no Brasil*. São Paulo: Cortez, 2010.

SANTOS, Boaventura de Sousa. *Introdução a uma ciência pós-moderna*. Rio de Janeiro: Graal, 1989.

_____. *Pela mão de Alice*. O social e o político na pós-modernidade. São Paulo: Cortez, 1995.

_____. *A crítica da razão indolente*: contra o desperdício da experiência. São Paulo: Cortez, 2001.

_____. Para uma concepção multicultural dos direitos humanos. *Contexto Internacional*, Rio de Janeiro, v. 23, n. 1, 2001b.

_____. *Reinventar a democracia*. Lisboa: Gradiva, 2002.

_____ (Org.). *Democratizar a democracia*: os caminhos da democracia participativa. Porto: Afrontamento, 2005.

_____ (Org.). *Semear outras soluções*: os caminhos da biodiversidade e dos conhecimentos rivais. Rio de Janeiro: Civilização Brasileira, 2005b.

_____. *O Fórum Social Mundial*: manual de uso. São Paulo: Cortez, 2005c.

_____. *A gramática do tempo*: para uma nova cultura política. São Paulo: Cortez, 2006.

SANTOS, Boaventura de Sousa. *Para uma revolução democrática da justiça*. São Paulo: Cortez, 2007.

_____; COSTA, H. A. *Trabalhar o mundo*: os caminhos do novo internacionalismo operário. São Paulo: Civilização Brasileira, 2005.

SEN, Amartya. *Desenvolvimento como liberdade*. São Paulo: Companhia das Letras, 2000.

_____. *Desigualdade Reexaminada*. Rio de Janeiro: Record, 2001.

SEN, Amartya. Prefácio. In: GREEN, Duncan. *Da pobreza ao poder*: como cidadãos ativos e Estados efetivos podem mudar o mundo. São Paulo: Cortez, 2009.

SILVA, Maria Ozanira da Silva (Coord.). *O Serviço Social e o popular*: resgate teórico-metodológico do projeto profissional de ruptura. São Paulo: Cortez, 1995.

_____. *O Comunidade Solidária*: o não enfrentamento da pobreza no Brasil. São Paulo: Cortez, 2001.

SIMIONATTO, Ivete. Expressões ideoculturais da crise capitalista na atualidade e a sua influência teórico-prática. In: *CFESS. Serviço Social. Direitos Sociais e Competências Profissionais*. Brasília: CFESS/Abepss, 2009.

SINGER, Paul. *Globalização e desemprego*: diagnóstico e alternativas. São Paulo: Contexto, 2003.

SIQUEIRA, H. S. G. *A Razão*, 7 dez. 2000. Disponível em: <http://www.angelfire.com>. Acesso em: 25 dez. 2010.

SIQUEIRA, Luana de Souza. *Programa Bolsa Família*: política pública de ruptura ou continuidade? Dissertação (Mestrado) — Universidade Federal do Rio de Janeiro, Escola de Serviço Social, Programa de Pós-graduação, Rio de Janeiro, 2007.

_____. *Pobreza e Serviço Social*. Diferentes concepções e compromissos políticos. Tese (Doutorado) — Universidade do Estado do Rio de Janeiro, Faculdade de Serviço Social, Programa de Pós-graduação, Rio de Janeiro, 2011.

SMITH, Adam. *Ensaio sobre a natureza e as causas da riqueza das nações*. Lisboa: Fundação Calouste Gulbenkian, 1981 e 1983. 2 v.

_____. *Riqueza das nações*. São Paulo: Nova Cultural, 1996. (Col. Os Economistas, v. II.)

SOARES, Laura Tavares. *Os custos do ajuste neoliberal na América Latina*. São Paulo: Cortez, 2000. (Questões da Nossa Época, n. 78.)

SPOSATI, Aldaíza. *Vida urbana e gestão da pobreza*. São Paulo: Cortez, 1988.

_____; BONETTI, D.; YAZBEK, C.; FALCÃO, M. C. *Assistência na trajetória das políticas sociais brasileiras*: uma questão em análise. São Paulo: Cortez, 1985.

_____; FALCÃO, M. C.; FLEURY, S. *Os direitos (dos desassistidos) sociais*. São Paulo: Cortez, 1991.

TAVARES, Maria da Conceição; FIORI, José Luis. *(Des)Ajuste global e modernização conservadora*. São Paulo: Paz e Terra, 1993.

TAVARES, Maria Augusta. *Os fios invisíveis da produção capitalista*: informalidade e precarização do trabalho. São Paulo: Cortez, 2004.

TROTSKY, León. *A revolução permanente*. São Paulo: Kairós, 1985.

VASCONCELOS, Eduado Mourão. A proposta de *empowerment* e sua complexidade: uma revisão histórica na perspectiva do Serviço Social e saúde mental. *Serviço Social & Sociedade*, São Paulo, Cortez, n. 65, 2001.

VECINDAY, María Laura. El papel de la evaluación del riesgo para las política de inserción social focalizada. *Serviço Social & Sociedade*, São Paulo, Cortez, n. 81, 2005.

VIANNA, Luiz Werneck. *Liberalismo e sindicato no Brasil*. São Paulo: Paz e Terra, 1978.

VIEIRA, Evaldo. *Os direitos e a política social*. São Paulo: Cortez, 2004.

VIEIRA, Liszt. *Cidadania e globalização*. Rio de Janeiro: Record, 2005.

YAZBEK, Maria Carmelita. *Classes subalternas e assistência social*. São Paulo: Cortez, 1996.

_____. Pobreza e exclusão social: expressões da questão social no Brasil. *Temporalis*, Brasília, Abepss, Grafline, n. 3, 2001.

_____. O significado sócio-histórico da profissão. In: VV.AA. *Serviço Social*: direitos sociais e competências profissionais. Brasília: CFESS/Abepss, 2009.

YUNUS, M.; JOLIS, A. *O banqueiro dos pobres*. São Paulo: Ática, 2001

WACQUANT, Loic. *Punir os pobres*: a nova gestão da miséria nos Estados Unidos. Rio de Janeiro: Freitas Bastos, 2001.

WOOD, Ellen Meikisins. *Democracia contra capitalismo*: renovação do materialismo histórico. São Paulo: Boitempo, 2003.

_____. O que é a agenda "pós-moderna"? In: WOOD, E.; FOSTER, J. B. (Orgs.). *Em defesa da história*: marxismo e pós-modernismo. Rio de Janeiro: Zahar, 1999.

ZAIDAN FILHO, Michel. *A crise da razão histórica*. Campinas: Papirus, 1989.

ZALUAR, A.; ALVITO, M. *Um século de favela*. Rio de Janeiro: Ed. da FGV, 1999.

Sobre a autora

LUANA SIQUEIRA é assistente social pela Universidade Federal do Rio de Janeiro (ESS/UFRJ, 2003) e pedagoga pela Universidade do Estado do Rio de Janeiro (FE/UERJ, 2002). Mestre em Serviço Social (PPGSS-ESS/UFRJ, 2007) e em Ensino e Saúde (Fiocruz, 2006), e doutora em Serviço Social (PPGSS-FSS/UERJ, 2011). É professora adjunta da Escola de Serviço Social da UFRJ.

Pesquisadora do Núcleo de Estudos Marxistas sobre *Política, Estado, Trabalho e Serviço Social* (PETSS/ESS-UFRJ).